Armida Hemeling
SYNforce
Destination: Globalunternehmen

Autorin: Armida Hemeling

Verlag: Selbstverlag

Druck: Printsystem GmbH, 71296 Heimsheim

Copyright: Nachdruck verboten.
Gleiches gilt für Vervielfältigungen, Übersetzungen, Ablichtungen jeglicher Art und Verarbeitung mit elektronischen Systemen.

1. Auflage, November 2012

Der Umwelt zuliebe gedruckt auf umweltfreundlichem,
chlor- und säurefrei gebleichtem Papier

ISBN: 978-3-00-039809-4

Armida Hemeling

SYN*force*
Destination: Globalunternehmen

Das Management der Wachstums- und Werttreiber innovationsorientierter und globalisierter Unternehmen

„SYN*force* Destination: Globalunternehmen"

Inhaltsverzeichnis

Einführung und Vorwort... 6

Kapitel I: Retrospektive der ältesten Branchen weltweit
und ihrer Erfolgssäulen... 21
Eine Retrospektive der ältesten und aktuellen Volkswirtschaften .. 21
Erfolgsfaktoren alter traditionsreicher Unternehmen 40
Branchenbildung in Europa 44
Die postindustrielle Wirtschaftsentwicklung in Europa 46
Die Wurzeln der heutigen Globalen Imbalance 49

Kapitel II „Perspektive und Trends der Weltmärkte und Branchen"........ 59
*Europas aktuelle Politik, seine Wettbewerbsfähigkeit
und seine Bedeutung für die Wirtschaft* 66
*Neue und reformierte volkswirtschaftliche Allianzen
und ihre Branchenpotenziale für Unternehmen* 83
*Die Haltung europäischer Unternehmen gegenüber
den neuen Allianzen und ihre Potenzialausschöpfung* 116
*„Trendentwicklungen und Potenziale 2015/2020"
Ein Ausblick für europäische Unternehmen"* 126

„SYN*force* Destination: Globalunternehmen"

Kapitel III „Das Management der Wachstums- und Werttreiber"........... 169

Die strategische Repositionierung der Unternehmensführungen & ihrer Unternehmen gegenüber internen und externen Akteuren .. 174

Interne Wachstumstreiber und eine erfolgsversprechende (Re-) Positionierungsgrundlage für Unternehmen 178

Das SYN*force-Unternehmenskompetenz-Modell als Wert- und Wachstumstreiber globalisierter Unternehmen* 192

Hybrides Resourcing: Zukunftsinstrument innerhalb der Personell-Komponente 207

Reverse Innovation / Competence Management Solutions 244

*ME*Ǝ*S-Outsourcing-Modell (Markt Eintritts- und Erweiterungs-Service)* 263

Schlusswort 299

Literatur und Quellenhinweise 303

„SYN*force* Destination: Globalunternehmen"

Einführung und Vorwort

„SYN*force* Destination: Globalunternehmen" ist eine Managementphilosophie und ein Unternehmensentwicklungsansatz zugleich, der sich mit dem effektiven Management der Wert- und Wachstumstreiber innovationsorientierter und globalisierter Unternehmen befasst, und wird im gesamten Buch unter „SYN*force*" abgekürzt. SYN*force* entstand als ein methodisch-pragmatischer Beratungs- und Begleitungsansatz für global operierende, große und mittlere Unternehmen mit einem hohen Technologie- und Innovationsanteil, die erkannt haben, dass mit jedem neuen Markt und jedem neuen In-, On- und Off-Shore Entwicklungs- und Fertigungszentrum sowie mit jeder neuen interoder multinationalen Kooperation und Joint Venture, ihr Unternehmen nicht nur größer und widerstandsfähiger, sondern auch komplexer und anspruchsvoller wurde. In dieser Phase steigt mit der Komplexität auch die Ineffizienz und es kann zu entscheidenden Konturverzerrungen der Unternehmens- bzw. Produktmarke kommen, die die Positionierung des Unternehmens gefährden können. Für den Unternehmenserfolg werden eine klare Positionierung und Differenzierung sowie starke Marken- und Produkt-Konturen und ein klarer Purpose sehr wichtig. Unterfüttert durch eine synergetische Rahmenordnung, Hybrides Resourcing und modulare Kompetenzmodelle, werden einzelne Standorte und Systeme, einzelne technologische Lösungen und Produkte, Markt- und Kundensegmente sowie lokale Partner- und Lieferantenstrukturen zu einem globalen Unternehmen zusammengefasst, in Interaktion gebracht und münden in werthaltige Unternehmensaktivitäten. Das ist die Zielsetzung von SYN*force*. Während der SYN*force*-Ansatz keinen geografischen oder speziellen Branchenbezug hat, setzt dieses Buch drei verschiedene Schwerpunkte mit einem klaren Fokus auf europäische Unternehmen.

„SYN*force* Destination: Globalunternehmen"

Es soll europäischen Unternehmensführungen Wachstumspotenziale durch sich abzeichnende Trendentwicklungen und Wege zur Repositionierung als Globalunternehmen aufzeigen sowie zu erwartende Restriktionen verdeutlichen. Den ersten Schwerpunkt setzte ich auf den aktuellen und potenziellen Markt, der sich in Form entwickelnder und aufstrebender volkswirtschaftlicher Allianzen gebildet hat. Außerhalb der bisher dominierenden *Industriealllianzen* werden im besonderen Maß die asiatische *ASEAN*, die süd- und lateinamerikanische *Mercosur* sowie die afrikanische *AU* und die europäische *Östliche Partnerschaft* zu den zukünftigen Playern und Wirtschaftsmächten zählen. Neben den Technologierevolutionen werden diese Allianzen die anstehenden Struktur- und Marktverschiebungen maßgeblich bestimmen. Davor sollten die europäischen Unternehmen keine Angst haben, sondern die Potenziale und die Risiken gleichermaßen erkennen, bewerten und einkalkulieren, aber vorwärtsgehen und sich frühzeitig positionieren. Sie haben allen Grund dazu. Diesen Grund finden Sie im zweiten Schwerpunkt des Buchs, der die besonderen Merkmale und Wettbewerbsvorteile der europäischen Unternehmen behandelt. Darin geht es um die bisherigen Erfolgsrezepte europäischer Unternehmen sowie ihre wettbewerbliche Stellung im Vergleich zu anderen Allianz-Regionen. Die sehr alte Tradition zur Entwicklung und Herstellung hochwertiger Produkte gepaart mit einem starken Qualitäts- und Service-Bewusstsein und geprägt von einem Nachhaltigkeitsanspruch sowie sozialer Verantwortung, sind wichtige Erfolgssäulen in der Geschichte europäischer Unternehmen. Zwar werden diese Eigenschaften insbesondere deutschen Produktionsunternehmen, zu Recht, zugesprochen, aber genauso gilt das für sehr viele europäische Produktionsunternehmen, die sich diesem Vorbild angenähert haben.

„SYN*force* Destination: Globalunternehmen"

Andersherum haben viele deutsche Unternehmen im Dienstleistungs- und Serviceumfeld viel von ihren europäischen Partnern gelernt und ihre Leistungen diesbezüglich optimiert. Diese Annährungen werden sich weiter vollziehen, die Unternehmen werden auf vielerlei Ebenen näher zusammenrücken und Differenzen beiseitelegen. Heute und morgen werden die Unternehmen einen Schritt weitergehen und die europäischen Tugenden und Wurzeln mit einer globalen Identität, mit neuen Unternehmensmodellen und Managementwerkzeugen verbinden und leben. Was zum dritten Schwerpunkt des Buches führt: das Vorstellen neuer Modelle, Instrumente und Wege zum europäischen Globalunternehmen. Sie werden in diesem Buch zwei übliche Bestandteile nicht vorfinden: Erstens, keine Zusammenfassung nach jedem Kapitel. Das widerspräche meinem Ziel, eine Lektüre anzubieten, die anregen und durchaus auch unterhalten, aber keine „Vorlesestunde" sein soll. Und zweitens, werden Sie keine wissenschaftliche Arbeit finden, sondern ein Buch in bewusst praktisch gehaltener Sprache, bei der bestimmte Formulierungen sehr einfach gehalten sind.

Ich vermittle in diesem Buch meine Philosophie, meine Methoden und Erfahrung sowie das gesammelte Wissen über mehrere Jahre in der Unternehmensführung und in der Beratung über viele Branchen und geografische Märkte. Diese gesammelte Expertise bringt mich zu der Grundüberzeugung, dass Europa keine Alternative für seine Mitgliedsstaaten ist, sondern es unverändert das Ziel und ein Muss ist. Europa wird seine Stärken noch weiter ausbauen und seine Präsenz in den Weltmärkten in einem Maß verstärken, wie Europa bislang noch nicht gesehen worden ist, und wir haben allen Grund und jede Voraussetzung dazu.

"SYN*force* Destination: Globalunternehmen"

Europäische Volkswirtschaften sind in der Wettbewerbs- und Innovationsfähigkeit anderen weit voraus und geben in vielen Technologien und Branchen die Richtung vor, wie uns weltweit durchgeführte Vergleiche in diesem Buch verdeutlichen werden.

Aber auch europäische Unternehmen müssen sich nicht nur darauf einstellen, dass die Volatilität im Weltmarkt zu ihrer Normalität zählen wird, sondern auch, dass das vorherrschende Management-Mindset „Internationales Unternehmen" sich zu einem „Globalunternehmen" verändern muss. Das bedeutet für die Unternehmensführungen, dass sie noch vor einer Positionierung ihres Unternehmens, sich selbst und ihr Managementteam gegenüber internen und externen Akteuren positionieren müssen. Die Erfahrung zeigt, daß während die öffentliche, politische, soziale und kapitalmarktliche Positionierung der Konzernvorstände selbst und ihrer Unternehmen zu einer ihrer wichtigen Pflichten bzw. Selbstverständlichkeiten zählt, sich dagegen die Vorstände und Geschäftsführer mittelgroßer Unternehmen mit dieser Aufgabe schwerer tun, weshalb diese oftmals viel zu kurz kommt. Diese Aufgabe wird zukünftig aber eine größere Rolle einnehmen und es ist aus meiner Sicht sehr fraglich, ob sich die Unternehmensführungen eine derartige Haltung tatsächlich leisten können. Ich möchte an dieser Stelle kurz auf die Bedeutung und die Unterscheidungsnotwendigkeit in Bezug auf „global" und „international" eingehen, die aus meiner Sicht enorme Ausstrahlkraft auf die grundsätzliche Managementhaltung hat. Ein Blick in die junge Vergangenheit bis Gegenwart hilft uns vor Augen zu führen, dass ein *„internationales"* Unternehmen im Wesentlichen nichts anderes bedeutet, als dass ein Unternehmen im Grunde seiner Struktur, seiner originären Aufgabe und seines Verständnisses nach, regional aufgestellt ist bzw. bleibt, und es unter „international" entweder eine Vertriebsorganisation mit länderspezifischen Unterabteilungen versteht, die aber in der Regel keine Schnitt-

„SYN*force* Destination: Globalunternehmen"

stellen oder Querschnitte zu anderen Einheiten bilden. Oder aber, auf der anderen Seite, eine Fertigungsfabrik als verlängerte Werkbank personal- oder rohstoffintensiver fragmentierter Prozesse einsetzt, die ebenfalls keine Querschnitte oder Schnittstellen zu anderen Einheiten aufweisen. In diesem Fall ist ein „internationales" Unternehmen ein Unternehmen, an das viele einzelne, aufwändige und redundante Funktionen und Aktivitäten angedockt sind. Das Unternehmen versucht, insbesondere angesichts heutiger Dynamik und Turbulenzen, *irgendwie* den Überblick zu behalten, durchzuhalten und vor allem Umsatz zu generieren.

Von der Illusion, dass die Dynamik und die Turbulenzen auf das Niveau des zurückliegenden Jahrzehnts wieder abgebaut werden können, haben sich die meisten Unternehmen verabschiedet und ein früherer, vormals nur als Schwebezustand empfundener Druck ersetzt nun ihren Alltag. Daraus entstehen und wirken auf die Unternehmen enorme Kräfte, die eine (eigen-) dynamische Transformation auslösen, wenn die Unternehmen nicht rechtzeitig die Mechanismen erkennen und diese Transformation aktiv einleiten und steuern. Das oben angesprochene Mindset der Unternehmensführungen und ihrer Managementteams spielen hierbei eine sehr wichtige Rolle. Für ein besseres Grundverständnis hilft auch schon die Wortzusammensetzung ein gutes Stück weiter: „inter" - „national" spiegelt eine bilaterale (direkte) Beziehung zwischen Sender und Empfänger (zweier Unternehmen oder Volkswirtschaften), wohingegen „multi" - „national", eine multiple Beziehung zwischen mehreren Unternehmen oder Volkswirtschaften widerspiegelt, die sich zum gleichen Zeitpunkt unter gegenseitiger Einflussnahme und gleichen Bedingung entfaltet.

„SYN*force* Destination: Globalunternehmen"

Letzteres hat sich zur Geschäftsgrundlage heutiger Unternehmen entwickelt und es bedarf einer auf diese Multinationalität bzw. Multilateralität basierenden und ausgerichteten Unternehmenspositionierung, untermauert durch ein synergetisches Geschäftsmodell, um erfolgreich zu sein.

Zusätzlich zu diesen internen Parametern und Rahmenbedingungen wirken auf das Unternehmen aber auch externe Kräfte ein: politischer Diskonsens in oder mit wichtigen Märkten, Sanktionen, Umwälzungen in den Regierungssystemen ganzer Regionen, Schuldenkrisen, Naturkatastrophen und ihre Folgen, protektionistische bzw. wettbewerbsrechtliche Regulierungen, Bilanzierungs- und Transparenzrichtlinien, die zu geo-strategischen und zivil-politischen Trendentwicklungen führen werden, auf die ich im Buch detaillierter eingehen werde. Diesen folgen unmittelbar technologische Trendentwicklungen, die allesamt zu gravierenden Strukturverschiebungen führen und ganze Industriezweige weltweit verändern werden.

Je mehr Unternehmen diese Lage erkannt haben und bereit waren, Anstrengungen zu unternehmen und aktiv ein Paradigmenwechsel einzuleiten, um aus der Abwärtsspirale herauszukommen, umso klarer wurde, dass ein Unternehmen nicht in *internationalen* Dimensionen denken und operieren sollte, sondern in multilateralen und multinationalen bzw. *globalen* Dimensionen. Die meisten europäischen Unternehmen dürften heute verstanden haben, dass der einzig gesunde und richtige Weg nach vorne, derjenige ist, der eine weltweite (Re-) Positionierung als zuverlässige Unternehmen mit einem ausgeprägten tiefen produkttechnologischen, qualitativen und sozialen Verständnis mit einer sehr hohen inhärenten Problemlösungs- und Umsetzungsfähigkeit.

„SYN*force* Destination: Globalunternehmen"

Dieses Verständnis und diese Ausrichtung untermauern die Unternehmen mit synergetischen Strukturbildungen, einer marktorientierten feinabgestimmten Produktsegmentierung und hoher Marktdurchdringung. Kurzum: Globalunternehmen - das Destinationsziel morgiger Unternehmen.

Ich greife an dieser Stelle etwas vor und führe uns jüngste Prognosen renommierter Institutionen und Wirtschaftshistorikern vor Augen. Diesen Prognosen nach sollen mehr als 3/4 der „Fortune 500" im Jahr 2020 Unternehmen sein, von denen wir heute noch nichts gehört haben. Diese Annahme wird mit den anstehenden Strukturverschiebungen und andererseits mit der kürzer werdenden Lebensdauer von Unternehmen erklärt. Die Retrospektive dieses Buches wird die Wurzeln der Globalen Imbalance und Branchenentwicklungen aufzeigen. Dabei werden wir sehen, dass im Jahr 1920 die Durchschnittslebensdauer eines Unternehmens bei rund 70 Jahren lag. Bis 1970 verkürzte diese sich auf unter 40 Jahren und heute beträgt die Durchschnittslebensdauer rund 15 Jahre. Zudem sind zwischen 1970 und 1983 rund 30 % der Fortune 500 vom Markt verschwunden. Diese historischen Fakten belegen, wie wir auch anhand konkreter Beispiele sehen werden, die oben aufgestellte These, dass die Lebensdurchschnittsdauer eines Unternehmens, im Vergleich zu 2011 mit rund 15 Jahren, weiter abnehmen wird, und dass zu den zukünftigen Top-Unternehmen mehr als die Hälfte bislang unbekannte oder neu entstehende Unternehmen zählen werden. Diejenigen Unternehmen liegen sehr richtig, die sich heute mit diesen Verschiebungen und Entwicklungen befassen, und ihren bisherigen Weg kritisch auf den Prüfstand stellen. Wir befinden uns zwar nicht mehr im 16. Jahrhundert, in dem „chartered trading companies" über die Weltkugel den Handel vollzogen und dominiert haben, richtig.

„SYN*force* Destination: Globalunternehmen"

Aber dennoch finden wir heute (wieder) derartige Konstrukte sowohl in Europa (oftmals unter dem Deckmantel der Systemrelevanz) als auch offenkundig und verstärkt in einigen aufstrebenden Wirtschaftsnationen. Das ist aber kein Grund zu resignieren, zu stagnieren oder anzunehmen, diese Situation werde so bleiben und man könne wettbewerblich ohnehin nicht gegen solche „mächtigen" Unternehmen oder Volkswirtschaften ankommen.

Einerseits entstehen bereits freundlichere und größere Wirtschaftsräume durch die gegenseitigen Verflechtungen und Inpflichtnahme aufstrebender Volkswirtschaften und ihrer Unternehmen, die im Zuge der nachgezogenen politischen und rechtlichen Globalisierung, vollzogen werden. Sie allein werden für die europäischen Unternehmen nicht unbedingt zu „fair" empfundenen Märkten führen, sondern Antizipation. Die Antizipation ist der Schlüssel zum künftigen Unternehmenserfolg und ersetzt internationale oder regionale Aufstellungen durch eine globale Unternehmenspositionierung und eine synergetische Rahmenordnung voraus. Diese Vorgehensweise wird zu vereinten wirtschaftspolitischen Bemühungen führen, die durch aktives Gestalten eines jeden Unternehmens, insbesondere ihrer Führer und der politischen Instanzen zu regulierten und wettbewerbsorientierten Marktwirtschaften führen werden.

Auf dieser Grundlage können Unternehmen die weltweiten Aktivitäten sehr viel einfacher gestalten und steuern sowie die sich bietenden Potenziale besser identifizieren und ausschöpfen. Diese Ausführungen sind mehr praktisch als theoretisch, wie uns der Unternehmensalltag in den sogenannten Globalunternehmen auf das Neuste beweist. Leider ist das momentan jedoch eher der Alltag einer Minderzahl europäischer Unternehmen. Ich bin aber davon überzeugt, daß sich dies jedoch ändern wird und ich hoffe, mit diesem Buch einen Beitrag dazu leisten zu können.

„SYN*force* Destination: Globalunternehmen"

Zielgruppe

Mit diesem Buch richte ich mich an die Entscheider und an die Business-Verantwortlichen multilateral und multinational operierender Unternehmen sowie an interessierte Führungskräfte und Unternehmensberater, die neue Lösungen und neue Ansätze als Antworten auf die heutigen und morgigen Herausforderungen auf dem Weltmarkt suchen, entwickeln und zu implementieren planen. Dieses Buch wird durch fundierte Recherchen und empirische Daten und Fakten unterstützt, aber wie ich oben ausführte, ist es kein wissenschaftliches Buch. Das Buch hat einen methodisch-pragmatischen Anspruch und ist lösungsorientiert. Das Konzept und Rohgerüst des Buchs entstand in der Praxis und bewährte sich im globalen „Battle" um steigende Unternehmenswerte, Marktanteile und Spitzenpositionierung - „Leadership Through Innovation".

Begriffserläuterung

„SYN*force*" ist ein von mir kreiertes Pseudonym für das oben genannte Beratungskonzept und besteht aus: „SYN" - Synergiequellen als Unternehmenspotenziale, die in den Schnittmengen der Produktportfolios und Technologien, der Strukturen und Märkte sowie Kunden und durch Kooperationen, Netzwerke sowie durch geo-strategische oder zivil-politische Trendentwicklungen entstehen. „SYN", betont die Explorations- und Interaktionsnotwendigkeit zwischen den internen und externen Synergiequellen, damit sie als positive Synergieeffekte in den Unternehmenserfolg einfließen können. Das Fehlen einer Exploration und Interaktion führt zu Negativeffekten und konterkariert zumindest Wachstumsvorhaben.

"SYN*force* Destination: Globalunternehmen"

In beiden Fällen haben diese Synergiequellen eine unmittelbare Wirkung auf Wachstumsvorhaben und der Unternehmenspositionierung.
„*force*" bezeichnet die Wirkungsstärke und -tiefe interner und externer Synergien auf die Unternehmen. Die Wirkungsstärke und -tiefe betreffen unmittelbar die Rahmenordnung eines Unternehmens sowie seine Wirtschaftlichkeit und machen sie zu einer der wichtigsten Größen. In jedem Unternehmen finden wir eine Rahmenordnung vor, deren Ziel es ist, das Unternehmen zu tragen bzw. zu befähigen, seine originäre Geschäftstätigkeit zu vollziehen. Eine synergetische Rahmenordnung ist die Grundlage für Innovation, Werthaltigkeit und unternehmerischen Erfolg. Hingegen verursacht eine de-synergetische Rahmenordnung Komplexität, Wertvernichtung und Misserfolg. De-synergetisch ist eine Rahmenordnung, die keine Strukturierung und Verzahnung werttreibender Faktoren, Prozesse und Strukturen untereinander und zu den externen Synergiequellen bietet.

SYN*force* bildet und trägt die synergetische Rahmenordnung in Unternehmen, wodurch sich interne und externe Potenziale erschließen lassen, die Unternehmenskompetenz maßgeblich bestimmen.

Das Konzept und die Zielsetzung in Kürze:

SYN*force* soll den Unternehmensführungen globaler und innovationsorientierter Unternehmen als Unternehmensentwicklungsinstrument einerseits dazu dienen, einen qualifizierten Input für den Strategieentwicklungsprozess zu bekommen und damit die Strategie- und Zielfindung zu unterstützen. Als Input dienen die Reportings und Analysen der werttreibenden Elemente. Auf der anderen Seite soll der Unternehmensführung ein Werkzeug zur Etablierung globaltauglicher / synergetischer Geschäftsmodelle an die Hand gegeben werden.

"SYN*force* Destination: Globalunternehmen"

Zur Verdeutlichung: SYN*force* hat die hauptsächliche Perspektive auf die Transformation bislang international (Bilateralität) fokussierter Unternehmen hin zu einer zukünftig global (Multilateralität) fokussierten Positionierung und einem synergetischen Wachstumsmodell.

Für eine tragfähige Transformation ist nicht nur eine strategische Entscheidung und klare Zielsetzung wichtig, und es reicht auch nicht aus, Zuständigkeiten und Berichtswege zu verlagern, Produktions- und Geschäftsabwicklungsabläufe neu zuzuordnen. Vielmehr setzt eine Transformation im Herzen des Unternehmens an: an seine Kompetenzen, Produktportfolio und Marktsegmente.

Ein positives Verhältnis zwischen diesen drei Faktoren ist Bindeglied zwischen strategischen Entscheidungen und der Neuausrichtung organisatorischer Aufbau- und Ablaufprozesse oder Funktionen. Dieses Bindeglied ist Grundvoraussetzung für das Beherrschen der Komplexität und Volatilität heutiger und morgiger Unternehmen.

Unternehmenskompetenz als Transformationskomponente

Die Unternehmenskompetenz lässt sich nach SYN*force* im Wesentlichen in vier Teilkomponenten untergliedern: Personell- Struktur-, System- und Technologie-Kompetenz. Diese Untergliederung orientiert sich an den Differenzierungs- und Asset-Gedanken und damit verbunden, an die Mess- bzw. Zuordbarkeit dieser einzelnen Komponenten zu einem Gesamtwert. Diese Komponenten sind die Werttreiber zukünftiger Unternehmen. In unserem Zeitalter wird nicht die „Engine Power", sondern die „Brain Power" eines Unternehmens entscheidend sein. Und damit „Brain" zu „Brain Power" wird, wird nicht eine höhere Anzahl (Verdichtung) benötigt, sondern vielmehr eine intelligente Bündelung, Kanalisierung und Transformation des Wissens mit dem

„SYN*force* Destination: Globalunternehmen"

System, der Struktur und der Technologie zu Wissenskraft und Problemlösungen, die einem Unternehmen die Einzigartigkeit verleihen. Die Unternehmen sind im Zuge dessen (auf-) gefordert, die Unternehmenskompetenz -Brain- über die Erfassung, Strukturierung, Nutzung, Weiterentwicklung und Sicherung dieser zu einer synergetischen Verzahnung der einzelnen Teilkomponenten sicherzustellen - Brain Power. Die Systematisierung der Unternehmenskompetenz im Gesamtkontext ist dazu ein sehr wichtiger Schritt, gefolgt von der Gegenüberstellung und Abgleichung der erfassten und erlangten Kompetenzen mit dem Produktportfolio und den Marktsegmenten. Die *größten Schnittmengen* in diesem Abgleich dienen einem Unternehmen als Transformationstriebkräfte. Die *größten Eng- oder Fehlpässe* werden sich restriktiv auf die Transformation (technologisch wie organisatorisch) auswirken. Die *relativen Schnittmengen* bilden die kritische Größe, die eine feinabgestimmte Um- bzw. Weiterentwicklung erfordern, damit sie zur Trieb- und nicht zur Bremskraft wird.

Für gewöhnlich kann ein Unternehmen nicht den Schalter umlegen und ab morgen neue Kunden und neue Märkte durch neue Produkte profitabel bedienen. Sondern es wird alte Märkte und Kunden mit bestehenden Produkten für eine gewisse Zeit weiterhin bedienen und sukzessive auf einen ausgewogenen Produkt-Mix für neue und Bestands-Kunden sowie alte und neue Märkte umstellen, bis hin zu einem völlig neuen zukunftsfähigen Portfolio. Der Anker liegt in dem Transformationsdreieck „Kompetenz – Produktportfolio – Marktsegment". Mit diesem kann ein Unternehmen den Transformationsprozess einleiten und steuern.

„SYN*force* Destination: Globalunternehmen"

Zu erwähnen bleibt an dieser Stelle noch, dass die Unternehmenskompetenz, wie wir später sehen werden, sehr viel mehr ist als die Summe verdichteter oder gewichteter Mitarbeiter-Skills und einzelner Fähigkeiten zum „selbst-organisierten Handeln zur Problemlösung", etc. Und sie ist auch kein Ergebnis erworbener Lizenzen, Nutzungsrechte, usw. Die Unternehmenskompetenz wird (und das muss sie sogar) gezielt erfasst, erworben, angewandt, gesteuert und entwickelt werden, und so das Unternehmen zu Innovation, Wirtschaftlichkeit, Werthaltigkeit und Stabilität befähigen. Die Unternehmenskompetenz trägt damit entscheidend zur Planung und Erreichung von Vorsprung (durch Innovation), Wettbewerbsvorteile, Marktwachstum, Werthaltigkeit der Unternehmensaktivitäten, transparente und nachvollziehbare Unternehmensbewertung und tragfähige Geschäftsmodelle bei.

In SYN*force* werden neuartige Verbindungen zur Synergiebildung und Mehrwertgenerierung in dem Maße möglich, dass höhere Nutzungsgrade und -breite knapper und werttreibender Faktoren zu höherer Wirtschaftlichkeit und zur „interaktiven Wertschöpfung" führen werden. Dazu finden Sie im Kapitel III weitere Ausführungen und Vorgehensweisen.

Die Notwendigkeit der „Schöpferischen Zerstörung"[1]

Der unternehmensseitigen Notwendigkeit, in Echtzeit, überall und uneingeschränkt Aufgaben zu erledigen, Prozesse zu steuern und ein Leben in Ausgewogenheit zu führen, bieten die neuen IC-Technologien viel Raum. Wenn es einer Technologie oder Branchenlösung gelingt, *bislang entgegensetzte Pole zu vereinen*, wie etwa den *Luxusanspruch* eines Menschen (den Kauf eines neuen Sportwagens über ein Smartphone oder die Verfolgung der Olympischen Spiele an seinem Lieb-

---
[1] Nach J.A. Schumpeter

„SYN*force* Destination: Globalunternehmen"

lingsplatz Echtzeit über sogenannte Tablets oder Smartphones) mit der *Lebensgrundlage* eines anderen Menschen (Video- und Foto-Upload über Smartphones oder Internet/Social-Media-Plattformen als Demonstrationen und eine direkte Einflussnahmemöglichkeit auf einen Bürgerkrieg, Kinderhandel) oder deren Nutzung als Wahlpropagandainstrument, braucht es keine weiteren Erklärungen und Ausführungen, weshalb sich die IC-Technologie, Produkte und Dienstleistungen weltweit durchsetzen und ganze Strukturen verschieben oder Industriezweige verändern werden. Die drohende Gefahr war und ist für viele Unternehmen das Ausruhen auf zurückliegende Lorbeeren, eine Ignoranz gegenüber neuen Trendentwicklungen zu pflegen und das Vertrauen, als wettbewerbsführende Wirtschaftsmacht und Export-„Weltmeisterschaft" unschlagbar zu bleiben. In diesem Fall verpassen Unternehmen den Anschluss und bezahlen teuer für einen Wiedereinstieg, sofern dieser überhaupt noch möglich ist. Ohne ein Umdenken der verantwortlichen Entscheider und Führer wird auch eine Chance des Wiedereinstiegs jedoch schnell verpuffen. Unsere Unternehmen entwickeln, beschaffen, produzieren und vertreiben bereits über den gesamten Globus ihre Produkte und Dienstleistungen. Der nächste Schritt muss sein, in den geeigneten Weltmärkten genauso Zuhause zu sein, wie in den bisherigen Heimatmärkten.

Dafür brauchen wir die Einsicht in diese Notwendigkeit und den Mut der Unternehmensführungen zur „Schöpferischen Zerstörung" (nach J.A. Schumpeter), nicht nur im Sinne der Produktinnovation, sondern auch im Sinne der Unternehmensinnovation als Ganzes.

Eine der wichtigen Herausforderungen, denen Unternehmen heute begegnen, ist die Triade, die durch die Notwendigkeit einer globalen Unternehmensausrichtung mit der zunehmenden Divergenz der Märkte bzw. Produktlebenszyklen (bedingt durch geo-strategische, zivilpolitische Trendentwicklungen und technologische Strukturverschie-

„SYN*force* Destination: Globalunternehmen"

bungen) und durch die Erfüllung mannigfaltiger Ansprüche heterogener Kundenstrukturen entsteht. Diese Triade gilt es für Unternehmen bzw. Unternehmensverbünde abzubilden und zu managen. Hierauf werde ich versuchen, Antworten zu geben.

Widmung

Mich haben im Laufe meiner Karriere einige sehr fähige, mutige und außergewöhnliche charismatische Persönlichkeiten begleitet, gecoacht, geführt und mich inspiriert. Ihnen galt und gilt mein Dank. Ich habe es bisher nicht versäumt, mich persönlich bei ihnen zu bedanken, weshalb ich von einer Aufzählung an dieser Stelle absehe. Dieses Buch widme ich meinem Sohn, der seit seinem vierten Lebensjahr bis heute sagt „Ich werde ein Erfinder". Kinder sind großartige Erfinder und Weltverbesserer. An dieser Stelle möchte ich deshalb mit einem Zitat von Albert Einstein abschließen, das meiner Ansicht nach das Dilemma vieler Unternehmen sehr treffend umschreibt und dessen Erfindergeist uns heute noch begleitet.

„Die reinste Form des Wahnsinns ist es, alles beim Alten zu lassen und gleichzeitig zu hoffen, dass sich etwas ändert."

Albert Einstein

„SYN*force* Destination: Globalunternehmen"

Kapitel I: Retrospektive der ältesten Branchen weltweit und ihrer Erfolgssäulen

Eine Retrospektive der ältesten und aktuellen Volkswirtschaften

Dieses Kapitel hat sich aus mehreren Gründen als kein einfaches für mich herausgestellt. Ich habe einen roten Faden zwischen zwei Polen spannen müssen, die einerseits mein besonderes Interesse für Wirtschaftspolitik und -Geschichte und andererseits die Relevanz vergangener Errungenschaften für die gegenwärtige und zukünftige Wirtschaft erfassen und in eine sinnhafte Retrospektive stellen. Mit diesem Anspruch stand ich öfter vor der Frage: Wo setze ich den Startpunkt und welche Perspektive nehme ich in der Erfassung und Aufbereitung relevanter Fakten und Daten der wirtschaftssozialen und wirtschaftspolitischen Geschichte? Denn deren Darstellung ist unumgänglich, wenn man sich mit den möglichen Trends befassen oder gar eine gewissermaßen zuverlässige Plangröße für Wachstumsvorhaben ableiten möchte. In den meisten Fachbüchern wird die Industrialisierungsgeschichte in einer besonderen Tiefe und Breite ausgeführt. Die Spannweite reicht von der Darstellung der Industrialisierungswelle als eine Erlösung aus allem Elend der Armut bis, auf der anderen Seite, zur Sichtweise der Hinrichtung allen sozialen Unternehmertums. Aus diesem gedanklichen Zustand heraus beschloss ich, meine Perspektive darauf zu richten, welche Länder bzw. welche Volkswirtschaften haben die ersten „formalen" Unternehmen und damit die ersten Wirtschaftszweige geformt und die heutige Branchenentwicklung geprägt. Unabhängig davon, ob diese einer monarchischen, zentralistischen oder einer freien Marktwirtschaft unterlegen haben.

„SYN*force* Destination: Globalunternehmen"

Mir erscheint interessant zu wissen, wo sich erste Wirtschaftszweige ursprünglich bildeten, wie sich diese in ihrer geschichtlichen Laufbahn veränderten und unsere Unternehmen, Produktionsbetriebe und das wirtschaftssoziale und - wirtschaftspolitische Weltgeschehen beeinflussten. Gleichzeitig mit diesen Ausführungen über meine Motivlage und meinen Anspruch an dieses Kapitel, begegnete ich auch dem Hinweis, die Lebensdauer eines Unternehmens sage nichts Relevantes über das Unternehmen aus, da sich im Laufe der Zeit alles Relevante gewandelt habe. Dem stimme ich, natürlich, nicht zu. Es erscheint umso relevanter, wesentliche von unwesentlichen Aktivitäten bzw. Faktoren zu unterscheiden. Zu den wesentlichen Faktoren zählen beispielsweise, ob ein Unternehmen offiziell angemeldet war und damit sowohl unter dem Schutz der jeweiligen Staatsordnung stand, als aber auch in die Pflicht genommen wurde. Oder etwa der Fakt, wie die Unternehmer/Entscheider mit den neuen Herausforderungen umgingen, welche Trends sie auszusetzen entschieden und welche sie aktiv antrieben. Diese Faktoren sind sehr relevant zur Überprüfung und Ableitung einiger zurückliegender und heutiger Entwicklungen. Sie haben eine Aussagekraft auch für die Zukunft.

Obgleich es schwierig ist, bei alten Unternehmen das ganz genaue Gründungsjahr mit einer Genauigkeit zu identifizieren, lässt sich feststellen, dass der Übergang von der Selbstversorger-Produktion von Adelsgütern und Klöstern oder einzelnen Handwerkern und Kaufleuten hin zu einem formellen Unternehmen, das sich zu einem Unternehmenszweck bekennt, diesen durch organisierte Geschäftsabläufe verfolgt und wirtschaftlichen Erfolg generiert, sehr oft einfach nur ein fließender ist, wie wir zu Beginn sehen werden. Es gibt aber durchaus einen relativen Konsens, bereits durchgeführter Analysen verschiedener Institutionen und Wirtschaftshistorikern, die eine solide Basis liefern, von der aus weitergedacht und -gearbeitet werden kann.

„SYN*force* Destination: Globalunternehmen"

Diese Arbeit und Auseinandersetzung hat sich für mich gelohnt. Um meinem selbst gesetzten Anspruch gerecht zu werden, werde ich mit einem sehr kurzen Abriss über die Renaissance-Ära beginnen, gehe weiter zur Moderne der Wirtschaftszweige mit ihren zunächst wenigen Unternehmern und spanne den Bogen zu den zurückliegenden Jahren , auf die ich meinen Schwerpunkt legen will.

Ich arbeite global und einige Jahre war ich für einen französischholländischen Konzern tätig, weshalb mir sehr oft der Satz entgegengebracht wurde „es ist zweifelsfrei und klar auf der Hand, dass Frankreich das älteste und profitabelste Unternehmertum der Welt hatte, wozu bedarf es Analysen?" Stets antwortete ich „Nun, dies kann stimmen". Konzentriert man sich aber auf (offiziell angemeldete) formelle Industrie- und Wirtschaftsunternehmen mit definierter Angabe von Unternehmenszweck und Organisationsform, so ergeben meine Recherchen, dass der japanische Tempelbau „Kongo Gumi", gegründet 578, das älteste formelle Unternehmen der Welt ist. Gefolgt von „Genda Shigyo", einem Papiertütenhersteller aus dem Jahr 717/718.

TSR (Tokyo Shoko Research) hat im Jahr 2009 eine Recherche zu den ältesten Unternehmen weltweit durchgeführt und präsentierte rund 21.000 Unternehmen, die vor über 100 Jahren gegründet wurden, wovon eine Hand voll sogar älter als 1000 Jahre sind. „Bank of Korea" hat eine eigene Analyse präsentiert, wonach in Japan vor über 200 Jahren bereits ca. 3.146 Unternehmen offiziellen Charakter erlangten, gefolgt von Deutschland mit rund 834 Unternehmen und Niederlande mit 222 sowie Frankreich mit 196 Unternehmen. Auch „Handelsblatt", „The Economist" und „Wirtschaftswoche" haben eigene Erhebungen bezüglich der ältesten Unternehmen weltweit veröffentlicht, die sich mit diesen Ausführungen decken. Rund 90 % dieser Unternehmen beschäftigten, demnach aber weit weniger als 300 Mitarbeiter und waren in Familienbesitz.

„SYN*force* Destination: Globalunternehmen"

Gehen wir an dieser Stelle zurück zu der Frage: „Welche sind die ältesten Unternehmen und was war/ist ihr Schicksal?" Wie ich bereits erwähnt habe, können wir -weltweit durchgeführten Recherchen zufolge- als das älteste Unternehmen der Welt den japanischen Tempelbau „Kongo Gumi" feststellen. In diesem Zeitalter dominierten die japanischen Unternehmen die Liste der ältesten Unternehmen der Welt gefolgt von deutschen, österreichischen, französischen, italienischen und englischen Unternehmen. Geschichtlich bedingt spielten die Vereinigten Staaten erst sehr viel später eine Rolle in Wirtschaftsleben und -Politik. Zu den ersten deutschen Unternehmen zählt die Bierbrauerei „Weihenstephan Abbey", offiziell gegründet im Jahr 1040. Verfolgt man diese Listen chronologisch nach Branchen, stellt man fest, dass Getränke- und Nahrungsmittel sowie Hotellerie und Gastronomie noch weit bis in 1311 zurückreichen.

Eine Ableitung der ältesten Unternehmen der *Pharmabranche* in dieser Zeit in Deutschland führt zu den Unternehmen „Rats", mit Gründung 1318 sowie „Löwen", gegründet 1364 und „Merck", datiert auf das Gründungsjahr 1668. In Japan lassen sich als erste Pharmaunternehmen „Sankogan", gegründet 1319, sowie „Uiro" und weitere feststellen.

Zu den ersten *Papierherstellern* zählt das französische Unternehmen „Richard de Bas", gegründet 1326.

Als erste *Glasmanufaktur* kann ebenfalls ein französisches Unternehmen namens „La Rochere", Gründung 1475, ermittelt werden.

Die Gründung des ersten *Textilunternehmens* ist in Japan im Jahr 1346 unter dem Namen „Takata" nachweisbar.

Hingegen als erstes *Metallverarbeitungsunternehmen* lassen sich österreichische und deutsche Unternehmen ermitteln, etwa „Zeilinger", gegründet 1516, und „Riess" in Österreich gefolgt vom *Aluminium-*

„SYN*force* Destination: Globalunternehmen"

unternehmen „Piesslinger", gegründet 1553, sowie „William Prym", „Weichselbaum" aus Deutschland und „Nabeya" aus Japan, gegründet 1560, sowie „Yamato Intec" ebenfalls japanisch.

Als erstes Unternehmen der *Waffenindustrie* lässt sich das italienische Unternehmen „Beretta", gegründet 1526, feststellen, gefolgt von dem deutschen Unternehmen „Klett", dessen Gründung im Jahr 1578 zurückverfolgt werden kann.

Nicht nur der erste Waffenhersteller, sondern auch die erste *Bank* wurde in Italien aus der Taufe gehoben - „Banca Monto di Paschi di Siena, gegründet 1472, gefolgt von zwei deutschen Banken „Berenberg Bank" gegründet 1590 und „Fürst Fugger Privatbank" aus dem Jahr 1486. Die erste Bank in England war die „C. Hoare & Co.", gegründet 1672, und 1690 erfolgte die Gründung der heute oft in den Schlagzeilen stehenden „Barclays Bank".

Als erstes Unternehmen, das *Münzen* stanzte, lässt sich das noch mit gleichem Geschäftszweck existierende „Royal Mint", Unternehmen des Vereinigten Königreichs (England) aus dem Jahr 886 feststellen.

Dem folgten weitere Unternehmen aus dem *Transportwesen,* wie „Shore Porters", und Post „Royal Mail" sowie aus dem *Verlagswesen* wie die „Cambridge University Press". „The Economist" veröffentlichte im Dezember 2004 "The world's oldest companies". Auch laut dieser Veröffentlichung ist das älteste offiziell angemeldete und betriebene Unternehmen der japanische „Kongo Gumi", gegründet im Jahr 578 - und „Hoshi Ryokan" gegründet im Jahr 718.

In dieser Liste folgt ein französischer Weinhersteller, „Chateau de Goulaine", gegründet im Jahr 1000, gefolgt von dem Papierhersteller „Richard de Bas" gegründet 1026. Das älteste britische Familienunternehmen war demnach ein Textilunternehmen und wurde 1541 unter dem Namen „John Brooke & Sons" gegründet.

„SYN*force* Destination: Globalunternehmen"

Eine weitere interessante Quelle zu den ältesten deutschen Unternehmen bietet auch das „Handelsblatt". Dem Artikel vom April 2011 zufolge, über die ältesten und noch am Markt vorherrschenden deutschen Unternehmen, deren Gründung über 500 Jahre zurückreicht, zählen Unternehmen wie „William Prym GmbH & Co. KG", das zugleich zu den ältesten Industrieunternehmen Deutschlands zählt, die noch in derselben Branche existieren. Das Unternehmen wurde 1530 vom Goldschmied Wilhelm Prym in Aachen als Betrieb zur Herstellung von Messing und Kupfer begründet. Heute produziert Prym täglich rund 15 Millionen Druckknöpfe. Das Unternehmen ist inzwischen mit 40 Produktions- und Vertriebsstandorten weltweit vertreten". Zu den ältesten Unternehmen Deutschlands zählt auch Faber-Castell Schreibwaren-Hersteller, gegründet 1761, mit heute noch weltweit ca. 7.000 Mitarbeitern, das unverändert als Vorreiter der Branche gilt. Außerdem werden die im Jahr 1765 gegründete Franz Haniel & Cie. GmbH und, das im Jahr 1748 gegründete Villeroy & Boch Unternehmen, Hersteller von Keramikwaren, genannt, das noch heute Weltmarkführer in seiner Branche ist. Auch einem Artikel der „Wirtschaftswoche" zufolge zählt ebenfalls „Weihenstephan Abbey" zu den ältesten deutschen Unternehmen.

Als die älteste Gesellschaft mit beschränkter Haftung (Limited Liability Corporation) wird der finnische heutige Papierhersteller Stora Enso gezählt, der seine ursprünglichen Geschäftsaktivitäten als Kupfermine in 1288 aufnahm. Heute investiert das Unternehmen in „Bio-Energy & Green Construction Materials".

Das sind Segmente, die das Unternehmen bereits seit Jahren erforscht und darin investiert. Auch hierauf werde ich später detaillierter eingehen. Es kommen im Laufe der Jahrzehnte immer mehr Unternehmen und neue Produktionszweige hinzu, wobei sich Japan, Deutschland,

„SYN*force* Destination: Globalunternehmen"

Österreich, England, Italien und Frankreich im besonderen Maße vor anderen Staaten absetzen.

Mit der Gründung und Erweiterung geschäftlicher Aktivitäten bildeten sich im europäischen Raum auch Verbände (bspw. die Bildung von Zünften und Gilden, die im Heiligen Römischen Reich sogar eine politische Macht ausüben konnten. Im Jahr 1120 wurde in einigen Städten Deutschlands den sogenannten Zunftbürgern eine weitgehende Autonomie zuerkannt, um die Städte für Handwerker und Händler attraktiver zu machen. Auch wenn diese Verbände ihre Bedeutung verloren haben und sich auflösten, erkannte man im deutschsprachigen Raum die Notwenigkeit der Gewerbefreiheit und ihrer rechtlichen Einschränkungen, welche die elementaren Ordnungsprinzipien einer freien Wirtschaftsverfassung bilden. Dies führte dazu, dass die Gewerbefreiheit im Jahr 1810 ein wesentlicher Bestandteil der Stein-Hardenbergschen Reformen (zunächst in Preußen) wurde. Im Jahr 1875 war die Gewerbefreiheit im Deutschen Reich etabliert. Dieser Abriss soll den fruchtbaren Boden, die Einsicht und Reife für Unternehmertum im europäischen Raum aufzeigen, der seinesgleichen außerhalb Europas sucht.

Wenn wir in der Zeit etwas nach vorne blicken, aber auf der Suche nach dem ältesten Unternehmen der Branche bleiben, markieren wir als das älteste Unternehmen der „*Precious Metals*" die *englische* Silbermanufaktur „Bell Mark Sheffield Silver", gegründet 1768, obwohl die amerikanische „Towle Silversmiths" mit dem Gründungsjahr 1690 in einigen Listen als erstes Unternehmen aufgelistet wird. Aber die gewerbliche Tätigkeit von Towle war der Handel mit Silber, betrieben durch einzelne Familienmitglieder. Erst im Jahr 1857 konnte „Towle Silversmiths" offiziell als „Towle & Jones" eine Tätigkeit über den Familieneinzelhandel hinaus in eine professionalisierte

„SYN*force* Destination: Globalunternehmen"

Organisation und Produktion aufnehmen, welche „Bell Mark Sheffield" wohl bereits früher besaß.

Zu dem ältesten *amerikanischen* Unternehmen zählt die um 1619 gegründete und 1632 in Betrieb genommene „Tuttle Farm of Dover" aus New Hampshire. Dieser folgten eine ganze Reihe weiterer Farmbetriebe, wie etwa „Shirley Plantation" in Virginia gegründet 1638, „Fieldview Farm„ gegründet 1639 und noch viele weitere. Dominiert wurde dieser aufblühende Wirtschaftszweig von wohlhabenden Familien, die in der Regel Großgrundbesitzer dieser Farmen waren. Vor diesem Hintergrund wird der Fakt nachvollziehbarer, dass in den USA im 19. Jahrhundert der Handel mit landwirtschaftlichen Rohstoffen in Form von festgeschriebenen Kontrakten standardisiert wurde.

Diese Entwicklung ist für unsere Retrospektive deshalb interessant, weil dies die Grundlage des heutigen Rohstoffhandels an den Weltbörsen geschaffen hat, die nach wie vor von den USA dominiert werden. Denken wir an die aktuellen Problematiken rund um die „Dürren Katastrophe" in den USA und die Reaktionen der Weltmärkte und Staatsbanken sowie der Weltbank.

Durch den Mangel an adäquaten Lagerplätzen und Verfahren für einen schnellen und fairen Handel landwirtschaftlicher Rohstoffe, entstand damals die Notwendigkeit, die einige Großunternehmer dazu bewegte, gemeinsam nach kreativen Lösungen für einen fairen und stabilen Handel zu suchen und zu entwickeln.

Durch ein gemeinsames und abgestimmtes Vorgehen konnten sie sodann Druck ausüben, wodurch in Chicago im Jahr 1848 eine Initiative verabschiedet wurde, einen zentralen Platz für den Handel zu eröffnen, gefolgt von dessen Professionalisierung und Verbesserung.

An diesem Platz trafen sich Farmer und Händler und konnten lieferfertiges (spot) Getreide handeln. Zunächst war die Geschäftsbasis

„SYN*force* Destination: Globalunternehmen"

„cash" gegen sofortige Lieferung, später dann wurde im Rahmen standardisierter Kontrakte der Terminhandel mit Future-Kontrakten gehandelt.

Die erste organisierte Terminmarktbörse für landwirtschaftliche Rohstoffe war die „Chicago Board of Trade" (CBOT), in der zum ersten 1865 Terminkontrakte auf Weizenmehl und später Baumwolle (an der NYCE) gehandelt wurden. Amerikanische Unternehmen, die insbesondere in verkehrsgünstigen Lagen angesiedelt waren, wie etwa Chicago, dominierten seinerzeit den Handel. Der erste Future-Kontrakten über 3.000 Scheffel Mais wurde in Chicago abgeschlossen und datiert aus dem Jahr 1851^2. Staaten wie Chicago, Kansas, Oklahoma, Nebraska und Teile von Texas gehören noch heute zu den führenden Exportstaaten des landwirtschaftlichen Rohstoffprimus „Weizen".

Abgesehen von der Gründung und Professionalisierung amerikanischer Farmen, die damit auch wesentlich zur Entstehung der heutigen Rohstoffbörsen beigetragen haben, lassen sich in den Vereinigten Staaten auch weitere interessante Beispiele anderer Branchen finden. Unter anderem finden wir Harsco „A Big Engineering And Industrial Services Company", deren Aktivitäten bis zum Jahr 1742 zurückverfolgt werden können. Trotz dieser bemerkenswerten Fortschritte bleibt unumstritten, dass die Geschichte amerikanischer Unternehmen, insbesondere der Industrie, natürlich jünger als die der europäischen oder japanischen Unternehmen ist. Aber zweifelsohne liefern diese Entwicklungen in den damals jungen USA ein Paradebeispiel dafür, wie sehr die Notwendigkeit zu kreativen Lösungsfindungen und fortschrittlichem Handeln eine maßgeblichere Triebkraft sein und noch vor den Werten Tradition, Erfahrung und Wissen stehen kann.

---

[2] Quelle: Goldmann Sachs Rohstoff-Kompass, Aug. 2012

„SYN*force* Destination: Globalunternehmen"

Als ältestes *chinesisches* Unternehmen können wir, veröffentlichten Studien und Listen zufolge, das im Jahr 1538 gegründete Beiz-Unternehmen „Liu Bi Ju" entnehmen, gefolgt von einem Pharmaunternehmen „Tong Ren Tang", Gründung 1669, sowie eine Brauerei gegründet im Jahr 1828, namens „Wong Lo Kat" ff. China verfügte zwischen 1368 und 1870 über ein entwickeltes Waren- und Steuersystem, reife Handelsbeziehungen und verzeichnete soliden Wirtschafts- und Bevölkerungswachstum, ohne Anstrengungen etwaiger Produktivitätssteigerungen bzw. technologischer Modernisierung der Fabriken und Unternehmen vorzunehmen. Letzteres führte bekanntermaßen gemeinsam mit anderen politischen Faktoren und Konflikten mit westlichen Volkswirtschaften zu einer fast völlig vernichtenden wirtschaftlichen, politischen und sogar kulturellen Lage einer traditionsreichen, fortschrittlichen und alten Nation.

Was bereits um die Jahre 1860 - 1865 vom Kaiser als „Isolation von westlichen Einflüssen und Ideen"[3] begann, nahm mit der Gründung der Volksrepublik China im Jahre 1949/1950 als kommunistisches Regime unter Mao Zedong (Mao) neue Ausmaße der Isolation an, die China bis weit in die Jahre 1970/1990 in seiner Entwicklung einschränkte. Hinzukamen innere Konflikte und Revolutionen sowie äußere Bedrohungen, die Mao in den späteren 1965-iger Jahren dazu bewegten, zunehmend eine Allianz mit dem Westen einzugehen.

Bevorzugterweise mit Deutschland auf der wirtschaftlichen und technologischen, und den Amerikanern auf der politischen und wirtschaftlichen Ebene, erschien Mao eine Allianz insbesondere als ein Gegengewicht zu Russland und Japan von Interesse.

---

[3] Quelle: „On China" von Henry Kissinger, 2011

„SYN*force* Destination: Globalunternehmen"

Diese Richtungsänderung, die Deng Xiaoping weiter voranbrachte, verschaffte China jedoch nicht nur politische Stabilität, sondern auch eine zügige Erholung bzw. Aufholung seiner Wirtschaft, wie wir im nächsten Kapitel feststellen werden.

Als erstes *russisches* Unternehmen kann den veröffentlichten Studien und Listen zufolge ein Theater benannt werden, das im Jahr 1776 gegründet wurde - das „Bolshoi Theater". Weiter werden genannt ein Schalhersteller, „Platki", gegründet 1795, ein Süßwarenhersteller „Babayevsky", gegründet 1804, und der im Jahr 1807 gegründete Waffenhersteller „Izhmash". Im Jahr 1841 wurde die erste russische Bank „Sberbank" gegründet, die noch heute zu den mächtigsten Banken Russlands zählt. Die Gründung und der Aufbau dieser russischen Unternehmen führe ich auf die -wenn auch umstritten- Erfolge des russischen Zars Peter I. zurück. Dieser begann im Jahre 1720/1721, nach westlichem Vorbild, das Staatswesen aufzubauen und beabsichtigte eine Gleichstellung Russlands im europäischen Machtgefüge. Ob tatsächlich die zahlreichen Kriege, die Russland geführt hatte, verantwortlich sowohl für den enormen Aufschwung bis 1850 als auch für die nachfolgende Talfahrt anschließend waren, kann kontrovers weiter diskutiert werden. Feststeht jedoch, dass Russland insbesondere durch die innerkontinentalen, Krim- und Japan-Kriege zu internen Reformen bewegt wurde und nebst innenpolitischen Machenschaften zunehmend an Größe und Stärke verlor, wohingegen andere Nationen massive Fortschritte verzeichneten. Vielleicht erinnert diese Situation den einen oder anderen von uns an die Entwicklungen der zurückliegenden fünf bis zehn Jahre. Die Oktoberrevolution und das spätere Bündnis der Staaten zur Sowjetunion (UDSSR) im Jahr 1922/1923 unter Führung Lenins, war auch der Beginn eines zweischneidigen Schwertes: Industrialisierung und Fortschritt einerseits und

„SYN*force* Destination: Globalunternehmen"

Zentralisierung und Isolierung andererseits, deren Schattenseiten insbesondere durch Stalin zur Geltung kam. Und obwohl die Auflösung der Sowjetunion einen Demokratisierungsprozess in der gesamten Region ab 1989/1990 in Gang setzte, konnten die einzelnen ehemaligen Verbundstaaten bis heute kaum eine signifikante Erholung, wie es etwa China gelang, erzielen. Dennoch bilden sie aufgrund ihrer Größe, ihrer Nähe zu Europa und auch aufgrund ihres Fortschritts ein Expansionspotenzial für europäische Unternehmen. Dazu werden Sie Näheres im nächsten Kapitel finden. Wir können die Liste der Unternehmen und ihrer individuellen Geschichten unendlich weiterführen und sicherlich viel Interessantes dabei entdecken. Aber die Diskussion, welches Unternehmen das Älteste ist, wird wohl kontrovers weitergehen, sowohl unter Wirtschaftshistorikern als auch unter Firmen selbst.

Diese Diskussionen entwickeln sich in unserer Zeit zunehmend zu einem Wettbewerbs- und Marketinginstrument. Nicht nur in der Software- und Unterhaltungsbranche haben sich rechtliche Patent- und Lizenzverfahren beinahe zu Wettbewerbs- und Marketinginstrumenten etabliert, sondern auch Rechtsstreitigkeiten über „Branchenmethusalems" werden von der Beklagtenseite oder Dritten als derartige Instrumente verstanden bzw. dargestellt. Ein interessantes Beispiel hierzu ist beispielsweise die Klage von Faber-Castell Mitte der 1990er Jahre gegen den Konkurrenten Staedtler. Staedtler hatte seinerzeit eine Werbekampagne mit einer 333-jährigen Firmentradition gestartet.

Faber-Castell, zu diesem Zeitpunkt „nur" 234 Jahre alt (Gründung 1761), formulierte in seiner Klage, es sei richtig, dass Friedrich Staedtler 1662 als Pionier der Bleistiftfabrikation in Nürnberg erwähnt wird, jedoch tauchte der Unternehmensname erst 1835 wieder auf.

„SYN*force* Destination: Globalunternehmen"

Staedtler musste die Kampagne aufgeben und alle Werbeprospekte zurückziehen, nachdem das Landgericht[4] gedroht hat, eine Ordnungsstrafe von einer halben Million DM zu verhängen. Ob der Markenrückkauf „Eberhard Faber" von Faber-Castell aus dem Jahr 2005, bis dato Staedtler-Marke, ohne einen Bezug auf diesen Rechtsstreit erfolgte, spielt kaum eine Rolle. Faber-Castell ist in zweifacher Hinsicht ein Sieger: Sieger der langjährigen Streitigkeiten und Inhaber einer etablierten Marke auf dem amerikanischen Markt. Jene Entscheidung stellt die gesamte Produktpalette von Faber-Castell auf bessere Füße. Dies ist nur ein Beispiel, hinter dem viele andere stehen.

Professionalisierung und die „Überlebensdauer" traditioneller Unternehmen

Was für mein Anliegen aber umso interessanter und bisher unumstritten ist, ist der Fakt, dass ca. 1/3 der „Fortune 500" in 1970 in Unternehmensform und/oder -namen im Jahr 1983 nicht mehr existent waren. Sie wurden entweder übernommen, stellten ihre Aktivitäten ein oder gingen Pleite. Herrn Leslie Hannah, einem Wirtschaftshistoriker an der Universität von Tokyo, zufolge, lag das „Durchschnittsleben" der Unternehmen des 20. Jahrhunderts in der kapitalistischen Marktwirtschaft bei 75 Jahren.

Die einen oder anderen von uns können dagegen den Einwand erheben, dass die „Ölpreis-Krise" um 1970, gefolgt von der Schuldenkrise in Lateinamerika und den Uneinigkeiten innerhalb der „European Monetary Union" - um die Jahre 1980 und 1990 sicherlich den Hauptpart daran getragen haben, dass die Unternehmen weltweit unter

---

[4] Quelle: „Der Betrieb", HB NR. 069 VOM 06.04.1995 SEITE 17 „Staedtler nicht Branchenmethusalem"

„SYN*force* Destination: Globalunternehmen"

Druck, in Illiquidität und Instabilität gerieten. Die Märkte haben diese zusammenlaufenden Krisen und die damit verbundenen Volatilitäten und Unsicherheiten nicht vertragen, und, wie gewöhnlich für Naturgesetze, findet eine Bereinigung statt, von der aus neu gestartet werden kann. Den ausgeführten Diskussionen und durchgeführten Untersuchungen, unter anderem von den Herren Leslie Hannah und Professor Richard Foster von der Yale-Universität, kann entnommen werden, dass die durchschnittliche Lebensdauer von Großunternehmen dennoch weiter sank und tendenziell rasch weiter zu fallen droht.

Herr Foster formulierte es in seinem Interview auf BBC im Januar 2012 wie folgt: "The average lifespan of a company listed in the S&P 500 index of leading US companies has decreased by more than 50 years in the last century, from 67 years in the 1920's to just 15 years today". Die deutsche Auskunftei Creditreform schätzt die durchschnittliche Lebensdauer eines Unternehmens heute auf 18 Jahre. Herr Foster prognostiziert, dass bereits im Jahr 2020 mehr als ¾ der „S&P 500" Unternehmen sein werden, von denen wir bis heute noch nichts gehört haben. Hierauf werde ich später detailliert eingehen.

Gehen wir wieder einen kurzen Schritt zurück und richten unser Augenmerk auf die Fortune-Unternehmen und auch darauf, dass noch nach der DotCom-Blase 2000/2001 rund 35 % der Unternehmen im Familienbesitz waren. Aus der Tatsache, dass über 60 % der Aktien privater Unternehmen von Familien gehalten und damit von ihnen kontrolliert werden, lässt sich folgerichtig ableiten, dass nicht nur in Europa, sondern auch in den USA der Anteil bzw. der Einfluss von Unternehmerfamilien hoch war bzw. ist. Was uns die „Farmgeschichte von Chicago" im 19. Jahrhundert in den USA aufzeigt, stellen wir also noch heute, natürlich in anderer Form, fest.

„SYN*force* Destination: Globalunternehmen"

Ich formulierte weiter oben, dass die Notwendigkeit kreative Lösungen zu finden, fortschrittliches Handeln geradezu beflügelt - und sogar noch vor den wichtigen Werten wie Tradition, Erfahrung und Wissen steht. Aber für die Stabilität und Nachhaltigkeit (Überdauern mit Substanz) eines Unternehmens scheinen andere Faktoren eine maßgeblichere Rolle einzunehmen. Daran schienen auch diverse Krisen, Kriege und Jahrhunderte wenig geändert zu haben. Viele sprechen deshalb oft von „Prinzipien" und „Naturgesetzen".

Hierzu möchte ich den Blick einmal auf Japan lenken, eine nach wie vor unumstrittene Wirtschaftsmacht, mit einem Zitat von Herrn Prof. Makoto Kanda, Professor an der Meiji-Gakuin-University, der unverblümt und prägnant die Erfolgsgründe japanischer Unternehmen, die über 100 oder auch über 1.000 Jahre überlebten, zusammenfasst: "Japanese companies can survive for so long because they are small, mostly family-run, and because they focus on a central belief or credo that is not tied solely to making a profit" [5]. Diesen Worten folgend, befinden wir uns in dem Bereich der „Werte" und des „Credos". Diese beiden Begriffe für sich allein gestanden, ganz ohne Wertung, besitzen genügend interessanten und kontroversen Diskussionsstoff, aber Herr Kanda geht einen Schritt weiter (und macht es uns damit einfacher).

Der letztgenannte Erfolgsfaktor des Herrn Kanda ist also dem primären Leitgedanke der Unternehmenseigner und -führer auf die Werterhaltung des Unternehmens auszurichten, den er willentlich und ausdrücklich vom Profitgedanken trennt. Verfolgen wir einmal im Geiste den Gedanken einer Trennung zwischen Werterhaltungs- und Profitgedanken weiter, fallen uns eine ganze Reihe von Beispielen seit spätestens der globalen Finanzkrise 2007/2008 ein, die eine derartige Trennung nicht nur bestätigen, sondern bekräftigen.

---

[5] Quelle: BBC News „Can a company live forever? " Interview Jan. 2012

"SYN*force* Destination: Globalunternehmen"

An diesem gedanklichen Faden entlanghangelnd, fällt es uns nicht schwer, die Notwendigkeit einer Überprüfung bzw. Unterscheidung von primärer Profitorientierung und dem profitablen Wachstum von Unternehmen, vorzunehmen.

Was im ersten Augenblick als ein- und dasselbe zu sein scheint, etwa weil die Profitgenerierung schließlich erst Investitionen in Wachstumsvorhaben überhaupt ermöglichte, muss genauer betrachtet werden, und führt in einer tieferen Zerlegung und Untersuchung der Bestandteile beider Zielrichtungen zu unterschiedlichen Bewertungen und Resultaten. Das Erstgenannte (die primäre Profitgenerierung) stellt lediglich eines der Instrumente zur Wertgenerierung, mit dem klaren Ziel der Maximierung des Geldkapitals -Erhöhung der Profitrate- dar. Es hat keine -geschäftsmäßige- Zweckbindung an der originären Geschäftstätigkeit, sondern ist allein der Profitgenerierung verpflichtet. Dabei spielt es, naturgemäß, keine Rolle (solange legal), wodurch eine Erhöhung erzielt wurde und ob diese eine Reproduzierbarkeit in die Zukunft aufweist, was beispielsweise entscheidend für eine Wertermittlung oder -erhaltung wäre. Als ein Instrument betrachtet jedoch, stellt sich die Situation und die Bedeutung der „Mehrung des Geldkapitals" im Sinne einer Diversifizierung anders dar.

Wohingegen Letztgenanntes (profitables Wachstum) die klare Zielsetzung hat, das Geldkapital -zweckmäßig- durch die Ausübung der originären Geschäftstätigkeit in (Mehr-) Wert umzuwandeln. Dieses hat damit ein gesamtwirtschaftliches Planen, Handeln und Bewerten im Fokus. Damit die einen oder anderen nicht in eine gedankliche Falle geraten, führe ich die Unterscheidung nachfolgend etwas anders aus. Die Umwandlung von Geldkapital in (Mehr-) Wert bedeutet in beiden Fällen, natürlich, das Geldkapital so einzusetzen, dass ein Unternehmen größtmögliche Profitabilität generiert.

„SYN*force* Destination: Globalunternehmen"

Die Unterscheidung liegt darin, dass im Erstgenannten die maximale Mehrung des Geldkapitals das primäre Ziel ist (i. d. R. zeitlich kurzfristig und ungeachtet der originären Geschäftstätigkeit oder einer Reproduzierbarkeit in die Zukunft). Im Zweitgenannten ist es das Ziel, eine relative (Wert-) Mehrung durch eine maximale Reproduzierbarkeit und Zweckmäßigkeit - originäre Geschäftstätigkeit zu generieren. Und obwohl John Maynard Keynes seinen Skeptikern salopp entgegnete „In the long run we are all dead", wies er darauf hin, dass ein frühzeitiges Einschreiten durch gesamtwirtschaftlich orientiertes Handeln, den Unsicherheiten und Risiken trotzen, und der Markt dadurch, auf lange Sicht gesehen, zu einem Gleichgewicht finden kann.

Die unternehmerische Kunst wird jetzt und auch zukünftig darin liegen, ein Modell zu bestimmen, das sowohl die Unternehmenszielsetzung als auch den Unternehmenszweck vereint, um zu einem Gleichgewicht zu gelangen und dieses zu erhalten. Verfolgt ein Unternehmen heute entweder die eine oder die andere Zielsetzung, bin ich davon überzeugt, dass der Erfolg nicht eintreten wird, zumindest nicht mittel- und langfristig. Darauf werde ich im kommenden Kapitel detaillierter eingehen.

Ein weiterer renommierter Wirtschaftshistoriker, William T. O´Hara, emeritierter Professor der Bryant University im US-Staat Rhode Island führt als wesentliche Erfolgsfaktoren alter erfolgreicher (Traditions-) Unternehmen unter anderem das Vertrauen unter Familienmitgliedern, das in der Tradition inhärente Pflichtbewusstsein und die in der Verbindung dieser beiden Faktoren entsprungene Leidenschaft, das Unternehmen zu erhalten. Als einen nicht weniger minderen Faktor bezeichnet Herr O´Hara die Gewinnung bzw. Hinzuziehung weiblicher Unternehmensführer.

„SYN*force* Destination: Globalunternehmen"

Nicht nur zum Überleben trugen starke Frauen ihren Teil bei, sondern auch für eine Weiterentwicklung in neue zukunftsweisende Felder, wie beim ältesten Unternehmen der Welt, dem japanischen Tempelbauer „Kongo Gumi", festzustellen ist. In der Rezession des 20. Jahrhunderts stirbt der Unternehmer ohne Generationsfolge, wodurch seine Witwe, Toshie Kongo die Führung des Unternehmens selbst übernimmt, das Unternehmen gut durch den Zweiten Weltkrieg führt und darüber hinaus die Geschäftsaktivitäten unter anderem um den Bau und Vertrieb von Särgen erfolgreich erweitert. Sie bleibt bis 1960 Chefin und gilt als anerkannte und geschätzte Unternehmerin und als Heldin der Familie.

Wir haben auch in Deutschland ein ähnliches und junges Beispiel von Weltklasse. Es handelt sich dabei um die heutige Schaeffler Gruppe, an dessen Spitze eine starke Frau, Maria-Elisabeth Schaeffler, steht. Frau Schaeffler führt das Unternehmen gemeinsam mit ihrem Sohn Georg F.W. Schaeffler seit dem Tod ihres Mannes, Georg Schaeffler, Mitgründer des Ursprungsunternehmens INA, im Jahr 1996. Frau Schaeffler zählt für mich zu den besten Unternehmerinnen[6] unserer Zeit. Unter ihrer Führung hat sich die Schaeffler Gruppe mit den drei Marken INA, LuK und FAG zu einem der weltweit führenden Wälzlagerhersteller und Automobilzulieferer mit rund 74.000 Mitarbeitern und einem Jahresumsatz von mehr als 10 Milliarden in 2011 entwickelt. Innerhalb von 15 Jahren wurde aus einem Mittelstandunternehmen mit rund 20.000 Mitarbeitern ein Weltklasseunternehmen mit über 74.000 Mitarbeitern weltweit geformt und global ausgerichtet.

---

6 Hinweis: An dieser Stelle möchte ich für das ganze Buch auf die geschlechtlichen Nicht-Unterschiede hinweisen. In allen meinen Buchausführungen sind weibliche und männliche Akteure gleichermaßen und gleichrangig gemeint. Die Betonung des einen Geschlechts würde eine Herabstufung des Anderen implizieren und in einer zeitgleichen Betonung beider, würde ein für mich nichtexistenter Konflikt erst entstehen.

„SYN*force* Destination: Globalunternehmen"

Die Entscheidung für die strategische Beteiligung an Continental stand stark im öffentlichen Rampenlicht und wurde kontrovers diskutiert. Doch dass unternehmerische Entscheidungen nicht immer unmittelbaren Zuspruch auf breiter Basis finden, ist durchaus nichts Ungewöhnliches. Es gibt zahlreiche Unternehmerpersönlichkeiten, deren Entscheidungen anfangs in Zweifel gezogen wurden, sich aber als richtig erwiesen und erst zu einem späteren Zeitpunkt die Anerkennung der Öffentlichkeit fanden. Die Erfolge von Frau Schaefflers Entscheidungen und ihres Unternehmertums bedürfen keiner öffentlichen Feierlichkeiten, es reicht ein Blick hinter die Kulissen. Im persönlichen Gespräch mit Führungskräften des Unternehmens stellte ich, neben dem Stolz, der Begeisterung und dem Enthusiasmus, erfreut fest, dass in den Führungs- und Mitarbeiterebenen von Schaeffler eine Betriebszugehörigkeit von über 25 Jahren nichts Ungewöhnliches, sondern eher „die Regel" ist. An der Zufriedenheit, dem Zugehörigkeitsempfinden und durchaus auch dem Stolz der Mitarbeiter scheinen die zurückliegenden Turbulenzen nicht gerüttelt zu haben. Nunmehr komme ich zu dem Schluss, dass nicht nur Innovationsstärke (Platz 4 der innovativsten Unternehmen Deutschlands mit 1832 angemeldeten Patenten im Jahr 2011 noch vor VW, BMW und Audi), operative Exzellenz sowie erzieltes Umsatzwachstum, sondern insbesondere auch diese obengenannten Faktoren dazu beigetragen haben, Schaeffler zu einem Vorzeigeunternehmen unserer Zeit zu machen. Ich bin davon überzeugt, dass die Erfolgsgeschichte dieses Unternehmens fortgeschrieben werden wird.

Folgt man den Prognosen von Herrn Forster, wird Schaeffler zu den wenigen Unternehmen zählen, die auch im Jahr 2020 und darüber hinaus zur Weltspitze zählen werden.

„SYN*force* Destination: Globalunternehmen"

Herr John Davis, Wissenschaftler an der Harvard Business School, untersuchte ebenfalls die Hintergründe und Erfolgsfaktoren alter und bestehender Unternehmen und kommt seinerseits zu dem Schluss, dass Vertrauen, Stolz und die Anhäufung von Geld im Wesentlichen die nächsten Generationen gut darauf vorbereitet haben, den Schwung des Geschäfts und den Familiengeist zu erhalten. Diesen Unternehmenseignern und ihren Unternehmen ist es dadurch auch gelungen, existenzbedrohenden Krisen zu trotzen.

Erfolgsfaktoren alter traditionsreicher Unternehmen

Zusammengefasst zeigt uns die Retrospektive, dass zwischen den Erfolgsfaktoren alter und noch bestehender Unternehmen durchaus Parallelen zwischen Japan, Europa und den USA existieren, wenngleich sowohl die politischen, wirtschaftlichen noch die sozialen oder kulturellen Ausgangssituationen in den Heimatmärkten wenige gemeinsam haben. Ich fasse nachfolgend die ermittelten Erfolgsfaktoren der Unternehmen mit einer Lebensdauer von Hunderten bis Tausenden von Jahren zusammen, die Weltkriege, Eroberungsfeldzügen, Verwüstungen, technologischen Umwälzungen bis hin zu Enteignungen im Sozialismus, Banken- und Börsen-Crash und Konjunktur- und Schuldenkrisen bisher getrotzt haben.

Trennung zwischen Werterhaltungs- und Profitgedanken

Japanische und europäische Generationsunternehmen zeigen, dass sie deshalb lange überlebt haben, weil die Unternehmenseigner und -führer die innere Grundüberzeugung hatten, nicht schnelle Profite zu machen, sondern Wert zu generieren und auszubauen.

„SYN*force* Destination: Globalunternehmen"

Das Risiko und die Haftung bei einer Entscheidung blieben zusammen und disziplinierten zum verantwortungsvollen Umgang mit der unternehmerischen Freiheit.

Geschäftserweiterung mit Traditionsbewusstsein und hoher Eigenfinanzierungskraft

Zu dem unmittelbar darauf folgenden Grundpfeiler des Überlebens und des Erfolgs zählte das Traditionsbewusstsein von Familienunternehmern in Generationsfolgen. Das Pflichtgefühl, das aufgebaute Wissen gepaart mit Leidenschaft für die Familienwerte, die sie darin verkörpert sahen, wirkte bei ihnen wie ein Stützgerüst. Zudem haben sie die Tatsache, dass sie sich nur aus eigener Kraft finanzieren konnten, zu einem organischen und weniger riskanten Wachstum gezwungen und andererseits den Mitarbeitern eine Stütze gegeben, auch in Krisenzeiten auf die unternehmerisch richtigen Entscheidungen zu vertrauen und auch einen eventuellen Leidensweg mitzugehen.

Triebfeder für die Unternehmer ist es, die Firma gesund an die nächste Generation weiterzugeben, dafür haben sie bewusst auf kurzfristig orientiertes Handeln, was dem Unternehmen schaden könnte, verzichtet. Die Anhäufung von Geld, führt Herr Davis aus, hat insbesondere dazu gedient, die nächsten Generationen auf die Übernahme und Führung vorzubereiten und Schwung in den Geschäfts- und Familiengeist zu bringen. Der Großteil der Finanzierungen erfolgte aus dem Cash Flow oder in Form von Gesellschafterdarlehen, der Investitionsanteil durch Bankdarlehen war dagegen verhältnismäßig bescheiden.

„SYN*force* Destination: Globalunternehmen"

Unternehmensidentität und Konsens zwischen Eigentümer und Führung

Die primären Erfolgsfaktoren für eine langanhaltende wirtschaftliche Entwicklung der Unternehmen in der Schaffung einer Unternehmensidentität und eines Konsens (zwischen Unternehmenseignern und den operativen Unternehmensleitungen), beruhen auf die Zusammenführung tiefen Verständnisses über die unternehmenseigenen Kapazitäten und Fähigkeiten, Produkte und Märkte seitens der Eigner mit dem Wissen, der Aufgeschlossenheit und dem Engagement der von extern kommenden Unternehmensleitungen.

Umgang und Berücksichtigung von Prinzipien und Naturgesetzen

Als einen weiteren Grund, der sich als Gemeinsamkeit erfolgreicher alter Unternehmen herauskristallisiert hat, ist die Inbetrachtziehung und Berücksichtigung von vorherrschenden und allgemeingültigen Prinzipien in den strategischen und operativen Entscheidungen der Unternehmenseigner und ihrer operativen Führer.

Insbesondere auch die Identifikation mit und Unterscheidung zwischen „Wer sie sind" von dem „Was sie tun und lassen" und dem „Wie sie die Unternehmen führen" zählen zu den wichtigen Wegweisern und Erfolgsgrundlagen.

Verpflichtung zu Qualitäts- und Integritätsstandards

Diese Überzeugung, dieser Wert, ist gleichzeitig ein Unterscheidungsmerkmal. In Generationsunternehmen werden Verlässlichkeit und guter Umgang als Tugenden und Werte kultiviert. Was darauf zurückzuführen ist, dass die Unternehmen im Laufe ihrer langen Lebens-

„SYN*force* Destination: Globalunternehmen"

und Leidensgeschichte gelernt haben, dass Profit ohne Reproduktionsfähigkeiten und einer motivierten Basis ein Überleben in weltweiter Unsicherheit und Unbeständigkeit nicht sichern kann.

Hinzuziehung weiblicher und externer Unternehmensführer

Herr O´Hara hebt als Erfolgsfaktor alter Unternehmen die Gewinnung bzw. Hinzuziehung von weiblichen und externen Unternehmensführern hervor, ungeachtet derer Notwendigkeit. Tatsächlich weisen einige Beispiele, nicht nur aus Politik und Staatswesen, daraufhin, dass in einem ausgewogenen Mix auch heute - vielleicht sogar gerade heute - Unternehmen von diesem Faktor durchaus profitieren können.

Zu den *Schwächen* von Generationsunternehmen in Familienbesitz zählen insbesondere die Inflexibilität und Innovationsschwäche. Diese Seite der Medaille zeigt, dass Unternehmen Innovationen aus der vorhandenen Kernkompetenz heraus entwickelt haben und dadurch eher zögerlich und sehr vorsichtig in neue Geschäftsfelder eingestiegen sind, etwa beim Übergang von Agrarwirtschaft zu Industrialisierung.

„SYN*force* Destination: Globalunternehmen"

Branchenbildung in Europa

Ich möchte an dieser Stelle einmal zusammenfassen, welche Wirtschaftszweige sich in den -heutigen- europäischen Ländern ergaben und entwickelten:

Im Wirtschaftsraum heutigen *Deutschlands* haben sich neben Gastronomie und Nahrungsmittel, auch Pharma und Chemie, Bankwesen, Metallverarbeitung, Waffenproduktion, Papier- und Glasherstellung, Keramik- und Porzellanverarbeitung, Rohstoffgewinnung und -verarbeitung und Handel etabliert. Insgesamt können 50 Branchen nachverfolgt werden, die älter als 200 Jahre alt sind.

Im Wirtschaftsraum heutigen *Frankreichs* dominierten von Beginn an die Getränke- und Spirituosenherstellung, die Gastronomie und Hotellerie gefolgt Fertigung und Gießereien, Papierherstellung, Rohstoffgewinnung und -Verarbeitung, Schmuck und Mode, usw.

Im Wirtschaftsraum heutigen *Italiens* wurden der erste Waffenhersteller und die erste Bank gegründet, gefolgt von weiteren Branchen wie Textil, Fertigung und Gießerei, Papierherstellung, Nahrung und Getränke, Schmuck- und Uhrenindustrie, usw.

Im Wirtschaftsraum heutigen *Englands* etablierten sich Branchen wie Transport- und Postwesen, Verlagswesen, Bekleidungsindustrie, Beleuchtung, Stech- und Stanzindustrie (Münzenfertigung), Fertigung und Gießerei, Bauwesen, Spirituosen & Getränke, Bankwesen, usw.

Im Wirtschaftsraum heutigen *Finnlands* stellen wir frühe Entwicklungen in Postwesen, Pharma, Nahrungsmittel & Süßwaren, Textil, Brauereien, Stahlverarbeitung, Papierherstellung, usw. fest.

„SYN*force* Destination: Globalunternehmen"

Im Wirtschaftsraum heutigen *Österreichs* finden wir Hotel und Gastronomie, Waffenindustrie, Glasherstellung, Wein & Spirituosen, Schmuck & Mode, Verlagswesen, Bankwesen, Textil, usw.

Im Wirtschaftsraum der heutigen *Schweiz* finden wir Gastronomie & Hotellerie, Nahrungsmittel & Spirituosen, Pharma, Schmuck & Mode, Uhrenwerke, Bankenwesen, Brauereien, Verlagswesen, Baumwollhandel, Messinstrumente, Textilmaschinen, Maschinen, musikalische Instrumente, usw.

Wie bereits weiter oben erwähnt, können bis zu 50 Branchen zurückverfolgt werden, deren Wurzeln Jahrhunderte zurückliegen. Europa ist ein Industrie- und Wirtschaftskontinent mit einem traditionsreichen Hintergrund. Unsere Bildung, unser Verständnis und unsere sozialen, rechtlichen sowie kulturellen Werte bieten uns großes Potenzial für eine ebenso lange und profitable Zukunft.

„Generationsunternehmen aus Tradition" steht auch heute als deutsche und europäische Marke für Nachhaltigkeit, Zuverlässigkeit, hohes Produkt- und Qualitätsverständnis und „wertvolle Handwerksarbeit". Herr Dr. Bernd Gottschlack, Präsident des VDA, drückte es wie folgt aus: „Traditionspflege macht den genetischen Code eines Unternehmens über die Jahrzehnte hinweg sichtbar, der die Grundlage für das starke und robuste Image einer Marke ist und damit äußerst wertvoll für den Markterfolg und die strategische Kommunikationspolitik.
Die eigene lange Geschichte ist gerade für die deutschen Marken ein wichtiger Wert im Verhältnis zu ihren jungen Wettbewerbern, etwa aus Asien."

„SYN*force* Destination: Globalunternehmen"

Der Leitgedanke, der zur Gründung des sogenannten „Henokiens" führte, erscheint mir in der Tat, ein Stück des „alten Wertes" zu erhalten. Bei Henokiens handelt es sich um eine Organisation von rund 33 Unternehmerfamilien aus Europa und Japan.

„Nur Unternehmen, die seit mindestens 200 Jahren durchgängig in Mehrheitsbesitz der Gründerfamilie sind und von einem Nachkommen des Gründers geführt werden, können die Aufnahme beantragen.", so die Aussage eines Henokiens-Mitglieds. Zu den regelmäßigen Treffen versammeln sich noch heute Mitglieder dieser Unternehmerfamilien mit rund 120 bis 150 Teilnehmern pro Treffen. „Älter als 100 Jahre sind laut Creditreform nur knapp 1,4 Prozent der deutschen Unternehmen" so heißt es einem Bericht der Wirtschaftswoche.

Die postindustrielle Wirtschaftsentwicklung in Europa

Auch wenn in Europa das Unternehmertum, Produkt- und Branchenbildung gut bis zu 500 Jahre rückverfolgbar sind, so liegt unser heutiges Wirtschaftssystem in seiner Professionalisierung und Standardisierungsreife kaum 150 Jahre zurück, und hat sich in den letzten zehn Jahren nochmals deutlich verändert. Seit spätestens 1885 entwickelte und professionalisierte das Management der Unternehmen die Fertigungs- und Arbeitsabläufe, die Unternehmens- und Führungsstrukturen und führte Instrumente zur besseren Analyse, Planbarkeit und Steuerung dieser ein.

Betrug eines der größten und profitablen Produktionsunternehmen im Jahr 1850 noch 300 oder 500 Mitarbeiter, vervielfachte sich die Anzahl der Unternehmen und deren Mitarbeitergröße sowie Umsatzentwicklung binnen weniger Jahre. Dabei spielte die Metallverarbeiten-

„SYN*force* Destination: Globalunternehmen"

de-, Rüst- und Stahlindustrie eine führende Rolle, weil insbesondere die Kriege nicht nur den entsprechenden Leistungsdruck, sondern zugleich auch einen „sicheren und planbaren" Absatzsatzmarkt forderten und boten.

Nordamerika verfügte zwar über keine traditionellen Industrieunternehmen wie Europa, konnte aber insbesondere auch durch seine starke Rüstungsindustrie und dem Rohstoffsektor den Finanzsektor parallel schnell hochziehen und zum Bürgen und Gläubiger alter traditionsreicher Nationen werden, die es in ihrer Not mit Geld versorgte. Ungeachtet des ethischen und moralischen Standpunkts zur Rüstungs- und Waffenindustrie oder zur finanzpolitischen Positionierung Nordamerikas im Weltgeschehen, haben beteiligten Industrien jedoch maßgeblich mit Produktivitätssteigerung und Professionalisierung zu mehr Wohlstand, Wachstum und einer (wenn auch unausgewogenen und Krisen fördernden) Sicherheit, beigetragen, von denen alle Beteiligten bis vor wenige Jahre noch profitieren konnten.

Bedenkt man also, dass die Wurzeln unserer heutigen Wirtschaftsunternehmen vor über 500 Jahren sehr viel breiter in Europa waren, aber im Laufe der Kriege und im Zeitalter der Industrialisierung zunehmend die Rüstungs- und Stahlindustrie (Waffen und Ausrüstung) „die Marschrichtung" vorgaben, wundert es nicht, dass ein Führungsstil des „command-and-control" lange noch in den meisten Unternehmen vorherrschte, die transkontinentale Infrastrukturprojekte durchführten, die Stahl- und Aluminiumproduktion verfeinerten bzw. verbesserten und auch die Dienstleistungsindustrie, die um diese Branchen herum entstanden oder angrenzten, maßgeblich beeinflussten. Bislang spielten die zentralen Planwirtschaften noch keine Rolle in den westlichen Unternehmen. Weitere wesentliche Gründe für diese Entwicklung lagen an der zwangsläufigen Grenzentwicklung der Industrialisierung, Lean Management, Kaizen & Co., die Naturgesetzen

„SYN*force* Destination: Globalunternehmen"

unterliegen und eine prozesslogische Obergrenze erreichen mussten, wodurch sich nur bis zu einem gewissen Punkt Skaleneffekte erzielen lassen konnten.

Über diesen kritischen Punkt hinausgehend, wirkt sich eine weitere Effizienzkonzentration kontraproduktiv auf das Unternehmen und dessen Erfolg aus. Diese Erfahrung haben einige Unternehmen gemacht. Innovation und Fortschritt wurden in dem Standardisierungs- und Effizienzkonstrukt erstickt und ließen die Unternehmen mit hocheffizienten Prozessen hinter Markt und Wettbewerb zurück. Die Unternehmen waren (auf-) gefordert, neue bzw. weitere Wachstumsfelder und -märkte zu finden. Wachstumsfelder boten neue technologische und innovative Entwicklungen, die sich rasant entwickelten. Wachstumsmärkte boten aufstrebende Marktwirtschaften. Die Industrialisierung gefolgt von der (Computer-) Technologisierung führte zu mehr Wohlstand, größerer Mobilität und einer besseren sozialen Vernetzung weltweit. Aber, diese Entwicklung verursachte auch Krisen, und beherbergt nach wie vor erhebliche Krisenpotenziale, die sich im Laufe dieser Entwicklung verdichteten, gewachsen sind und sich weltweit miteinander zu sogenannten „Blasen[7]" verflochten haben, mit globalem Ausmaß.

Einhergehend mit der Angleichung und dem Zusammenwachsen der Weltmärkte sind zwei wesentliche Tendenzen festzustellen: Zum einen wachsen und verdichten sich diese Problemfelder exponentiell mit jedem Reifeschritt der Märkte und mit jeder Annäherung weiterer/neuer Märkte im Gesamtkonstrukt.

---

[7] „Blasen": Im Laufe der Industrialisierung entstandene politische, soziale, rechtliche, fiskale und wirtschaftliche Problemfelder, denen mit inadäquaten oder fehlenden Maßnahmen begegnet wurde, und in unserem wirtschafts- und finanzpolitischen System schlummerten, sich veränderten, verzweigten und wuchsen. Einhergehend mit dem Zusammenwachsen der Weltmärkte, nehmen die Ausmaße eines Blasenplatzens mittlerweile internationale zu und stellen eine immanente Bedrohung dar.)

„SYN*force* Destination: Globalunternehmen"

Zum anderen werden sie in ihrer negativen Auswirkung auf Unternehmen und Märkte durch noch unzureichende Lösungsversuche sowie teilweise durch gänzlich fehlende Stabilisierungsmaßnahmen, über einzelne Staatsgrenzen hinweg, verstärkt. Zudem ist festzustellen, dass diese beiden Tendenzen ihre Schärfe und Ausmaße gegenseitig potenzieren und somit eine Abwärtsspiralbewegung nicht nur vorstellbar, sondern vielmehr nachweisbar wird. Rückblickend können wir feststellen, dass den Verflechtungen der Unternehmen weltweit und dem Zusammenwachsen der Märkte, keine ausreichende fiskalpolitische und wirtschaftsrechtliche Angleichung als Stabilisierungselement -weder zeitlich oder in dem erforderlichen Umfang- entgegengesetzt worden sind. Diese Tatsache ist einer der Gründe für die Globale Imbalance.

Die Wurzeln der heutigen Globalen Imbalance

Gehen wir noch einmal einen Schritt zurück und betrachten nicht im Einzeln die Branchen oder Unternehmen, sondern die Entwicklung der bislang zentralen und entwickelnden Volkswirtschaften, so wissen wir von einem *Auseinanderdriften* (Polarisierung) zwischen den *„kapitalistischen* Wirtschaftsmärkten" - charakterisierend durch die schwach ausgeprägten zentralistischen und sozialorientierten Politik- und Wirtschaftsstrukturen und *„kommunistischen* Volkswirtschaften" - charakterisierend durch stärker ausgeprägte zentralistische und sozialorientierte Politik- und Wirtschaftsstrukturen.

Diese zurückliegende Polarisierung bildet nicht nur politisch eine der Hauptwurzeln der Globalen Imbalance, gefolgt von weiteren daraus stammenden Auswüchsen, sondern begründet insbesondere auch die

„SYN*force* Destination: Globalunternehmen"

wirtschaftlichen, sozialen und rechtlichen Herausforderungen in der Globalisierung.

Über die „kapitalistischen Märkte" wissen wir, dass diese wirtschaftlich hauptsächlich durch das angelsächsische Modell einer freien Wirtschafts- und Unternehmenspolitik geprägt waren/sind. Die demokratische, dezentralisierte, kapital- und wettbewerbsorientierte Führung, sowohl der Staaten als auch der Unternehmen, waren die wesentlichen Grundlagen des Wachstums und der Wohlstandssicherung.

Über die „kommunistischen Märkte" wissen wir, dass diese einer diktatorischen, zentralisierten, gemeinschafts- und sozialorientierten Führung, sowohl seitens der Regierungen und des Staatswesens als auch in den Unternehmen, zur Grundlage hatten. Aufgrund dieser Orientierung und Führung gab es nur eine sehr schwache bis keine gemeinsame Basis für bi- oder multilaterale Kooperationen zwischen diesen Polen, sondern lediglich verhärtete Fronten, die jeweils ihre Systeme propagierten.

Ungeachtet der politischen und militärischen Ausgangslage gab es auch flächen- und bevölkerungsseitige sowie rohstoff- und materialseitige Gefahrenpotenziale. Diese beiden Pole müssen aber heute und morgen (wieder) zusammenfinden, damit sie sowohl einzeln als auch insgesamt bestehen können. Dies bezeichne ich als *„Notwendigkeit der Angleichung"*, das uns bislang nicht in dem erforderlichen Maße gelungen ist. Diese Notwendigkeit ist eine der größten Herausforderungen für beide Seiten/Pole und ist die Wurzel der Globalen Imbalance. Die Globale Imbalance ist nicht mit dem Scheitern der ehemaligen UDSSR oder einem unverhältnismäßigen Wachstum Chinas, der wachsenden Dominanz Brasiliens in der Mercosur Allianz & Co. ausgelöst, sondern hat nach meiner Überzeugung folgende Gründe:

„SYN*force* Destination: Globalunternehmen"

- Zum einen die gegensätzliche politische und wirtschaftliche Entwicklung durch die beschriebene zurückliegende *Polarisierung*,
- gefolgt von einer später heraufgeschellten umgekehrten *Notwendigkeit der Angleichung* dieser beiden Polen aneinander oder zu einem neuen System.
- Dem folgte ein gegenseitiges Beflügeln mündend in eine *Masseneuphorie* nach Demokratisierung und „Verwestlichung",
- gepaart mit der Annäherung bis teilweisen Erreichung der logischen *Wachstumsobergrenze* vieler kapitalistischer Volkswirtschaften und ihrer *Effizienzfallen*.
- Hinzukommen die reglementarische *Insuffizienz* fiskal- und finanzmarktpolitischer Instrumente, die damit von kapitalistischer auf globale Ebene gehoben wurden und größtenteils ungeregelt blieben.
- Die grobe *Fehleinschätzung* vieler westlicher Wirtschaftsnationen in Bezug auf die *Lage und Position* der sich dem „westlichen Kapitalismus" anschließenden ehemaligen kommunistischen Nationen.
- Ein langanhaltendes *insuffizientes* politisches und steuerrechtliches regulatives *Gerüst,* das der voranschreitenden wirtschaftlichen und sozialen Globalisierung nicht Stand halten konnte.
- Last, but not least der Mangel an Mut, Engagement, *Emanzipierung* und abgestimmte Strategien der ehemaligen kommunistischen Volkswirtschaften, eine neue politische, wirtschaftliche und fiskale *Rahmenordnung regional und global* vorzuschlagen und zu begründen.

Beginnen wir mit dem ersten Punkt. Hinterließ der Fall des „Eisernen Vorhangs" mit dem Zusammenbruch der UDSSR 1985/1991 ihre Satellitenstaaten und weltweiten Partner in unsicheren, instabilen und wirtschaftlich maroden Verhältnissen, profitierten von der über Jahr-

„SYN*force* Destination: Globalunternehmen"

zehnte fortlaufende System-Polarisierung insbesondere die „westlichen Wirtschaftsmärkte". Diese befanden sich zu dieser Zeit in einer relativ stabilen wirtschaftlichen Gesamtmarktlage, gekennzeichnet durch einen relativ ähnlichen Verlauf, Saturierungsgrad und Reife, getragen von einem relativ breiten politischen Konsens.

Sie suchten ihrerseits nach neuen Wachstumsmärkten, um die „logische Obergrenze" - zumindest zeitlich - zu verschieben. In diesen Umbruchzeiten wurde nach dem üblichen amerikanischen „Bürge und Helfer in der Not"-Modell verfahren. Sie konnten gescheiterten Volkswirtschaften und ihren Regierungen die westliche Doktrin nahe bringen, ein Erfolgsmodell präsentieren und beim Aufbau ihrer maroden Systeme auch finanziell unter die Arme greifen. Ich möchte an dieser Stelle betonen, dass ich hier keine Wertung vornehme. Das Grundmotiv war positiv und das westliche Modell hatte sich bis dahin als erfolgreicher gezeigt, wenngleich Unterschiede zwischen den kapitalistischen und den sozialen Marktwirtschaften des Westens bestanden.

Gesamtbetrachtend verfügten sie über ähnliche Mechanismen und die systemische Grundlage war gleich. Der Westen hatte mit diesen Modellen Wohlstand, Reichtum und Fortschritt erzielt, ein Beispiel geschaffen. Bei allem guten Willen, den „Ost"-Staaten auf ihrem Weg aus der Misere zu helfen, wurde zu übereifrig über wesentliche tiefgreifende systembedingte Unterschiede hinweggegangen. Zudem wurde die inhärente Instabilität in den fiskalen, wirtschaftlichen und rechtlichen Strukturen und hochdefizitären Haushalten von allen Beteiligten übersehen oder unterbewertet. Man hoffte, gemäß dem Vorbild und dem größten Bürgen USA, dass eine schnelle wirtschaftliche Erholung und eine aktive Unterstützung der Partnerstaaten zu mehr Wohlstand und sukzessiver Angleichung „automatisch" führen werden. So wurden Verträge und Abkommen geschlossen, staatliche

„SYN*force* Destination: Globalunternehmen"

Entwicklungshilfen einerseits und Aufträge für die westlichen Wirtschaftsunternehmen andererseits, gaben einander die Hände und den westlichen Unternehmen große Chancen für neue Wachstumsmärkte, die sie dringend brauchten, um aus dem kritischen Punkt der Wachstums- und Effizienzfalle herauszukommen.

Depolarisierende systemische, politische und soziale Auseinandersetzungen sowie einer Angleichung des Rechts- und Fiskalgefüges, erfolgten im Gegensatz dazu aber eher symbolisch. Die wirtschaftliche Globalisierung konnte voraneilen, ohne eine zuverlässige und sichere System-Grundlage vorauszusetzen, um sich stabil entwickeln zu können. Die oben beschriebene Polarisierungswurzel der heutigen Globalen Imbalance verzweigte sich infolge insuffizient durchgeführter Systemangleichungen und bildete neue Stränge, die wiederum in der Dynamik eigenständig wucherten und weiterwuchsen. Die Unternehmen konnten in dieser Entwicklung im Wesentlichen aus den vereinbarten Verträgen und Unterstützungszusicherungen kurz- und mittelfristig profitieren und über eine gewisse Zeit erfolgreiche Bilanzen ausweisen. Jedoch gerieten auch sie immer wieder an die „logische Obergrenze" des Wachstums- und des System-Modells. Eine ernsthafte Inangriffnahme der Globalen Imbalance tut dringend Not.

Es wird nicht darum gehen, die Systeme gegeneinander abzuwerten oder gar zu verurteilen. Ich bin davon überzeugt, dass eine Drittalternative, und nicht eine Entweder-oder-Systemlösung eine tragfähige Lösung sein wird. Die Drittalternative kann bedeuten, ein neues Weltordnungssystem zu entwickeln und unter der aktiven Mitwirkung und verpflichtenden Verantwortung aller Wirtschaftsnationen nach Beitrag, Kraft und Engagement für Weltwachstum, Sicherheit und Schutz übertragen wird. Jede Volkswirtschaft wird Angleichungen und Kor-

„SYN*force* Destination: Globalunternehmen"

rekturen vornehmen müssen und nicht nur Einzelne. Wir sehen diese Notwendigkeit permanent durch Finanz- und Staatskrisen, Depressionen, Rezessionen und sonstige außerkonjunkturelle Krisen, die uns keine Ignoranz mehr erlauben.

Jede Volkswirtschaft steckt in einer korrektiven Phase, die meisten wurden jedoch ausgeblendet bis ignoriert, was in Potenzierung und Eigen-Dynamisierung mündete. Ich denke auch nicht, dass wir als nächstes mit der Entwicklung eines neuen Weltwährungssystems beginnen sollten, um die Globale Imbalance auszuhebeln. Vielmehr sollten wir uns weiterhin unter dem Aspekt der Entwicklung und Verabschiedung stabilisierender, wachstumsfördernder und -sichernder politischer sowie fiskaler Maßnahmen befassen und neu definieren. Dazu könnte ein neuer Weltsicherheitsrahmen, neue multinationale Verträge, Abkommen und Vereinbarungen für wirtschaftliche, fiskalpolitische und zivile Entwicklung sowie neue Regularien für weltweite systemrelevante Sektoren und Felder zählen, um ein paar Beispiele zu nennen.

Um auf die Aushebelung einer der Globalen Imbalance-Wurzeln mit kurzfristigen Ansätze zu kommen, ist es wichtig zu verstehen, dass kein nationaler, sondern einer übergreifender Konsens und Lösungsfindung der westlichen Verschuldungs- und Fiskalfragen unter allen heutigen Wirtschaftsmächten gefunden werden muss. Dazu zählen China, Brasilien, Indien und Co. genauso wie die USA und die EU als Ganzes. Gleiches gilt genauso für Regulierungs- und Förderungsmechanismen. Nationale Lösungen werden schnell verpuffen, wenn sie nicht durch eine breite Ebene getragen werden. Ist es zielführend, wenn die USA oder auch die EU in Überaktionismus verfallen, Milliardenprojekte aufsetzen und sie dann „zufällig" erfahren, dass China mit den einzelnen Staaten der AU-Allianz über größere strategische Projekte unter dem Dach der AU verhandelt und Milliarden zu inves-

„SYN*force* Destination: Globalunternehmen"

tieren plant, was „unsere" Pläne zu konterkarieren droht!? Ungeachtet dessen, ob etwaige Pläne tatsächlich durchkreuzt werden, sollten wir uns fragen, ob es nicht für alle zielführender ist, gemeinsam für Weltwachstum, Sicherheit und Stabilität zu sorgen.

Das ist zwar idealistisch, aber dennoch notwendig realistisch, weil unsere Unternehmen und unsere Lebensweise bereits viel breiter verwurzelt sind, als sich diese Lösungen trag- und zukunftsfähig abzeichnen. Eine derartige Vorgehensweise dient jedenfalls auch nicht unserem mittel- und langfristigen Wirtschaftsinteresse. In dem Tandem „Wachstumsförderung – Verschuldungsabbau" liegen erhebliche Potenziale für Stabilisierung der Märkte und Beruhigung der Marktakteure.

Ein Beispiel dazu: Ein Wachstumsrückgang um 1 % (unter der aufgestellten Erwartung im weltweiten Outlook 2010-2015 des IWF) würde auf der Verschuldungsseite der entwickelnden Nationen eine Erhöhung auf 120 %, anstatt auf prognostizierte 110 % des GDP bedeuten. Individuell, für die USA beispielsweise, würde dies eine Erhöhung der Verschuldung auf 122 % anstatt wie prognostiziert 110 %. Das weltweite Wachstum in 2010 war höher als prognostiziert - rückführbar auf das „besser-als erwartet" - Wachstum in Lateinamerika, China, Indonesien und Indien. Hingegen lag das moderate Wachstum zu Beginn 2011 unterhalb der Prognosen und Erwartungen - rückführbar auf die Japan-Katastrophe und dem „schwächer als erwartet" - Wachstum in den USA[8].

Ich möchte auf eine weitere Wurzelabzweigung eingehen. Ein sehr aktuelles Thema, das die Unternehmen bei ihren Globalisierungsvorhaben unmittelbar betrifft. Während die hart eingeschlagene politische und wirtschaftliche Systemumwälzung der ehemaligen UDSSR-

---

[8] "G-20 ECONOMIC OUTLOOK: ANALYSIS AND PERSPECTIVES 1" by IMF, Oct. 2011

„SYN*force* Destination: Globalunternehmen"

Staaten zu einer sozialen Marktwirtschaft bislang in ihrem Grund gescheitert zu sein scheint und zu einer ganzen Reihe von politischen, wirtschaftlichen und sozialen bis sicherheitsrelevanten Problemen führte, verfolgte China einen anderen Weg.

China begann in derselben Zeit mit der ersten Sozialisierungsphase: Vornahme von Korrekturen wie Dekollektivisierung, Marktlockerung und -Öffnung für den privaten Sektor und gegenüber ausländischen Investitionen. Gefolgt von einer zweiten Sozialisierungsphase: Privatisierung staatlicher Unternehmen, Lockerung der Preispolitik sowie regulatorische und protektionistische Policies, obwohl der Banken- und Öl Sektor sowie Gesundheitswesen in staatlicher Kontrolle blieben. Die Systemumwälzung wurde graduell geplant und durchgeführt, was wir heute unter chinesisch-sozialistische Marktwirtschaft kennen. Es gibt laute Stimmen, wonach China vor der dritten Systemumwälzungsphase steht, die in eine sogenannte „meritokratische" bzw. „konfuzianische" Konstitutionierung münden soll.

Was so viel bedeuten wird, wie eine weitere Liberalisierung bestimmter Sektoren, gefolgt von einer freieren Fiskal- und Währungspolitik, obwohl ich nicht glaube, dass China dem westlichen Modell und der heutigen westlichen Währungspolitik folgen, respektive beitreten, wird. Ungeachtet der Erfüllung oder Absurdität dieser Ausführungen ändert sich wenig bis nichts an der Tatsache, dass diese zurückliegende Transformation Chinas vom Kommunismus hin zu einer sozialen Marktwirtschaft, nur wenige für erfolgreich gehalten haben. Dennoch ist es China bislang gelungen.

Wichtig für uns ist zudem der Fakt, dass einige Regierungen ehemaliger UDSSR-Staaten sowie Staaten Süd- und Lateinamerikas und Asiens die chinesisch-sozialistische Marktwirtschaft durchaus für ein

„SYN*force* Destination: Globalunternehmen"

Zukunftsmodell ihrer Staaten halten, und mit großem Interesse im Rahmen ihrer Allianzen und bilateralen Kooperationen verfolgen.

Gelingt China ein „moderner Kommunismus", - könnten wir eine ganze Reihe weiterer Staaten erleben, die dem folgen werden und sich enger an China binden.

Russland hingegen versucht seit Jahren einen politischen Spagat zu schaffen, und macht darin bescheidene, aber relativ stabile Fortschritte. Aber, ob eine Demokratisierung im westlichen Sinne gänzlich vollzogen und gelingen wird, bleibt abzuwarten. Wir dürfen die Auswirkungen der zurückliegenden Polarisierung nicht vergessen oder unterschätzen. Diese sitzen in den Systemen und Strukturen genauso wie in den Menschen. Überaktionismus und rascher Wechsel führen zum gegenteiligen Effekt.

Die Ukraine ist eines der wenigen Länder aus der ehemaligen UDSSR, die zwar mit einer ganzen Reihe von Problemen zu kämpfen hat, aber dem es gelingen kann, der Europäischen Union als erster Staat der ehemaligen UDSSR beizutreten.

Schauen wir auf die USA, stellen wir fest, dass die USA in dem letzten Jahrzehnt ihre überlegene wirtschaftliche und politische Position in Gefahr gebracht hat. Zu lange haben die USA die Bewegungen in der weltpolitischen und wirtschaftlichen Ordnung ignoriert, Reformen verpasst und sich auf die zurückliegenden 60 bis 80 Jahre von Weltführerschaft ausgeruht. Man hat gedacht, die Welt könne sich ohne die USA nicht weiterdrehen. Wie der Counterpart China, wurden die USA durch die Folgen der Globalen Imbalance gezwungen, Korrekturen in ihrem politischen, rechtlichen und im Wirtschaftssystem vorzunehmen, Reformen einzuleiten, um diese Gefahr nicht zu vergrößern. Es erscheint auch für die kapitalistische Hochburg USA unausweichlich, die sozialen Faktoren höher zu gewichten und das Politik-, Rechts-

„SYN*force* Destination: Globalunternehmen"

und Wirtschaftssystem an die neuen Verhältnisse anzupassen. Europa und auch Japan verfügen über Systeme, die die sozialen Faktoren in einer direkten Beziehung zu Kapital- und Wettbewerbsorientierung gebracht haben.

Allerdings hat Europa seit 1980 mit der Vision und Verwirklichung einer vereinten europäischen Wirtschaftsregion zu kämpfen und immer wieder scheinen uns die Krisen und Drohungen nach vorne und zu Lösungen zu bewegen. Europa und Japan tun sich mit einer neuen Weltsystemordnung leichter, weil sie nicht an beiden Polenden sitzen, sondern eher in der Mitte anzutreffen sind. Aus diesem Grund sollten sie aktive und maßgebliche Größen in der Entwicklung einer zeitgemäßen Weltordnung sein. Genauso wie die europäischen und japanischen Unternehmen weltweit verwurzelter und unter dem Strich führend sind.

„SYN*force* Destination: Globalunternehmen"

Kapitel II „Perspektive und Trends der Weltmärkte und Branchen"

Die aufgeführten weltweiten Entwicklungen kann man zu einer „Globalisierungs-Triade" zusammenfassen: Sie basiert einerseits auf das von mir sogenannte „Erreichen der logischen Obergrenze im Westen", andererseits auf das „Aufstreben neuer Wirtschaftsmotoren und Technologien" und auf den prekären Zivilaspekt des „Versorgungs- und Umweltschutzes sowie der Sicherheit". Zurecht erscheint die Frage, „wodurch und in welche Region bzw. welches Land wird denn Wachstum erzielbar sein?" Diese Zahlen kennen Sie sicherlich: Bis 2020 soll die Weltwirtschaft um durchschnittlich zwischen rund 3,5 und 5 % wachsen, wobei die heutigen Industriestaaten zwischen 1 und 2,5 % wachsen sollen, je nach Institution variieren die Zahlen. Aber ungeachtet der Quelle sind die Zahlen nicht absolut, sondern relativ und zurzeit schwierig zu untermauern: Noch immer zu wenig Transparenz, latente politische und zivile Spannungen in ganzen Regionen, gravierende Kompetenzfelder- und Schwerpunktverschiebungen, teilweise zu schnelle Entwicklungen oder zu wenig Bereitschaft, erreichte Positionen aufzugeben, etc. Diese Bewertungsgrundlage führt uns wieder zurück zu der Triade, die eine zuverlässige Planbarkeit aller Institutionen weltweit derzeit erschwert. Das sehe nicht nur ich so, sondern scheinbar auch viele Regierungen und Unternehmen. Zum Handling dieser Triade setzen sowohl die EU als auch einzelne Mitglied-Staaten eine ganze Reihe von abgestimmten bi- und multilateralen Programmen und institutionelle Rahmenordnungen auf. Politische Maßnahmen beeinflussen Trendentwicklungen maßgeblich, weshalb wir uns zunächst mit der politisch geschaffenen Grundlage in ihrer Essenzform befassen sollten.

„SYN*force* Destination: Globalunternehmen"

Die deutsche Bundesregierung beispielsweise hat das Konzept „Globalisierung gestalten - Partnerschaften ausbauen - Verantwortung teilen" (kurz: Globalisierung Gestalten) aufgesetzt, das eine hohe Priorität genießt und zum Ziel hat, mit den entwickelnden und aufstrebenden Volkswirtschaften weiterreichende strategische Partnerschaften entlang bisheriger und neuer regionaler Allianzen zwischen ihnen, auszubauen und den Boden für die Zukunft zu ebenen. Bei allem Wirtschaftsinteresse, die auch ich im Fokus habe, dürfen wir jedoch nicht die inhärenten Sicherheitsrisiken der Globalen Imbalance außer Acht lassen, wenngleich wir diese lieber verdrängen würden. Wir tun sehr gut daran, sowohl den Waffenhandel als auch die atomare Politik in Angriff zu nehmen und als Gegenstand an jede Entwicklungs- und Wirtschaftsmaßnahme zu koppeln.

Das Herzstück der EU-Sicherheitspolitik ist und bleiben die Vereinten Nationen, aber sie werden in der Zukunft nur dann eine entscheidende Rolle in der „Welt Innenpolitik" spielen, wenn auch sie sich den neuen Entwicklungen und dem Zeitgeist anpassen. Sowie die Gewichtsverteilung in den USA derzeit ist, spiegelt sie die Weltordnung vor fünfzig Jahren noch immer wieder, was aber weder zeitgemäß noch zukunftsweisend ist. Die heutigen Entwicklungen und Gewichte müssen sich in der Weltordnung aber widerspiegeln, wenn wir ernsthaft die Globale Imbalance angehen und politische Stabilität sowie soziale Sicherheit und eine solide wirtschaftliche Wachstumsbasis schaffen und erhalten wollen. Dazu zählt, dass nicht nur Deutschland als eines der größten Beitragszahler mit ständigem Sitz im Sicherheitsrat vertreten ist oder andere gleichrangige Industriestaaten, sondern auch Länder des asiatischen Raums, Latein- und Südamerika sowie auch Afrika. Es liegt deshalb eigentlich nicht nur im Interesse der Vereinten Nationen, Reformen einzuleiten, sondern im Interesse aller Nationen und nicht zuletzt der Wirtschaft.

„SYN*force* Destination: Globalunternehmen"

Der deutsche Außenminister, Herr Guido Westerwelle, äußerte sich in der 159. Plenarsitzung am 10. Februar 2012 in Berlin nachfolgend „Immer mehr Gestaltungsmächte greifen nach dem Taktstock, den wir glauben in den Händen zu halten." In diesem Zusammenhang hob Herr Westerwelle insbesondere drei „Merkmale" als Begründung für die wachsenden Mitspracheansprüche dieser Gestaltungsmächte. Dazu zählten: die atemberaubende wirtschaftliche Erfolgsgeschichte, die sie vorweisen können. Zweitens, die aus dieser Erfolgsgeschichte erwachsene politische Wirkung und der entsprechende Einfluss. Und drittens, ihr (Selbst-) Verständnis als mindestens regionale Ordnungsmächte. Er wies auf die Wichtigkeit und Notwendigkeit hin, gemeinsam mit neuen Partnerschaften und Allianzen den Weg nach vorne zu bestimmen, ohne alte Bündnisse aufzugeben. Der Kurs soll nicht Auflösung und Konfrontation, sondern Kooperation und Schaffung einer globalen Wertegemeinschaft (Globale Governance) sein „So, wie die Ostpolitik die Westintegration nicht in Frage gestellt hat, so stellt das Hinwenden zu neuen strategischen Partnerschaften nicht die alte Partnerschaften in Frage. Der Westen war mehr als eine geografische Größe, er war vielmehr eine Wertegemeinschaft, und das gilt weiterhin" sagte Herr Westerwelle vor den Abgeordneten des Bundestages. Und zu diesen entwickelnden und aufstrebenden Volkswirtschaften, zu denen sowohl die EU (insbesondere durch den EU-GASP) als auch im besonderen Maße Deutschland im Zuge bilateraler Partnerschaften aufzubauen plant, zählen neben den BRIC-Ländern auch Mexico, Kolumbien, Afrikanische Union, Indonesien und Vietnam. Hierzu sollen Arbeitskreise und Projekte verabschiedet und etabliert werden. Ich fasse und behandele die hier genannten Länder und ihrer kurz- sowie mittelfristigen Potenziale für Unternehmen im Rahmen ihrer Allianzen und nicht unter dem Promotionsschirm „BRIC" oder „N-11". Den Grund werde ich später erläutern.

„SYN*force* Destination: Globalunternehmen"

Wichtig ist bis hierhin zu wissen, dass durch diese politischen Entscheidungen, respektive der geschaffenen Vertragsgrundlagen, ein größerer Rahmen geschaffen wird, die wirtschaftlichen Aktivitäten mit den übergreifenden wirtschaftspolitischen Entwicklungen in Einklang zu bringen. Das verschafft den Unternehmen eine gewisse Planungs- und Entscheidungssicherheit, vereinfacht einige wichtige Prozeduren und hilft, Barrieren abzubauen.

Sowohl das Bundesaußenministerium als auch das Bundesministerium für Wirtschaft und das Bundesministerium für Entwicklung und Zusammenarbeit arbeiten an gemeinsamen Länder-Projekten und -Vorhaben. Sie verhandeln und verabschieden gemeinsame Programme mit den jeweiligen Institutionen in den Partnerländern, welche sodann über die Botschaften einerseits und andererseits über beispielsweise die KfW Entwicklungsbank, die DEG, Trade & Invest oder auch über die AHKs eingesteuert und koordiniert werden. Auch die Euler Hermes ist ein über „staatlich unterstützte Exportfinanzierung" hinausgehender Export-Partner der Unternehmen, der sich in diesen strategischen Partnerschaften einbringt. Darüber hinaus wird ein auf der OECD beruhendes Regelwerk zur Exportfinanzierung eingeführt. Zu den weiteren Institutionen zählen natürlich neben der EU-Kommission, die IAK, diverse Verbände, DILGIS und institutionelle Foren, wie die ASEF (Wirtschafts- und Zivilförderung mit Asien), Shangri-La-Dialog (EU und Asien gegen Piraterie und (Cyber-) Terrorismus, strategisches Forum für Internationale Zusammenarbeit, IPEEC (High-Level-Dialog zum Thema Energieeffizienz), ASF, UNASUR, VSBM und weitere Foren. Zu einer der neueren und interessantesten Initiativen zählt die EITI (Extractive Industries Transparency Initiative), die für die Offenlegung von Geldströmen im Zusammenhang mit Bodenschätzen eintritt.

„SYN*force* Destination: Globalunternehmen"

Sektorale Foren und Quadrilogs bieten eine informellere Dialogplattform für Gespräche mit hochrangigen Repräsentanten aus Politik, Wirtschaft und Think Tanks. Perspektivisch ergeben sich aus der Vielzahl dieser Institutionen, Foren und Arbeitsgruppen neue Potenziale für wirtschaftliche Vernetzung und Entwicklung, Stabilität und Sicherheit, Versorgung und ausgewogene Zivilgesellschaften. Die multilateralen (Handels-) Vereinbarungen werden flankiert mit Verhandlungen der EU-Freihandelsabkommen zu einzelnen Ländern sowie zu neuen Staaten-Allianzen (ASEAN, Mercosur, SAARC, AU und Östliche Allianz). Diese Abkommen basieren auf gültige WTO-Vereinbarungen und gehen in entscheidenden Bereichen darüber hinaus (WTO+)[9].

Ich möchte bezüglich der politischen Grundlagen abschließend noch auf drei politische Schwergewichte und ihre Bedeutung für die zivilsoziale Sicherheit nur in kurzer Form hinweisen. Die Arabische Liga als Sicherheits- und Stabilisierungsmacht im Nahen Osten und in der ganzen arabischen Welt sowie China in Bezug auf die sozialistischen bzw. kommunistischen Volkswirtschaften in Afrika, Asien und im Nahen Osten. Auch Russlands Rolle einerseits zur Stabilisierung der Länder der ehemaligen Sowjetunion und andererseits als Gegengewicht zu und zwischen China und den USA dürfen wir nicht unterschätzen. Mit jedem dieser Schwergewichte werden sowohl seitens EU als auch vonseiten Deutschlands besondere Beziehungen zu Recht gepflegt. Ich rate deshalb jedem Unternehmensführer, diese drei Schwergewichte politisch nicht aus den Augen zu verlieren.

---

[9] Quelle: Konzept der Bundesregierung "Globalisierung Gestalten" 2012.

„SYN*force* Destination: Globalunternehmen"

Bei jeder Überprüfung der Unternehmensstrategie dürfte die Berücksichtigung und ausreichende Würdigung dieser politischen Komponente nicht fehlen. Ich werde unter „Neue volkswirtschaftliche Allianzen" weniger die politischen, sondern mehr die wirtschaftlichen As-Aspekte behandeln, deshalb fordere ich Sie auf, diese politischen Schwergewichte im Hinterkopf zu behalten. Energie- und Rohstoffknappheit, Klima- und Umweltschutz, Terrorismusbekämpfung und Technologisierung sind mehr als nur politische Schlagworte. Sie sind die wichtigsten und unmittelbaren wirtschaftspolitischen Einflussfaktoren auf die Unternehmen. Sie werden zu Wettbewerbs- und Marketinginstrumenten gleichermaßen eingesetzt und die Unternehmensführungen müssen diese Instrumente handhaben und kontern können.

„Warum der Fokus auf Allianzen und nicht auf die weitläufig propagierten Wirtschaftsmotoren?"

In aller Munde sind die BRIC-Staaten oder die (nachfolgenden) N-11 Nations, die die Welt-Wachstumskarte 2020/2050 bestimmen sollen. Ich habe mich gegen eine derartige Aufschlüsselung und Behandlung der zukünftigen Märkte und der Welt-Wachstumskarte aufgrund meiner Projekterfahrungen und meiner Überzeugung entschieden. Wenn wir die BRIC als Beispiel nehmen, dann müssen wir uns eingestehen, dass China und Indien oder China und Russland genauso viele Gemeinsamkeiten haben, wie Iran und die USA oder aktuelles Syrien und Europa. Natürlich führen sie wirtschaftliche und politische Gespräche und haben gewisse Verflechtungen, aber sowohl innenpolitisch, sozial, kulturell, sprachlich als auch infrastrukturell und zoll- und steuer- oder arbeits- und wirtschaftsrechtlich bieten sie sich gegenseitig kaum einen fruchtbaren Boden. Es gibt andere Konstella-

"SYN*force* Destination: Globalunternehmen"

tionen, die weit günstiger stehen und auf sie beziehe ich mich in diesem Buch. Das einzige, was die BRIC auszeichnet und weshalb sie zusammen genannt werden, ist ihre Größe, das zurückliegende ähnliche Wirtschaftswachstum der einzelnen Volkswirtschaften und ein gewisser Erfolg in der politischen und zivilen Stabilisierung. Anders verhält es sich mit den hier sogenannten Allianz-Märkten. Sie basieren größtenteils auf langjährige Bemühungen, stützen sich auf verpflichtende Kooperationsverträge, die eine Binnenwirtschaft zum Ziel haben und den Mitgliedstaaten sowohl wirtschaftlich, steuer- als auch arbeitsrechtlich und infrastrukturell einen nahrhaften Boden für Wachstum bieten. Es sind geografische, politische, steuerrechtliche und wirtschaftliche Allianzen, die europäischen Unternehmen als Handelspartner und als Investitionsstandort Potenziale bieten. Sie bilden als eine externe Größe die Grundlage für eine tragfähige der Unternehmensglobalisierung. Hierauf können Unternehmen Planungen vornehmen, Bewertungen und Vergleiche anstellen und interaktive Wertschöpfungsprozesse über geografische Marktgrenzen hinweg etablieren. Sie finden in diesen Allianzen ganze und neue Märkte vor und nicht nur einzelne Volkswirtschaften.

Die Bezeichnung BRIC stammt ursprünglich von Goldman Sachs und ich habe diese Promotion sehr begrüßt. Naturgemäß für eine Finanzinstitution spielt es eine untergeordnete Rolle, wie und ob die hier zusammengefassten einzelnen Volkswirtschaften untereinander und insgesamt einen geschlossenen Markt bieten können. Für die Unternehmen ist, naturgemäß, allerdings ein geschlossenes Marktpotenzial sehr relevant, insbesondere wenn diese zusätzliche Freiräume für Diversifizierung bieten können. Hierbei hilft die Betrachtung, Bewertung und die Entwicklung der volkswirtschaftlichen Allianzen wesentlich weiter als die makroökonomischen Zahlen einzelner

„SYN*force* Destination: Globalunternehmen"

Volkswirtschaften. Auch die Politik, wie wir anhand der Ausführungen und dem Konzept der Bundesregierung „Globalisierung Gestalten" festgestellt haben, denkt und handelt in Allianzen bzw. Allianz-Märkten. So verhält es sich auch mit den aufgesetzten Programmen und Investitionen, die für Unternehmen ebenfalls sehr wichtig sind. Alles gute Gründe dafür, sich in diesem Buch mit Allianzen zu befassen.

Europas aktuelle Politik und seine Bedeutung für die Wirtschaft

Als Europäerin beginne ich die Trendentwicklung und Ableitung der Potenziale für europäische Unternehmen auf dem Weltmarkt mit der Europäischen Union (EU)[10]. Es gibt aber auch einen anderen Grund: Die EU ist ein Bündnis, das den in diesem Buch behandelten Allianzen größtenteils als Vorbild im Zuge ihre Transformierung und Neufindung gedient hat - mit Ausnahme von den USA natürlich. Dieser Fakt ist wichtig für die Positionierung der EU als politisches Gewicht in der Welt-Innenpolitik und andererseits auch für das Verständnis der europäischen Unternehmensführer, sich und ihre Unternehmen zu positionieren und zu stärken. Sie werden in den einzelnen Allianz-Ausführungen Näheres hierzu erfahren. Die europäischen Wirtschaftsnationen verdanken ihre wirtschaftliche, innovative und wettbewerbliche Vorreiterstellung *kompetenzseitig* ihrer alten Tradition in der Produktentwicklung, -Herstellung und Problemlösung.

---

[10] Unter dem Begriff Europa oder der Abkürzung EU umfasse ich in diesem Buch die Europäische Union mit seinen 27 Mitgliedsstaaten und meine nicht die Eurozone, die in vielen Statistiken getrennt oder unterschiedlich hierzu bezeichnet werden.

„SYN*force* Destination: Globalunternehmen"

Marktseitig verdanken sie ihre Vorreiterstellung der soliden sozialkapitalistischen Strukturen und ihrer aktiven politischen Rolle und ihres Engagements, welche sie durch unermüdliches Vorantreiben und einer breiten internationalen Verflechtung zur *Technologisierungsmacht* ausgebaut haben.

Mit einem BIP im Jahr 2011 von rund $ 18.400 Mrd. ist die EU heute das stärkste Wirtschaftsbündnis und trägt rund 40 % des Welthandels[11], damit ist die EU auch die größte Region des Weltwarenverkehrs. Sie ist derzeit auch der größte Exporteur von Waren und Dienstleistungen gefolgt von ASEAN-China und den USA. Es gibt Beraterkollegen, die der Meinung sind, die USA werden auch 2025 die globale Nummer 1 sein. Nun „Jein", die USA sind wichtige Akteure und keiner möchte sie missen, aber im Hinblick auf diese und andere Zahlen sowie der sich abzeichnenden Trendentwicklungen, klingen diese Schlussfolgerung „veramerikanisiert". Hingegen bin ich davon überzeugt, daß Europa gefolgt von den USA und ASEAN-China die zukünftigen Leader sein werden. Die Gründe dazu finden Sie in den nachfolgenden Seiten dieses und des nächsten Kapitels.

Auch dürfen wir nicht vergessen, dass Europa der wichtigste Geber und der größte Zielraum ausländischer Direktinvestitionen mit $ 450 Mrd. in 2011 war, was ein Zuwachs von rund 32 % gegenüber dem Vorjahr bedeutet. ASEAN-China kamen auf $ 309 Mrd. und die USA kamen auf $ 210 Mrd. an Direktinvestitionen im gleichen Jahr.[12] Dennoch, mit seinem Wirtschaftswachstum im zweiten Quartal 2012 von - 0,2 % im Vergleich zum Vorjahreszeitraum zählt die EU im Jahr 2011/2012 zu den Wirtschaftsnationen, die eine Rezession erfahren mussten und schrittweise daraus kommen.

---

[11] Quelle: WTO International Trade Statistic, Apr. 2012
[12] Quelle: UNCTAD Global Investment Trend Monitor, Jan. 2012

„SYN*force* Destination: Globalunternehmen"

Gesamtbetrachtend stellt sich für mich nicht die Frage, ob die Währung oder die Union -technisch betrachtet- versagt haben oder sich als ungeeignet herausgestellt haben, denn das Gegenteil ist der Fall. Die richtige Frage aus meiner Sicht scheint zu sein, weshalb es uns bis vor der Kollision nicht gelungen ist, klar vor uns liegende strukturelle Herausforderungen und eine einheitliche politische Richtung einzuschlagen und zu gehen?! Die Versuche, Antworten hierauf zu geben, erspare ich mir, denn ich weiß aus dem Transformationsmanagement: je höher die Empfindlichkeiten und je heikler die Abhängigkeiten sind, desto höher muss der Leidensdruck steigen, um Entscheidungen und Maßnahmen zu treffen und einzuleiten. Wichtig ist, dass die richtigen Entscheidungen 2011/2012 unter den Staats- und Regierungschefs sowie deren Umsetzung nach zeitlichem Korsett erfolgt sind.

Diese führten zu den verhalten positiven Erwartungen und Prognosen der Europäischen Kommission, wonach die EU ab dem vierten Quartal 2012 eine Vorwärtsbewegung verzeichnen wird, gefolgt von weiteren positiven Wachstumsprognosen für 2013 mit einem +1,6 %-igen und für 2014 mit einem +1,7 %-igen Wachstum. Die Verschuldung sowie die Arbeitslosigkeit werden sich den Prognosen nach weiter rückläufig entwickeln, wohingegen der Konsum (insbesondere der private Konsum) und die direkten Investitionen weiterhin zulegen werden. Zu den erzielten und stabilisierend wirkenden Erfolgen aus fast zweijähriger intensiver Arbeit der Staats- und Regierungschefs der Euro-Zone zählen aus meiner Sicht, die Errichtung der EBA[13], gefolgt von der Errichtung des VKS[14] respektive des ESM[15].

---

[13] EBA: Europäische Bankenaufsicht / European Banking Authority, als ein Instrument der Fiskal- und Finanzpolitik. Ich begrüße sie, weil sie europäische Banken auf ihrer Zielgeraden zu „stabilen und finanzstarken Unternehmen" begleiten, überwachen und gegebenenfalls bei einer notwendigen Rekapitalisierung unter die Arme greifen soll, und dadurch die zwingend erforderliche Stabilität, Sicherheit und Transparenz geschaffen und gesichert wird.
[14] VSKS: Vertrag über Stabilität, Koordinierung & Steuerung in der Wirtschafts- und Währungsunion

"SYN*force* Destination: Globalunternehmen"

Ein erster Erfolg der EBA ist bereits verzeichnet: Die meisten Banken scheinen die Kernkapitalquote-Anforderung von mind. 9 % fristgemäß erfüllt zu haben[16], und für die wenigen von ihnen, die diese Anforderung zum Termin nicht gänzlich erfüllt haben, sind die „public backstops"[17] Optionen aktiviert worden, die zusätzliche Sicherheiten und Hilfen der jeweiligen Regierungen einfordern. Herr Andrea Enria, Chairman of EBA, zeigt sich über den Stand und die Fähigkeiten der europäischen Banken zuversichtlich und gibt einen Hinweis darauf, dass die Implementierung weltweiter Regularien erforderlich bleibt, um aus der Krise zu kommen. Er sagt: "European banks are now in a stronger position, which should support lending to the real economy and gradually restore banks' access to market funding." Seit spätestens 2008/2009 haben sich Unternehmen der Realindustrie und anderen Sektoren jedoch für neue Kapitalquellen und Finanzierungsinstrumente entschieden, durch die sie Kapital direkt und nach ihren spezifischen Anforderungen beschaffen können. Die Abhängigkeit zu den Banken und zu den bisherigen Finanzierungsmodellen haben die Industrieunternehmen abgebaut. Auch diese Situation wirkt sich auf die Banken insofern negativ aus, als dass sie Geschäftsmodelle und den Mindset anpassen müssen. Die mit dieser Entscheidung im Zusammenhang stehenden Potenziale ergeben sich insbesondere für das IT- als auch Dienstleistungsumfeld der angrenzenden Branchen zur Entwicklung und Etablierung belastbarer Kapital- und Finanzierungs-Modelle für die Industrie- und aufstrebende neue Sektoren unter weltweiter Perspektive.

---

[15] ESM: European Stability Mechanism, Vertrag von Deutschland und zwei weiteren Staaten noch nicht unterschrieben eingereicht. In Deutschland befindet sich dieser in rechtlicher Klärung bis voraussichtlich Mitte Sep. 2012
[16] Quelle: EBA "report on the implementation of the capital exercise" July 2012
[17] Eine verpflichtende Zusicherung von den nationalen Regierungen an die EBA als „Sicherheitsnetz" zur Zielerreichung der Banken zu fungieren, welche für diejenigen Banken, die die Anforderungen nicht erfüllt haben, durch die EBA aktiviert und durch die Regierungen eingelöst wurden.

„SYN*force* Destination: Globalunternehmen"

Mit der Unterzeichnung und Etablierung des ESM sollen weitreichendere und konkrete Maßnahmen in Richtung einer stärkeren, engeren und soliden Wirtschaftsunion bekräftigt werden und diese in eine dauerhafte und solide Verwaltung der öffentlichen Finanzinstitutionen unter klaren Zuständigkeiten münden. Diese Vorgehensweise ist notwendig und verspricht sowohl Fortschritt als auch Potenziale und bietet eine solidere Investitions- und Expansionsgrundlage für den Privatsektor. Für die Unternehmensführungen bedeutet dies konkret: mehr Planungssicherheit, geringere Risiken, weniger Schwankungen, etc. Insgesamt sind das gute Gründe für weitere Expansionen und Investitionen im Binnenmarkt und -Konsum. Vergessen wir vor Selbstmitleid und Kritik aus anderen Nationen nicht, dass alle nachfolgenden Allianzen an Europa nach wie vor großes Investitionsinteresse haben und Europa auch zukünftig für eine Weltmacht halten.

Betrachten wir näher den Fakt, dass am ESM, der nunmehr nach der Entscheidung des Bundesverfassungsgerichts, am 08. Okt. 2012 in Kraft treten soll, Deutschland mit 27,2 %, Frankreich mit 20,4 %, Italien mit aufgerundeten 18 % und Spanien mit aufgerundeten 12 % die hauptsächlichen Träger dieser europäischen Finanzinstitution sind, so erscheinen auch die Diskussionen und Szenarien eines Ausstiegs oder „Rausschmisses" von Italien oder Spanien aus der Eurozone oder die Auflösung der Eurowährung eher als eine Ablenkung von den tatsächlich notwendigen Diskussionen um die Neuverteilung der Positionen und Mitspracherechten beim UN-Sicherheitsrat, in der Weltwirtschaftspolitik sowie über Neuregulierungen bezüglich der Währungsreserven weltweit, die ich oben ausgeführt habe.

Zwar hat das Bundesverfassungsgericht den leidigen Diskussionen über eine Beteiligung Deutschlands am ESM oder einer „engen" rechtlichen Auslegung des AEU-Vertrages, die wohl dem -so die Behauptung der Kritiker zumindest- entgegenstünde, ein vorläufiges

„SYN*force* Destination: Globalunternehmen"

Ende mit dem Urteil vom 12. September 2012 gesetzt, und Deutschland den Weg in eine zukunftsweisende Union damit nicht versperrt. Aber dennoch haben wir in Europa ein paar Hausaufgaben mehr zu erledigen, die jetzt weitergehen können. Die Tatsache des einstimmig unter den Mitgliedsstaaten verabschiedeten ESM-Vertrages ist in der Tat ein Meilenstein und dürfte nicht unter den Tisch gekehrt werden. Ich bin davon überzeugt, dass die Wirkung der Verträge und Beschlüsse entgegengesetzt zu den Befürchtungen eintreten wird und den Boden für lukrative Direktinvestitionen, Expansionen und tiefer reichende Verflechtungen sowie einem verbesserten Konsumklima und -verhalten bereitet werden. Wir werden eine Erweiterung der EU erleben und keine De-Europäisierung. Eine starke Einheit, mit einer gegenseitigen Stärkung war von Beginn der Traum und die Vision Europas und nur hierdurch machte ein Bündnis überhaupt erst auch wirtschaftlich, rechtlich und politisch Sinn. Die Vision „eine starke Einheit" ahmen uns aufstrebende Allianzen nach, siehe ASEAN im nächsten Kapitel. Es ging und geht dabei, die Solidarität in der Wirtschafts- und Währungsunion Europas mit dem nächst Logischen zu sichern und ins Leben zu rufen. Diesen Weg sollen und müssen wir gemeinsam gehen, auf allen Ebenen, die uns betreffen.

Europas Wettbewerbsfähigkeit gegenüber aufstrebenden Marktwirtschaften

Zu den größten Stärken Europas zählen neben dem traditionellen und hohen Produktentwicklungs-, Herstellungs- und Qualitätsanspruch auch das technologische Know how sowie die Fähigkeit und Leidenschaft der europäischen Wissenschaftler und Unternehmer, Lösungen auf sich stellende Probleme zu (er) finden.

„SYN*force* Destination: Globalunternehmen"

Europa führt die Weltliste der Wissenschaftler und Ingenieure mit einem Anteil von über 34 %. Rund 3,5 Mio. (1,4 %) der aktiven Bevölkerung Europas arbeiten in F&E-Umfeld[18]. Zu den führenden Nationen zählen auch USA, Australien, Kanada, Taiwan, Japan, Korea, Singapur, Neu Seeland und Russland. Diese Position bietet uns eine gute Grundlage für eine weitere Verbesserung unserer Wettbewerbs- und Globalisierungsfähigkeit.

Vielerorts wird dem entgegengehalten, die F&E-Investitionen konnten in Europa in den zurückliegenden zehn Jahren um rund 50 % erhöht werden, wohingegen China um über 860 % zulegte, gefolgt von den BRIS (Brasilien, Russland, Indien und Süd-Afrika), die um rund 150 % zulegen und der „Rest der Welt" kam auf rund 100 %. Die Bemühungen und Fortschritte dieser Volkswirtschaften würdigend, leite ich daraus lediglich ihre Entschlossenheit und ihr Potenzial ab, an der weltweiten technologischen Entwicklung zu antizipieren. Wenn wir die Investitions- und Innovationskraft in F&E (R&D) messen wollen, sollten wir den Blick auf das Verhältnis zum BIP bzw. zum Umsatz werfen. Das erklärte F&E-Investitionsziel der EU bleibt 3 % des BIPs (das der Systemgeschäftsunternehmen oberhalb der 7-%-Grenze) und somit die Wettbewerbsfähigkeit Europas zu erhalten.

Richtig ist, dass Europa damit nicht führend ist, sondern sich im oberen Mittelfeld bewegt, wenn die anderen Staaten ihren Kurs beibehalten oder gar beschleunigen. Die weltweite R & D-Investitionsliste führt Israel mit einem Anteil von über 4,5 % des BIPs an, gefolgt von Finnland mit über 3,8 % und Schweden mit über 3,5 %, Japan mit 3,4 %, Korea mit 3,7 % und Deutschland mit 2,8 % auf Platz 8 gefolgt von den USA auf Platz 10 mit etwa 2,7 %. China kommt mit rund 1,6 % auf Platz 22 noch nach Slowenien und Portugal. Auf Platz 27 kommt Russland mit einem Investitionsanteil von rund 1,2 %.

---

[18] Quelle: Report of the European Commission Innovation & Research, 2011

„SYN*force* Destination: Globalunternehmen"

In Währungsmengen ausgedrückt bedeuten diese Ausführungen, dass Israel pro Jahr auf rund $ 11 Mrd., Japan auf rund $ 205 Mrd. und China pro Jahr auf rund $ 117 Mrd., wohingegen die EU auf über $ 550 Mrd. in F&E-Investitionen kommen. Russland kommt derzeit auf weniger als $ 30 Mrd. Allerdings führt der Privatsektor der USA im Vergleich deutlich die Liste an. Die öffentlichen Investitionen in Europa sind vergleichsweise noch immer höher als in den USA, Japan, Korea und auch in China[19]. Unternehmensseitig können wir sagen, dass der Anteil neuer Technologieprodukte (mit einem Alter zwischen 5 - 8 Jahren) der deutschen Produktionsunternehmen am Gesamtumsatz zwischen 60 % und 70 % beträgt. Das ist durchaus nennenswert. Allerdings wissen wir auch, dass die F&E-Quote und Investitionen in Innovation noch nicht viel über die Erfolge und Ertragsfähigkeit aus innovativen Produktideen oder Produkten sagen.

Es gibt aber auch eine andere Möglichkeit, die Innovations- und Wettbewerbsfähigkeit zu messen: der weltweite Wettbewerbs-Report vom World Economic Forum, der seit 2008 jährlich veröffentlicht wird, beispielsweise. Europa ist gemäß dem „The Global Competitiveness Report 2010/2011"[20] führend. In der Kategorie „Innovation & Sophistication Factors" nimmt die Schweiz Platz 1 ein, gefolgt von Schweden (2), Japan (3), Finnland (4) und Deutschland (5); die USA nehmen Platz 6 ein, gefolgt von weiteren europäischen Unternehmen. In der Kategorie „Einzigartigkeit des Wettbewerbsvorteils" führen Japan und die Schweiz vor Deutschland; die USA nehmen Platz 19 ein. In der Kategorie „Intelligenz und Qualität der Produktionsprozesse" führt Japan gefolgt von Deutschland und der Schweiz; die USA liegen auf Platz 11.

---

[19] Quelle: European Commission "Investment and Performance in R&D", 2011
[20] Quelle: „The Global Competitiveness Report 2011/2012, World Economic Forum, WEF GCR"

„SYN*force* Destination: Globalunternehmen"

Sieben von 10 der weltweit wettbewerbsstärksten Staaten sind diesem Bericht zufolge Europäische Staaten (ich lasse die volle Mitgliedschaft eines Staates in der Europäischen Union außen vor).

Ein ganz anderes Bild liefert uns aber ein Blick in den „The Global Competitiveness Report" des World Economic Forums aus dem Jahr 2000/2001[21]. In diesem Report nahmen die USA -hinter Finnland- Platz 2 ein, gefolgt von der Schweiz (3), Deutschland (4) und einer fortlaufenden Reihe weiterer europäischer Staaten. Wir können bei einer oberflächlichen Betrachtung und einem Vergleich der konsolidierten Zahlen und Fakten ebenfalls feststellen, dass in dem letzten Jahrzehnt eine Umverteilung bzw. Neuverteilung in den Märkten und Volkswirtschaften stattgefunden hat, wobei die EU ihre Vorreiterposition ausgebaut hat. Von den Top 10 Volkswirtschaften sind sieben europäische Staaten. Dabei stellt man den Aufstieg der Schweiz um 4 Plätze nach vorne auf Platz 1 sowie den Aufstieg Schwedens ebenfalls um 4 Plätze auf Platz 3 fest. Auf der anderen Seite konstatieren wir - unter den Top 10- einen Rückfall von Frankreich, den Niederlande, USA und Finnlands im Zeitrahmen 2011 (gegenüber 2000) um jeweils drei Plätze auf der Weltliste. Um zwei Plätze fielen Deutschland und England im Vergleichszeitraum zurück. Außerhalb der Top-10- Perspektive gibt es stärkere Bewegungen, sowohl nach oben als auch nach unten.

Zu den interessanten Abwärtsbewegungen zählen auch hier eindeutig China, Katar und Japan. China nahm -gemäß dem hier erwähnten Report- im Zeitraum 2011 Platz 26 ein. Im Jahr 2000 befand es sich noch auf Platz 44 (im Vorvergleichsjahr 1999 auf Platz 49). Katar tauchte im Report 2000 nicht unter den 60 auf, wohingegen es sich im Jahr 2011 Platz 14 sicherte.

---

[21] Quelle: Oxford University Press 2000 „The Global Competitiveness Report 2000

"SYN*force* Destination: Globalunternehmen"

Japan sah sich im Jahr 2000 auf Platz 14, verbesserte die Position im 2011 auf Platz 9. Eine gegenläufige Entwicklung stellen wir in Brasilien fest. Im Jahr 2000 platzierte sich Brasilien auf Rang 31 und im Jahr 2011 befand es sich auf Platz 53. Auch in Indien stellen wir tendenziell einen Rückfall fest, von Platz 37 im Jahr 2000 auf Platz 56 im Zeitraum 2011. Hatte Russland 2000 den Platz 52, platzierte es sich 2011 auf Platz 66. Ukraine erreichte im Jahr 2000 eine Platzierung auf 56, wohingegen im Zeitraum 2011 eine Platzierung auf Platz 82 erfolgte. Diese Beispiele könnten wir fortführen und ich kann es jedem empfehlen, sich mit der Markt- und Trendwende auch in den Technologien näher zu befassen.

Noch eine Vergleichsquelle möchte ich gerne hinzuziehen: die jüngste Liste der „Top 100 Innovators World Wide" von Thomson Reuters, die zu dem Schluss kommt, dass Europa die Weltliste der Top 100 Global Innovators der Wissenschaftsforschung, Maschinen und Chemischen Industrie anführt. Über 50 % der letztgenannten Unternehmen sitzen allein in Europa. Die USA führen die Weltliste der Halbleiter- und Elektronikkomponenten an, obwohl diese Darstellung inzwischen von anderen Quellen widerlegt wird, wie an anderer Stelle mit Zahlen untermauert wird. Unbestritten scheint zu sein, dass Asien (inkl. Japan, Korea, Singapur und Taiwan) Marktführer der Weltliste der Computer-, Hardware- und Automobilfertigung ist. Von den Top 10 Unternehmen kommen auch hier sieben davon aus Europa. Deutschland ist auf Platz 5 gelistet, nach Frankreich und Schweden.

Bekanntermaßen gibt die Anzahl der angemeldeten Patente nicht nur Aufschluss über die Wettbewerbsfähigkeit eines Unternehmens, sondern auch über die der Volkswirtschaften.

„SYN*force* Destination: Globalunternehmen"

Werfen wir einen Blick auf die Patentverteilung weltweit und in Europa, fühlen wir uns in den obigen Ausführungen bestätigt. Nach dem Europäischen Patentamt (EPA) wurden im Jahr 2011 rund 244.437 Patente angemeldet, wovon 91.135 von den Mitgliedstaaten der EU stammen. Rund 59.688 dieser Patentanmeldungen stammen aus den USA, 16.964 aus China, 47.404 aus Japan und 13.254 aus Korea[22]. Gegenüber dem Vorjahr stieg der Anteil um 4 %. Laut dem Deutsche Patent- und Markenamt (DPMA) wurden in Deutschland im Jahr 2011 rund 58.997 Patente angemeldet. Angeführt wird die EPA-Patenliste von der Medizintechnik mit 9.351 Patenten, das Schlusslicht bildet die Kategorie „Maschinen, Pumpen und Turbinen" mit 4.636 Patenten.

Ich werde aber auch ein anderes Vergleichsbeispiel außerhalb der EU heranziehen, und zwar: die Wettbewerbsfähigkeit in Technologie- und Produktinnovationen in der *„Green Energy"*. Wenn wir uns vergegenwärtigen, dass „GreenTech" im Wesentlichen auf einer intelligenten Kollaboration der Dienstleistungsleistungs-, Elektrotechnikbranche und dem Maschinen- / Anlagenbau beruht, verstehen wir besser, weshalb diese Technologie für europäische Unternehmen zu den Kernkompetenzen zählen sollte. Dieses Beispiel erläutere ich anhand der *Patentverteilung* in den *USA* und der jüngsten Veröffentlichung von dem „Clean Tech Group at Healin Rothenberg Farely" vom August 2012. Die Anteile an Technologie-Produkt-Innovationen in der *Brennstoffzellenentwicklung* sind, dieser Analyse nach, in den USA im Zeitraum von 2008 bis 2011 um über 80 % gestiegen (2011 wurden 950 Brennstoffzelle-Patente[23] angemeldet).

---

[22] Quelle: Annual Report 2011 – European patent filings, März 2012
[23] Quelle: "CLEAN ENERGY PATENT GROWTH INDEX (CEPGI)" by the CleanTech Group at Heslin Rothenberg Farley & Mesiti P.C.

„SYN*force* Destination: Globalunternehmen"

Die Anzahl angemeldeter Patente für die *Solartechnologie* ist im selben Zeitraum um 450 % gestiegen. Die Patente für die *Windtechnologie* haben im angegebenen Zeitraum um 160 % zugelegt. Die Patente für die *Hybridtechnologie* haben um rund 220 % zugelegt. Insgesamt werden in den USA rund 2.300 angemeldete „Clean Energy" Patente festgestellt, wovon rund 49 % aus den USA kommen, gefolgt von Japan mit 26 %, Deutschland mit 7 % und Korea mit 5 %.

Halten wir dem eine *deutsche* bzw. *europäische Perspektive* entgegen: Laut DPMA wurden in Deutschland 273 Patentanmeldungen für Windgeneratoren und 51 für Wasserkraft von einheimischen Patentantragstellern eingereicht, was einem Zuwachs von rund 23 % der einheimischen Antragsteller gegenüber dem Vorjahr entspricht. Von ausländischen Patentantragstellern wurden in denselben Kategorien rund 453 und 88 angemeldet, was einem Zuwachs von rund 43 % gegenüber dem Vorjahr entspricht.

Führen wir die hier vier aufgeführten Reports und Analysenergebnisse zusammen, stellen wir fest, daß die EU eine gute Wettbewerbsposition in den Schlüsselbranchen genießt, die sie nutzen kann, um sich auch zukünftig zu den wettbewerbsstarken Wirtschaftsbündnissen zählen zu können und an Attraktivität als Investitionsstandort weiterhin zu gewinnen. Deutschland ist weltweit führend in den Maschinen- und Anlagetechnologien sowie in der Windtechnologie, gefolgt von Hybrid- und Brennstoffzellentechnologie. „Mechatronic", „GreenTech", „ICT" und „Biotechnology"[24] zählen zu den aufstrebenden Technologiesektoren mit unmittelbarem Einfluss auf fast alle Industriezweige, woraus sich zusätzliche Verschiebungen und Investitionsmöglichkeiten in Innovationsführerschaft (Ausbau der Patentanteile) und zur Sicherung der Wettbewerbsfähigkeit bleiben wichtig.

---

[24] Biotechnology umfasst im Wesentlichen die früheren Sektoren „Agrochemicals" und „Agriculture".

„SYN*force* Destination: Globalunternehmen"

USA - *Grobdarstellung der wirtschaftlichen Lage und Potenziale*

Eine Wirtschaftsmacht, die sich erneuert und schrittweise zu alter Stärke zurückfindet

Die USA ist weder eine neue Vereinigung, noch ist zu erwarten, dass Erweiterungen anstehen. Diese Vereinigung war bislang die stärkste Wirtschafts- und Politikmacht der Welt, die jedoch eine Richtungsänderung erfährt, die es bis heute in der Form noch nicht gegeben hat. Soziale Aspekte und Elemente gewinnen an Bedeutung und nehmen Einfluss auf die oft sogenannte „ungezügelte kapitalistische Hochburg", wodurch der Wesenskern der Politik, Gesellschaft und Wirtschaft einer längeren, aber meiner Meinung nach positiven, Wandlung unterliegen werden. Durch diese internen, aber auch durch eine ganze Reihe externer Faktoren, haben die USA mit einer ganzen Reihe von strukturellen, innen- und außenpolitischen und fiskalen Problemen zu kämpfen, weshalb es sich lohnt, den Blick auf die USA im Einzelnen zu wenden, obwohl wir alle die Vereinigten Staaten recht gut kennen und einschätzen können. Ich werde mich deshalb kürzer halten als bei den nachfolgenden Allianzen.

Das Wirtschaftswachstum 2011 lag bei 1,7 % mit einem BIP von $ 15.300 Mrd. Im zweiten Quartal 2012 lag dieses bei 1,5 % gegenüber dem Vorjahr. IWF prognostiziert für die USA im Jahr 2012 ein Wachstum von 2,1 % und 2013 sollen es um die 3 % sein. Die Arbeitslosenquote lag im Juli 2012 bei 8,3 % und entwickelt sich den Zahlen nach rückläufig. Es wird erwartet, dass die USA im Jahr 2020 auf ein BIP von rund $ 20.000 Mrd. kommen.

„SYN*force* Destination: Globalunternehmen"

Um ein zuverlässiges Bild und eine bessere Vergleichsbasis anstellen zu können, müssten wir die zurückliegenden Jahre insgesamt betrachten: Im Jahr 2009 entwickelte sich das Wirtschaftswachstum im Spitzenquartal in den USA bis zu -9,0 % (der Jahresdurchschnitt lag bei -2,6 %) stark rückläufig. In der Eurozone lag das Wirtschaftswachstum im Vergleichszeitraum konsolidiert bei -4,3 %. Zwischen 1999 und 2009 ist der Anteil Nordamerikas am weltweiten Exportvolumen in den Branchen Luftfahrzeuge und Verteidigung um -36 %, im ICT-Umfeld um -9 %, im Automobilumfeld um -3 % und im Biopharmaumfeld um -1 % zurückgegangen, ganz zu schweigen von der Finanzbranche. Die Öl- und Gasbranche wuchs um 1 %[25]. Von dieser Ausgangsposition müssen die Jahre 2010-2012 sowie auch die Prognose bis 2020 betrachtet werden. Was dazu führt, dass sich alle Zahlen, Vorhaben und Fortschritte relativieren lassen und vielmehr den Handlungsdruck auf die Regierung und auf die Unternehmen verdeutlichen.

Obwohl sich Wahljahre weniger als Bewertungsgrundlage eignen, vermerke ich positiv den gestiegenen Exportanteil in den USA im zweiten Quartal 2012 von 5,3 % im Vergleich zum ersten Quartal von 4,4 %. Zu den günstigen Entwicklungen zählen auch die Entlastung der Verbraucher und des Wirtschaftssektors durch niedrigere Gaspreise und höherer Einkommen sowie die Schritte in der Gesundheitsreform und der größeren Gewichtung sozialer Aspekte und Elemente als wichtiger Anker einer belastbaren zivil-politischen Trendentwicklung. Diese Entwicklung müssen die USA aber in den kommenden fünf Jahren deutlich beschleunigen, bis verdoppeln, wenn sie die Führungsposition nicht abzugeben gedenken und vor allem, um weitere Krisen, etwa die im Raum stehende „fiscal cliff", zu verhindern. Ich zähle trotz meiner Skepsis zu der Stellung der USA in der Weltordnung, zu denjenigen, die positive Prognosen bestätigen.

---

[25] Quelle: UN-Commodity Trade Statistics Database und IMF BOP Statistics

"SYN*force* Destination: Globalunternehmen"

Aber dennoch ist es für mich sehr verwunderlich, wie die USA ein Tripple Rating und ihre Stellung bislang halten konnten. Zwar wird in den USA argumentiert, sie könnten ihre Staatsverschuldung leichter handeln als die EU, weil sie etwa höheres Wachstum erzielten, eine langsamer alternde Bevölkerung haben und insgesamt eine niedrigere Steuerlast, aber von diesen aufgeführten Vorteilen waren wenige Ergebnisse bislang zu sehen. De facto kommen sie nur weit unter die eigengesteckten Erwartungen vorwärts. „Wir haben eine politische und keine strukturelle Krise" ist die Antwort vieler Amerikaner, die ich wohlwollend als Selbstmotivation betrachte und von der ich hoffe, dass sie schnellstens Wirkung zeigen wird.

Obwohl die Ratingdiskussionen um die USA neu entflammen, muss ich allerdings auch positiv vermerken, dass im Moment eine Herabstufung vermutlich weltweit zu einer höheren Unsicherheit und Volatilität beitragen würde und damit negative Einfluss sowohl auf ASEAN, Mercosur, SAARC als auch auf Europa, Russland und die Östliche Partnerschaft hätte, und sich nachteilig auswirken würde. Insgesamt haben sowohl amerikanische als auch europäische Unternehmen von der schwachen Währung profitiert. Nunmehr müssen beide den Weg nach vorn, am besten als alte Partner gemeinsam, ebnen und gehen.

Wenn die USA, sowohl den Druck auf den Dollar gegen Währungen aufstrebender Volkswirtschaften als auch den Handelsdefizit in den Griff bekommen wollen, werden sie aller Voraussicht nach nicht umhin kommen, weiterreichende (strukturelle, soziale und politische) Reformen einzuleiten, die sie durch gute und gleichstellende Beziehungen zur EU und den entwickelnden sowie aufstrebenden Volkswirtschaften flankieren.

„SYN*force* Destination: Globalunternehmen"

Nachfolgend weise ich auf drei Entwicklungen hin, die Einfluss auf Investitionen und Kooperationen in den USA haben werden:

- Die anstehenden kurz- und mittelfristigen Ausgabenkürzungen und selektive Steuererhöhungen werden nach Meinung einiger Experten ab Mitte 2013 zur Schwächung der Wirtschaftsentwicklung und des Konsums führen, wenn die politischen Seiten keinen Konsens finden. Ich halte diese Entwicklung für richtig und wichtig, um stabiles Wachstum zu gewährleisten und die hochdefizitäre Lage in den Griff zu bekommen. Obwohl der sogenannte „fiscal cliff", der diese Problematik derart umfasst, öffentlich und lautstark diskutier wird, konnte sowohl die Wirtschaft wachsen, als auch die Anzahl der Beschäftigten, die Einkommen und auch der Privatkonsum in den USA in diesem Jahr erhöht werden.

- Eine weitere Herausforderung, die immer häufiger diskutiert wird, betrifft eine wichtige Facette der demografischen Veränderung: Die stagnierende bis abnehmende Anzahl der Amerikaner europäischer Abstammung und die steigende Anzahl der Afroamerikaner im Wirtschafts-, Sozial- und Politikwesen. Diese Entwicklung wird einerseits gefördert und unbedingt gewollt, andererseits stellt es auch eine Herausforderung auf insbesondere soziale und wirtschafte Ebenen dar und verändert bereits das Business-Modell einiger Unternehmen.

- Eine Chance und zugleich eine Herausforderung stellt die Trendentwicklung, „Manufacturing in USA - Again,„ siehe Abschnitt „MEƎS Outsourcing. Sie umfasst nicht nur die (Rück-) Verlagerung der Produktion einiger Firmen in den USA, sondern soll auch staatliche Förderungen und bessere Bedingungen genießen.

"SYN*force* Destination: Globalunternehmen"

Dabei stellen sich Fragen in Bezug auf ausreichende „education" einerseits und die Problematik der „lousy jobs" andererseits, die nach Erwartungen einiger Wirtschaftsexperten den Arbeitsmarkt insgesamt, durch geringere Löhne etwa, verändern bzw. verschlechtern würden.

Es gibt noch eine ganze Reihe interner und externer Herausforderungen für die USA, aber ich bin davon überzeugt, dass die EU und die USA perspektivisch zentrale politische und wirtschaftliche Mächte bleiben werden. Ihre Dominanz wird allerdings etwas abnehmen.

Es ist allseits bekannt und auch meiner Meinung nach richtig, dass die USA und der gesamte nordamerikanische Wirtschaftsraum europäischen Unternehmen auch weiterhin enorme Potenziale bieten werden, in allen Sektoren. Die neuen Umwelt-, Energie-, Antriebs-, IC-, Bio- und Nano-Technologien werden insbesondere dem Industrie- und Umweltsektor ganz neue Potenziale für Investitionen und Expansionen eröffnen.

Sowohl der Recycling- als auch der Wassersektor haben in den USA - übergreifend betrachtet- nahezu den Stand von einem „Emerging Market". Es wurde eine ganze Reihe von Forschungsgeldern und Initiativen aufgesetzt, von denen auch europäische Unternehmen profitieren können.

Die USA haben zudem Potenziale auf große Mengen relativ billiger Energie zugreifen zu können. In der Gesamtbewertung der Vor- und Nachteile denke ich, dass die USA insgesamt weiterhin ein unerlässlicher Partner für die europäische Industrie bleiben wird.

„SYN*force* Destination: Globalunternehmen"

Neue und reformierte volkswirtschaftliche Allianzen und ihre Branchenpotenziale

ASEAN und die ASEAN-China-Allianz

Die „Association of Southeast Asian Nations" (ASEAN[26]) ist ein Bündnis südostasiatischer Nationen mit Hauptsitz in Indonesien. ASEAN wurde im Jahr 1967 unter fünf Mitgliedstaaten gegründet und bis September 2009 verdoppelte sich die Mitgliederzahl. Das Ziel war ein zollfreier Handel zwischen ihren Mitgliedstaaten. Anders als die USA oder die EU ist diese Allianz bei den meisten Unternehmen noch ein weißer Fleck, der aber einflussreicher und bedeutsamer wird, weshalb ich ASEAN-China etwas ausführlicher vorstellen werde.

Im Laufe der letzten Jahrzehnte schloss ASEAN zahlreiche Abkommen mit einer ganzen Reihe von Volkswirtschaften, nebst den Industriestaaten auch mit China, Südkorea, der Afrikanischen Union (AU), Neuseeland und Indien. In einem neuen Ministerbeschluss vom September 2009 legten die ASEAN-Mitglieder fest, einen engeren Wirtschafts- und Investitionsraum zu formen und diese Vision mit strukturellen Anpassungen zu unterfüttern. Die Staats- und Regierungschefs der ASEAN-Mitglieder sollen sich an dem europäischen Vorbild orientieren - allerdings bislang nicht an der Währungsunion. Es gibt aber bereits jetzt Annahmen, wonach diese Allianz bis 2015 doch eine engere Verschmelzung in AEC (Asian Economic Community) erfahren soll, die den Mitgliedern einen freieren Waren- und Dienstleistungsmarkt sowie einen größeren Investitions- und Fachkräfte-Markt mit einem größeren und freien Kapitalfluss gewähren soll.

---

[26] Zu den Mitgliedstaaten zählen: Brunei, Kambodscha, Indonesien, Laos, Malaysia, Myanmar, Philippinen, Singapur, Thailand, Vietnam

„SYN*force* Destination: Globalunternehmen"

Derzeit sieht die vertragliche Grundlage jedoch eine Free-Trade-Area vor, unter strikter Einhaltung der Mitglieder-Souveränität. Es gibt eine ganze Reihe von Gründen, die gegen eine AEC-Etablierung sprechen, nicht zuletzt die Sprache sowie die -noch vorherrschenden- unterschiedlichen politischen, fiskalen und rechtlichen Standpunkte der Mitglieder. Jedoch sind wir gespannt, was die Zukunft bringt. Ganz ausschließen sollte man die AEC nicht, wenn auch erst in der Zeitachse 2020 - 2050, aus meiner Sicht eine Transition realisierbar wäre, unter der Annahme, die Entwicklung und Rahmenbedingungen entwickeln sich weiterhin positiv.

Dem ASEAN-Beschluss von 2009 lagen bereits langjährige Bemühungen auf politischer, wirtschaftlicher und sicherheitstechnischer Ebene zugrunde, die diese Organisation formten und begründeten. Die EU ist allerdings aus diesen Verhandlungen ausgestiegen und versucht nunmehr wieder den Faden aufzunehmen, nachdem es zwischen 2009 und 2011 eine ganze Reihe bilateraler Abkommen mit den einzelnen ASEAN-Staaten abgeschlossen hat. Deutschland hat mit Singapur, Indonesien, Malaysia und Vietnam die bilateralen Beziehungen vertieft und Abkommen vereinbart.

In den gemeinsamen ASEAN-Ministertreffen sowie bei dem -Gipfel, das vereinbarte Entscheidungsgremium, werden wesentliche Grundlagen für die bi- und multilateralen Beziehungen gelegt und verfolgt. In diesem Gremium wurde unter anderem auch die Intensivierung der Beziehungen mit und zu China, die die Gründung der ASEAN-China-Freihandelszone im Januar 2010 zu Folge hatte. Diese Entscheidung machte ASEAN die weltweit drittgrößte Freihandelszone mit einer Bevölkerung von 1,9 Mrd. Menschen und einem aggregierten BIP von rund $ 9.100 Mrd. Zum Auftakt der Allianz launchte Wen Jiabao persönlich den China-ASEAN-Fund (CAF).

„SYN*force* Destination: Globalunternehmen"

Das zukunftsweisende Finanzinstrument soll allianzübergreifend und im großen Rahmen in Infrastruktur, Energie und Naturressourcen investieren[27]. Seit Mai 2012 zählt sich auch der IFC zu dem Investorenkreis von CAF. Zu den jüngsten Investitionen zählen: eine Kaliummine in Laos, ein Hafen in Thailand sowie ein Glasfaserhersteller in Kambodscha. Diese Entwicklungen rücken ASEAN-China an der Spitze der aufstrebenden Bündnisse mit den größten Potenzialen, nach EU und USA, für 2020/2050.

Das von der Weltbank prognostizierte BIP-Wachstum für 2012 liegt bei 5,4 % und 2013 sollen es 6,1 % sein (2011 wurden 4,5 % erreicht)[28]. Ähnliche Prognosen stellen die Minister der ASEAN-Allianz ebenfalls aus, bis 2015 soll der Binnenhandel auf über $ 600 Mrd. klettern[29]. Der Binnenhandel des ASEAN-Chinas belief sich im Jahr 2010/2011 auf ca. $ 300 Mrd., ein Jahr zuvor waren es rund $ 140 Mrd. Wie ich eingangs vermerkte, ist ASEAN für die meisten Unternehmen noch ein weißer Fleck, wohingegen Japan auf über 70 % Marktanteil in ASEAN kommt. Dabei bietet diese Allianz unglaubliche Potenziale und umfasst ein Großteil der Erdkugel. Die Allianz-Abkommen sehen primär die Formung und Förderung eines Wirtschaftsraums vor, die damit beginnt, über 90 % der Zölle zwischen den Partnern innerhalb weniger Jahre aufzuheben. Beispielsweise sollen Zölle auf „Sensitive Goods", zu denen Rohstoffe und Zulieferprodukte für Automobil, Maschinenbau, Chemikalien, Nahrungs- und Getränkemittel, etc., zählen bis 2015 respektive 2018 um mehr als 50 % verringert werden. Indonesien, Malaysia und Singapur zählen neben China zu den soliden asiatischen Wachstumsmärkten mit vielfältigen Möglichkeiten für Investitionen und Absätze europäischer Unternehmen.

---

[27] Quelle: China-ASEAN Capital Advisory Company, vom Nov. 2011
[28] Quelle: „Trade Monitoring Report" Sep 2012, APEC Policy Support Unit
[29] Quelle: Bericht des ASEAN-China Centre, Beijing, Dez. 2011

„SYN*force* Destination: Globalunternehmen"

Insbesondere aufgrund der bilateralen Beziehungen im Zuge des deutschen „Globalisierung Gestalten"-Programms ist Indonesien für deutsche Unternehmen attraktiver geworden. Durch die indonesischen staatlichen Subventionierungen im Bereich Kraftstoff, Elektrizität und Nahrungsmittel profitieren nicht nur Bevölkerung und Binnenwirtschaft, sondern durchaus auch ausländische Investoren, die die Voraussetzungen erfüllen. Im Bereich Kraftstoff wurden 2011 ca. $ 21 Mrd. bereitgestellt, gefolgt von einer leichten Erhöhung für 2012. Im Umfeld Energie sind ca. $ 19 Mrd. für 2012 vorgesehen. Weitere Anreize für europäische Unternehmen in Indonesien bieten die zahlreichen Vorkommnisse von Gold, Kupfer, Zinn, Nickel, Bauxit, Öl, Erdgas, Kohle sowie Holz, Kautschuk und zahlreiche Primärressourcen für die Getränke- und Nahrungsmittelindustrie. Mit den Verflechtungen und aufgrund jüngster Entwicklungen in China wurde Indonesien zu einem wichtigen Produktionsstandort für personalintensive Textil- und Bekleidungsherstellung. In den Bereichen Getränke und Nahrungsmittel, Textilien, Elektronik und weitere Konsumgüter werden noch striktere Importregeln und Zulassungsbestimmungen erwartet, obwohl die Abkommen einen Abbau vorsehen.

Thailand entwickelt sich neben Taiwan zu einem attraktiven Entwicklungs-, Herstellungs- und Absatzmarkt für Kommunikations- und Präzisionsgeräte sowie für Zulieferer der Halleiterindustrie. Das Tandem „Taiwan-Thailand" wird innerhalb ASEAN kurzfristig stärker ausgebaut werden. Insbesondere gefordert ist dies unter Berücksichtigung der Vertragsbeziehungen zwischen den ASEAN-Mitgliedsstaaten, die eine Verlagerung eines Unternehmens oder Unternehmensteile in einem anderen Mitgliedsmarkt begünstigen bis fördern, siehe auch weitere Beispiele zu China-Vietnam oder China-Indonesien und Myanmar.

„SYN*force* Destination: Globalunternehmen"

Mit dem Inkrafttreten der zweiten Phase des ASEAN-Freihandelsabkommens wurden rund 7.000 verschiedene Zolltarife ausländischer Investoren abgeschafft. Infolge dessen stehen sowohl amerikanische, europäische als auch chinesische, koreanische und japanische Unternehmen der Elektronik-, Textil-, Zuliefer- und Maschinenbranchen mit verstärktem Interesse einer Verlagerung ihrer Fertigungskapazitäten etwa von China nach Indonesien gegenüber.

China ist für Indonesien eines der wichtigsten Partner gefolgt von Japan. Für Unternehmen, die diesen asiatischen Allianz-Markt mit einer gesamtheitlichen Strategie, die sich an der Wertschöpfung orientiert und nicht an eine einseitige Kostenperspektive, zu erschließen planen, bieten sich zahlreiche Chancen, die es ermöglichen, Barrieren und Hindernisse abzubauen. Auch amerikanische Unternehmen haben in den letzten Jahren erkannt, dass Indonesien einen interessanten Herstellungs- und Absatzmarkt als eine sehr gute Alternative zu China darstellt, und widmen sich vermehrt diesem Markt. Bislang an erster Stelle stehen Unternehmen aus dem produzierenden Gewerbe, die aus China Herstellungsprozesse verlagern wollen. Die indonesische Wirtschaft wuchs 2011 um rund 6,5 % und 2012 werden ähnliche Wachstumsraten erwartet. Sie wird von einem starken Inlandskonsum (60-70 % des BIPs) und einer sehr guten Verflechtung mit den neu aufstrebenden Wirtschaftsmächten und Allianzstaaten getragen.

Das chinesische Handelsministerium erklärt den Durchschnittszoll für Waren aus Südostasien bei 0,1 % (von zuvor durchschnittlich 10 %) und die Einfuhrgebühren sollen unter 0,5 % liegen (von zuvor durchschnittlich 13 %). Die bisher in Kraft getretenen Abkommen umfassen noch nicht die nichttarifären Handelshemmnisse und bieten signifikanten Spielraum, der in der Regel deutlich im zweistelligen Bereich

„SYN*force* Destination: Globalunternehmen"

liegt. Die aktuellen Zollsätze zwischen Deutschland und China liegen beispielsweise im Automobil-Umfeld bei 25 %, mit Indien bei 60 % mit Brasilien bei 35 % mit Russland bei 30 % und mit Kanada bei 6 %, mit USA 2,5 % und mit Mexiko 0 % [30]. Die Steuer- und Zollsätze zählen zu den Treibern von Expansions- und Verlagerungsentscheidungen.

Diese Herausforderung wurde auf die EU-Ebene gebracht und es wurde beschlossen, sich auf die Integrationsbemühungen der ASEAN in Form einer Unterstützung zu konzentrieren, entsprechend der Darstellung im „Economic Community Blueprint" (Entwurf für eine Wirtschaftsgemeinschaft) der ASEAN-Staaten. Diese Maßnahme baut auf die in Europa gesammelten Erfahrungen mit Instrumenten der regionalen Integration auf, beispielsweise Statistiken, Zölle und gemeinsame Normen. Gespräche zu ähnlichen Assoziierungsabkommen und Maßnahmen führt die EU zudem mit den Staaten des Andean und AU.

Es macht daher sehr viel Sinn, wenn die Bundesregierung im Zuge ihres „Globalisierung Gestaltung" Programms weiterreichende Handelsabkommen mit diesen Handelspartnern abschließt und Partnerschaften über die EU hinausgehend eingeht. Neben den aufgeführten Zollregelungen profitiert und entwickelt sich die Region als wirtschaftlicher und finanzieller Binnenmarkt. Nachfolgende jüngste Beispiele aus Myanmar, China und Vietnam zeigen die Früchte der bisherigen Verflechtungen und geben Hinweise für spätere Entwicklungen.

Zwei Beispiele: in Myanmar hat die Kautschuk- und Gummiverarbeitung um über 40.000 Tonnen zugelegt und erreicht damit die 100.000-Tonnen-Grenze im Jahr 2011/2012. Im Jahr 2005/2006 waren es noch 60.000 Tonnen[31]. Auch der Exportanteil stieg um 20.000 Tonnen auf insgesamt 70.000 Tonnen von 50.000 Tonnen im Jahr 2005/2006.

---
[30] Quelle: PWC Analysis Q1/2012
[31] Quelle: Bericht der ASEAN-CN.ORG vom 2012/08/24

„SYN*force* Destination: Globalunternehmen"

Myanmar exportiert Kautschuk- und Gummierzeugnisse hauptsächlich nach China, Malaysia, Singapur, Vietnam, Thailand, Indonesien, Korea und Indien. Die Preisentwicklung für Naturkautschuk (rund 36 % eines Reifens bestehen aus diesem Rohstoff) kletterte von 300 % im Jahr 2010 auf 360 % in 2011 und liegt in diesem Jahr leicht unterhalb des 350%-Niveaus. Hingegen entwickelte sich Stahlcord über mehr als zehn Jahre auf einem „normalen" Niveau von rund 80 %. Diese letzten Vergleiche sollen die Immanenz des Produkts für den Weltmarkt veranschaulichen.

Eine weitere interessante Entwicklung im Infrastrukturumfeld zeigt die neuste Meldung über die Eröffnung zweier strategisch wichtiger Korridore, „freight routes", zwischen China und Vietnam, nämlich die direkte Verbindung von Hanoi und Nanning und Hanoi und Shenzhen, zwei wirtschaftlich wichtige Regionen in beiden Ländern. Durch diese Anbindung sollen sowohl der Personen- als auch der Warentransport beschleunigt und zeit- sowie kostenreduzierend gestaltet werden. Damit erfüllen China und Vietnam das vereinbarte „Road Transport Agreement and Protocol" und setzen einen Meilenstein in Wirtschaft und Handel beider Staaten.

Diese zwei Beispiele sollen, wie eingangs gesagt, die positive und rasante Entwicklung des ASEAN-Binnenmarktes einerseits verdeutlichen, wodurch Stabilität und Ernsthaftigkeit demonstriert wird und andererseits sollen sie Optionen für europäische Unternehmen aufzeigen, in diese Region mit einer adäquaten Strategie einzusteigen und sich im Binnenmarkt richtig zu positionieren. Die frühere Strategie, Erschließung einzelner Länder in diesen Regionen, soll abgelöst werden durch eine ganzheitliche und übergreifende Region-Erschließungsstrategie, die alle politischen, wirtschaftlichen und technologischen Entwicklungen in den jeweiligen Regionen als Binnenmärkte (einzelne Länder als Submärkte) berücksichtigt und umfasst.

„SYN*force* Destination: Globalunternehmen"

Die europäischen Unternehmen sind damit nicht die alleinigen, die sich intensiver für diesen Markt bzw. diesen Allianz-Märkte interessieren. Der Chief Trade Advisor des amerikanischen Präsidenten Barack Obama, Ron Kirk, hat im August 2012 an dem 44-n „ASEAN Economic Ministers" Gipfeltreffen teilgenommen. Schwerpunkte der Gespräche bildeten die Innovationen rund um digitale Technologien, Cloud Computing sowie Innovationen in der Nahrungsindustrie und die Rolle von Innovationen und Technologieentwicklungen in Bezug auf das Weltwirtschaftswachstum sowie auf die Wettbewerbsfähigkeit. Ron Kirk wurde begleitet von zahlreichen amerikanischen Unternehmern, die sich sehr für die Region interessierten und dort Investitionen planen.

Europäische Unternehmen nutzen und gehen diese Wege auch. Die Interessen der Wirtschaft werden ebenfalls durch die entsprechenden Ministerien berücksichtigt und im vertretbaren Rahmen geschützt, aber der Mindset vieler Unternehmensführer und damit der Rahmen, den sie in ihren bi- oder multilateralen (allianzübergreifend) Verhandlungen abstecken, ist meiner Erfahrung nach, verbesserungswürdig. Auch sind europäische Unternehmen in der Regel in mindestens einem dieser Länder ansässig, aber eher die Konzerne und der große Mittelstand. Die wenigsten verfügen aber über eine breit angelegte und sich auf die jüngsten Entwicklungen und ergebenden Potenziale orientierende Positionierungs- und Expansionsstrategie. Die Unternehmen, die es schaffen, eine Positionierung und Expansion gemäß den Gegebenheiten und sich abzeichnenden Entwicklungen dort zu implementieren, werden einen sehr interessanten und wachsenden (Allianz-) Markt mit reduzierten Barrieren vorfinden. Rein lokale oder nationale Unternehmenspolitiken werden zukünftig nicht zu den erwartenden Erfolgen führen.

"SYN*force* Destination: Globalunternehmen"

China bleibt Dreh- und Angelpunkt in Asien

China verzeichnete in fast zehnjähriger Folge vergleichsweise Rekordwachstumszahlen. Im Jahr 2011 konnte China rund $ 7.300 Mrd.[32] erwirtschaften, ein Wachstum von 9,2 % und damit erstmalig 1,2 % weniger als im Vorjahr. Nach heutigen konsolidierten Prognosen sollen China auf $ 37.000 Mrd., EU auf $ 49.000 Mrd. und die USA auf $ 43.000 Mrd. im Jahr 2050 kommen. Betrachten wir die aktuelle Grundlage: Im zweiten Quartal 2012 verzeichnete China ein Wachstum von 7,6 % und setzte in Folge seine Prognose für das Jahreswachstum 2012 im März auf 7,5 % herunter.

Der IWF geht allerdings von Wachstumsraten oberhalb der 7,8-%-Grenze. Das wäre zwar unterhalb dem bisher schwächsten Wachstum seit 2004 von 8 %, was das NBS aber als eine gute Voraussetzung zur Umsetzung des Fünfjahresplans und in Übereinstimmung mit den Reformen einstuft. Im Wesentlichen konnte China innerhalb von zehn Jahren seinen Warenexport fast vervierfachen. Im Jahr 2000 lag dieser noch bei aufgerundeten $ 500 Mrd. und im Jahr 2011 kam China auf ca. $ 1.900 Mrd. (entspricht einem Wachstum von rund 21 % gegenüber 2010) - wohingegen die USA auf aufgerundete $ 1.500 Mrd. im Jahr 2011 kamen. Für das laufende Jahr erwartet die „China Trade Think-Tank"[33] ein Exportsteigerung unterhalb von 7 %. Für 2013 werden wieder höhere Exportraten von leichter unterhalb der 10 % erwartet mit steigernder Tendenz ab 2014.

Aber auch Chinas Warenimporte entwickelnden sich verhältnismäßig zum Export. Im Jahr 2000 importierte China einen Warenwert von aufgerundete $ 300 Mrd. Im Jahr 2011 lag dieser bei aufgerundeten

---

[32] Quelle: NBS (National Bureau of Statistics of China), Jan. 2012 & OECD Gross domestic product statistics, 2012
[33] Reuters Agentur in Gespräch mit Herrn Li Yushi von der "Chinese Academie of International Trade and Economic Cooperation", Bejing 2012.

„SYN*force* Destination: Globalunternehmen"

$ 1.800 Mrd. - wohingegen die USA im Jahr 2011 auf aufgerundete $ 2.300 Mrd. kamen, das einem Wachstum von rund 25 % entspricht.[34]

Eine Analyse verschiedener Industriezweige in China hat ergeben, daß die Anzahl der durch ausländische Investoren gegründeten Unternehmen im Jahr 2012 um rund 10,4 % zugelegt hat; zu diesen Investoren zählen auch Hongkong und Taiwan. Den Schwerpunkt der Investitionen bilden die Regionen um Zentral- und West-China, für die auch größere staatliche Investitionen geplant sind. Abseits der subventionierten Branchen zählen Industriezweige, wie die Herstellung von Maschinen und „Non-Metal" Mineralprodukten nach wie vor zu den Gewinnen und den sogenannten „strategischen Branchen" mit hohen Wachstumsraten und sind die tragenden Wirtschaftssektoren Chinas mit 17 und 19 % am Value-Added. Allein der einheimische Markt für Betonpumpen belief sich im Jahr 2011 auf rund € 13 Mrd., einheimische Unternehmen berichten von Gewinnmargen über der Fünfundzwanzigprozentgrenze und erwarten Wachstumsraten bis 2015 im zweistelligen Bereich. Die (Roh-) Stahl- und Zementindustrien konnten die Outputzahlen sogar gegenüber dem Vorjahr verdoppeln.

Andererseits zählen Textil oder chemische Erzeugnisse zu den sich rückläufig entwickelnden bzw. stagnierenden Sektoren. Diese Entwicklungen geschehen jedoch nicht zufällig oder gar als Folge eines „Rezessiven Chinas", sondern sind der strategischen Aufstellung und Repositionierung Chinas innerhalb der ASEAN Allianz und außerhalb, zu anderen Partnerschaften und Weltgeschehnissen, geschuldet. Siehe hierzu auch die aufgeführten Projektentwicklungen mit Vietnam, Indonesien und Myanmar zu diesen Industriezweigen.

---

[34] Quelle: National Bureau of Statistics of China, Jan. 2012.

„SYN*force* Destination: Globalunternehmen"

Dieses Zahlenspiel soll die gefühlte Dominanz und Neupositionierung Chinas etwas untermauern. Eine zeitliche Verzögerung erleiden wenige Infrastruktur- und Finanzreformen, die zur Gefährdung der Umsetzung E-2020, nach heutigem Zeitplan, führen könnten. Eine Verschiebung auf der zeitlichen Achse des E-2020 würde Chinas positive Entwicklung und Positionierung aus meiner Sicht jedoch nicht gefährden. Die Regierung befasst sich mit einer ganzen Reihe von Regulierungsmaßnahmen, von welchen man durchaus erwarten kann, dass sie greifen werden und China sich insgesamt unverändert in einer Aufwärts- und nicht in einer Abwärtsbewegung befindet, siehe die Entwicklung strategischer Industriezweige und Regionen. Andererseits befasst sich China mit einer ganzen Reihe von Expansions- und Stabilisierungsmaßnahmen auf multipolarer Politikebene. Hierzu zählen die strategischen Entscheidungen, bestehende Allianzen auszubauen und neue Allianzen einzugehen. China trat sowohl der früheren ASEAN bei als auch der AU, siehe unterer Abschnitt. Darüber hinaus verstärkte es seine Beziehungen mit Brasilien innerhalb der Mercosur-Allianz und verbesserte seine Beziehungen zur EU.

Der bilaterale Handel China-EU beläuft sich derzeit auf rund € 430 Mrd. Ende 2008 haben die Regierungschefs von China, Japan und Korea offiziell die Verhandlungen über trilaterale Handelsabkommen aufgenommen und im Mai 2011 wurde „Trilateral Cooperation Secretariat" gelauncht, um die Bemühungen zu forcieren. Zwar stehen dieser Triade -mit einem Handelsvolumen von $ 690 Mrd. in 2011- einige politische, zivile und geschichtliche Herausforderungen bevor, die vermutlich langfristig lösbar sein werden, aber der erste Stein wurde gelegt. Diese Allianz-Entwicklungen sind weder zufällig entstanden noch wurden sie wirtschaftlich getrieben. Das Ergebnis ist eine breite geografische und politische Vernetzung Chinas, das bisherige Machtverhältnisse und Bündnisse unter Reformdruck bringt.

„SYN*force* Destination: Globalunternehmen"

Die eingeleiteten Reformen in beiden Richtungen bedeuten für den Wirtschaftssektor, sowohl für die einheimischen als auch für die ausländischen Unternehmen infolge, eine Umorientierung und Verlagerung ganzer Wertschöpfungsprozesse gezielt in die Allianz-Märkte vorzunehmen und zu verankern. Chinesische Unternehmen verlagern ihre Produktion und erschließen neue Märkte sowohl innerhalb der ASEAN (insbesondere mit Vietnam, Indonesien und Myanmar infrastruktur-, textil-, rohstoff- und fertigungsseitig) als in die AU (textil-, rohstoff- und nahrungsmittelseitig) und zunehmend auch in die EU-Märkte (Automobil-, Maschinen- und Anlagenbau). Ausländische Unternehmen wie Burberry, das 2011 ein Wachstum von 30 % in China erzielte, gefolgt von Carrefour bis BMW geraten weiter unter Druck und schauen sich ebenfalls in den Nachbarländern um. Ich würde jedoch behaupten, dass keines dieser Unternehmen sehr von dieser Entwicklung überrascht wurde.

Beispielsweise bieten im asiatischen Raum die ASEAN und im süd- und lateinamerikanischen Raum die Mercosur oder Andean sowie im afrikanischen Raum die AU europäischen Unternehmen sehr günstige und strategische Alternativen, um Unternehmensmärkte zu diversifizieren bzw. auszubalancieren und eine bessere Wachstumsbasis zu schaffen.

„SYN*force* Destination: Globalunternehmen"

Die SAARC - Südasiatische Vereinigung für regionale Kooperation

Die SAARC ist eine südostasiatische Vereinigung, basierend auf die Vorzugshandelsvereinbarung, erstmals gegründet 1985 zwischen Indien, Pakistan, Bangladesch, Nepal, Sri Lanka, Bhutan und den Malediven. Sie wurde Mitte 2007 neu dynamisiert und mit dem Beitritt Afghanistans erweitert, wodurch die Schaffung einer Freihandelszone mit rund 1,7 Mrd. Menschen, wovon 1,2 Mrd. in Indien ansässig sind, erreicht werden soll. Neben der Bewältigung der inhärenten politischen, sozialen und religiösen Spannungen zwischen den Mitgliedsstaaten, ist und bleibt es das Ziel von SAARC, die wirtschaftliche und technische Zusammenarbeit, einen einheitlichen und kontrollierten Zoll sowie grenzüberschreitenden Handel und Wirtschaftsentwicklung voranzutreiben. China hat bereits sein Interesse geäußert, dieser Allianz als Vollmitglied beizutreten (heutiger Status: Beobachter).

Auf die zurückliegende langjährige Stagnation führe ich die Tatsache zurück, dass die SAARC-Mitglieder einem Beobachtergremium (EU, USA, China, Australien, Korea und Japan) nicht nur zugestimmt, sondern es sogar erwünscht haben. Indien ist nicht nur aufgrund der Fläche und Bevölkerung sowie seiner atomaren Rolle dominant, sondern auch aufgrund seines rasanten wirtschaftlichen Fortschritts in den letzten Jahren und der Demokratisierungsreformen. Dank dieser Entwicklung konnten zwischen 2004 und 2012 im Zuge der SAPTA[35] die Unterzeichnung eines Fahrplans zur Zollerleichterungen (Zollabschaffung bis 2015), eine Harmonisierung der Produkttestverfahren (heute noch eine große Hürde im bilateralen SAARC-Handel) und eine ver-

---

[35]SAPTA: südasiatische Freihandelsabkommen, unterzeichnet beim Treffen der Außenminister 2004 in Islamabad mit Inkrafttreten zum 1. Januar 2006

„SYN*force* Destination: Globalunternehmen"

stärkte Zusammenarbeit in Fragen der zwischenstaatlichen Transportinfrastruktur und des ICT Sektors verabschiedet werden.

Die Technologisierung ist das Hauptmotto nicht nur von Indien, sondern des gesamten Allianz-Marktes. Deshalb vereinbaren sie eine ganze Reihe von Programmen unter indischer Initiierung und Mitwirkung, etwa im Biotechnologie Umfeld das „Working Group Colombo" gefolgt von weiteren Initiativen, Ausschüssen und Gremien über Themenbereiche wie ICT, Forstwirtschaft, Küstenverwaltung bis hin zu Interpol ähnlicher Polizeistrukturen zur Terrorbekämpfung und einer intensiven Zusammenarbeit für meteorologische Technologien. Allerdings gestaltet sich die Realisierung dieser Ziele nach wie vor nur zögerlich, weshalb ich von einem mittelfristigen Allianz-Markt an dieser Stelle sprechen möchte und nach wie vor Indien als einzelnen aufstrebenden Markt kurz- und mittelfristig betrachte, der durch bilaterale Abkommen und Verflechtungen sowohl mit der EU und den USA als auch mit Australien, Korea und den ASEAN sowie Mercosur Allianzen in direkten und guten Beziehungen steht. An dieser Stelle möchte ich ein Handelsabkommen besonders hervorheben, die TIG (Trade in Goods Agreement) zwischen Indien und ASEAN, die Indien einen „bevorzugten Partner"-Status einräumt und analog sollen die Zollsätze in diesem Binnenmarkt ab dem 01. Jan. 2010 bis Ende 2013 schrittweise abgebaut werden.

Indien, respektive die zukünftige SAARC-Allianz, bietet europäischen Unternehmen breitflächige Potenziale für Investitionen, angefangen von Automobil- und Maschinenbau, über Agrar-, Textil-, Umwelt- und Energielösungen über Infrastruktur und Bau bis hin zu nationalen Strategiefeldern wie ICT, Research, Chemie, Bio- und Nanotechnologie.

„SYN*force* Destination: Globalunternehmen"

Indien hebt sich selbst durch "one of the largest concentrations of scientists and engineers" von anderen Volkswirtschaften der Region ab. Mit einem BIP 2011 von $ 1.730 Mrd. und einem Wachstum von 7,6 % (2010 waren es 10,6 %[36]) zählt Indien zu den stabil wachsenden und entwickelnden Volkswirtschaften. Die Wachstumsprognose für 2012 lag zu Beginn des Jahres bei rund 7 % und wurde nunmehr vom IWF auf 4,9 % herabgesenkt, was auf die jüngsten inner- und außerpolitischen sowie wirtschaftlichen Herausforderungen in Asien und Europa zurückgeführt wird. Und obwohl sich die wettbewerbliche Stellung Indiens gemäß dem GCR-Report in den zurückliegenden drei Jahren verschlechtert hat, verfügt Indien über eine wahrgenommene und behauptete Vorreiterstellung im IT-Umfeld, wie die meisten von uns wissen. Die durchgeführten Reformen in Indien spiegeln sich zum einen in dem langsameren Wachstum im Vergleich zu anderen aufstrebenden Volkswirtschaften und zum anderen spiegeln sie sich auch in der vergleichsweise soliden Wirtschaftsbasis und in dem stabilen Wachstum. Zusätzlich münden diese Reformen in Förderung und Schaffung von Frieden und Demokratie innerhalb des SAARC und in der gesamten Region. Dieser Aufgabe haben sich nunmehr China, Brasilien, Russland, Argentinien, Peru und Kolumbien, etc. auch angenommen.

Im Zuge meiner IT Projekte 2003/2004 und fortlaufenden mit indischen Unternehmen und Engineers stellte ich mit Erstaunen die Ambition und eine feste Überzeugung unserer Partner fest, in diesem Umfeld nicht lediglich eine verlängerte Bank europäischer Unternehmen zu sein, sondern mit eigenen Hard- und Software- sowie Branchen- und Technologielösungen den Weltmarkt mitzugestalten und ein Schwergewicht zu werden. Die Entwicklung ist beachtlich und ich gratuliere. Zu einem weiteren jüngsten Erfolgsbeispiel der indisch-

---

[36] Quelle: IMF Statistica 2012, Indien International Monetary Fund

"SYN*force* Destination: Globalunternehmen"

europäischen Privatwirtschaft zählt für mich die kreative Branchenlösung zu einem der dringenden Agrarprobleme in Indien und der Welt. Sie stellten abgelegenen oder abgeschotteten Farmern Mobiltelefone zur gezielten Beratungs- und Dienstleistungsunterstützung im Umgang mit Finanzierung zur Kapazitätserweiterung, über Industrialisierungsvorhaben bis zu Vertragsgestaltung und Erarbeitung von Absatzkonzepten zur Verfügung. Diesem Beispiel folgen viele weitere, die den Rahmen hier sprengen würden.

Zu den bisherigen Metropolen Indiens zählen Delhi und Mumbai-Pune, Punjab, Chennai (Industrieschwerpunkte), Bangalore und Hyderabad (Technologie und IT-Schwerpunkt). Zu der aufstrebenden Region, die von staatlichen Subventionen stark profitiert zählt Gujarat, in welchem 5 % der indischen Bevölkerung leben, rund 7,2 % des BIPs und 25 % der Exporte anfallen, mit steigender Tendenz, aufgrund der bisherigen Industrieorientierung. Gujarat soll nicht nur Industriestandort bleiben, sondern zukünftig soll es die Metropole für regenerative Energien in Indien werden.

„SYN*force* Destination: Globalunternehmen"

Die Andean Allianz

Als eine der neuen und zukünftig bedeutsamen bilateralen Partnerschaften der EU ist zweifelsohne die Partnerschaft mit den Andean-Staaten, die bereits 2007 begonnen und sich seither weiterentwickelt hat. Im Juni 2012 wurde ein ambitionierter und umfassender „Multiparty Trade" Vertrag zwischen der EU, Kolumbien und Peru vereinbart, dessen Verhandlungen bereits im Jahr 2009 begonnen hatten. Die EU-Kommission erwartet dadurch für die Exporteure eine Zollerleichterung von über € 270 Mio. jährlich. Darüber hinaus werden Sicherheits- und Stabilitätsmechanismen im Handelsumfeld erhöht. Für Kolumbien und Peru wird durch das Abkommen ein zusätzliches Wachstum von 1 % des BIP prognostiziert. In Scope dieser Initiative stehen jedoch alle sogenannten Andean-Staaten, zu denen nebst Peru und Kolumbien auch Bolivien und Ecuador zählen.

Beispielsweise zählt Peru zu den international bedeutsamen Produzenten von Rohstoffen wie Kupfer, Gold und Silber. Die peruanische Wirtschaft weist zurzeit die höchsten Wachstumsraten in Lateinamerika von 8,8 % in 2010, gefolgt von 7 % in 2011 (für 2012 sind rund 5,6 % prognostiziert) auf. Der BIP-Anteil der öffentlichen Investitionen ging 2011 stark zurück und im gleichen Zug stieg der Anteil von Privatinvestitionen. Peru wird häufig auf der gleichen Stufe wie Mexico in Lateinamerika betrachtet und bewertet. Peru hat gute Beziehungen zu den USA und zur EU und mit beiden Regionen hat es bilaterale Handelsabkommen abgeschlossen. Für Peru zählt Brasilien (anders als Ecuador und Chile) zu den strategisch wichtigsten Partnern, weshalb viele bilaterale Projekte mit hoher Priorität verfolgt und realisiert werden, wie der Ausbau der interozeanischen Verkehrsverbindungen, wodurch Brasilien eine direkte Landverbindung zum Pazifik erhalten

„SYN*force* Destination: Globalunternehmen"

wird. Brasilianische Investoren beteiligen sich vermehrt an großen Infrastrukturvorhaben in Peru.
Das brasilianische Auslandsinvestitionsvolumen lag im Jahr 2011 bei $ 9,2 Mrd. Alles Anzeichen für eine zentrale und wichtige Rolle Perus in Lateinamerika.

Mit Kolumbien verhält es sich mit dem wirtschaftlichen Interesse bzw. Unternehmensinteresse etwas anders als zu Peru. Zwar ist Kolumbien Vertragspartner des im Juni 2012 abgeschlossenen Multiparty Trade Agreements, jedoch sind weder Investitionsschutz- noch Doppelbesteuerungsabkommen in Kraft getreten. Das Wirtschaftswachstum betrug 2011 rund 4,9 %, allerdings aus einer Talfahrt kommend (Wachstum 2009 lag bei 0,4 %). Die jetzige Regierung verstärkt die öffentlichen Investitionen insbesondere im Infrastrukturbereich und setzt auf die Diversifizierung der Exportmärkte und die Konjunktur belebende Wirkung ehrgeiziger Infrastrukturprojekte. Es sollen in den kommenden Jahren rund $ 50 Mrd. an öffentlichen und privaten Mitteln investiert werden. Zu seinen wichtigen Wirtschaftszweigen zählen neben Landwirtschaft und Industrie die Öl- und Erdgasförderung sowie der Bergbau. Diese Segmente haben in den letzten Jahren den größten Teil des BIPs getragen. Handel, Gastgewerbe und Transport zählen ebenfalls zu den aufstrebenden Wirtschaftszweigen. Kolumbien exportiert Erdöl und Erdölderivate, Steinkohle, Kaffee und andere wichtige Nahrungsmittel. Zu den Einfuhrgütern zählen auch in Kolumbien Maschinen, Kraftfahrzeuge, Informations- und Telekommunikationsprodukte, elektrische Geräte, chemische Produkte und Eisen- und Stahlprodukte. Die USA und EU waren bisher die wichtigsten Handelspartner, bis der Handel mit China ab 2010 massiv ausgebaut wurde, wovon auch der Exportanteil maßgeblich profitiert.

„SYN*force* Destination: Globalunternehmen"

Damit ist China aktuell der zweitwichtigste Partner Kolumbiens und es wird erwartet, dass in naher Zukunft China wichtigster Handels- und Politik-Partner wird.

Sowohl die Beziehungen zu Venezuela als auch zu Ecuador werden aktuell vorangetrieben und entwickelt, die in der Vergangenheit durch gegenseitig verhängte Restriktionen beim Import, Export und Handel verschlechtert worden waren. Die EU reagiert hierauf und stellt Kolumbien unter die potenziellen strategischen Allianzen. Weitere wichtige Partner sind die Mercosur und Andean.

„SYN*force* Destination: Globalunternehmen"

Die Mercosur Allianz

Mercosur ist ein Bündnis und ein Binnenmarkt südamerikanischer Staaten, das durch den sogenannten Asunción-Vertrag untermauert und getragen wird. Die Gründungs- und Mitgliedsstaaten sind Argentinien, Brasilien, Paraguay, Uruguay und Venezuela, die einen gemeinsamen wirtschaftlichen und politischen Integrationsprozess zu einem Gemeinschaftsmarkt im Vertrag festgelegt haben.

Das Ziel von Mercosur ist ähnlich, wie ASEAN, zu einem zollfreien und wirtschaftsstarken Binnenmarkt in Südamerika zu werden. Mercosur sind weitere Nationen als assoziierte Partner wie Chile, Bolivien, Peru, Kolumbien und Ecuador beigetreten. Aufgrund dieser Entwicklung wird vermutet, dass die Andean Allianz mittel- und langfristig in die Mercosur Allianz aufgehen wird. Aktuell gehören rund 260 Mio. portugiesisch und auch spanisch sprechender Menschen zu diesem Markt, wovon gute 192 Mio. allein in Brasilien angesiedelt sind. Der BIP 2011 lag bei $ 2.600 Mrd., was einem Wachstum von 3,6 % entspricht. Die jüngsten korrigierten Zahlen des IWF zeigen Wachstumserwartungen von 1,5 % für 2012. Für 2013 wird ein Wachstum von 3,8 % und in Folge 4,4 % prognostiziert. Die Direktinvestitionen beliefen sich auf $ 216 Mrd., was einem Wachstum von 35 % entspricht. Allerdings verlaufen die Integrationsprozesse nicht plangemäß. Über das steuer-, zoll- und wirtschaftsrechtliche Zusammenwachsen, planen die Mitgliedsstaaten eine politische, rechtsstaatliche und fiskale Entwicklung gemeinsam voranzutreiben, um als eine bedeutsame Gemeinschaft das Weltgeschehen mitgestalten zu können.

Der Weg bis zu einer Gemeinschaft ist allerdings noch als mittellanger zu prognostizieren. Die Mitgliedsstaaten sind unterschiedlich entwickelt und befinden sich teilweise noch in Konflikten aus der Vergangenheit.

„SYN*force* Destination: Globalunternehmen"

Hinzukommen Restriktionen in Bezug auf Partnerschaften und Abkommen mit anderen Allianzen und Regionen sowie die starke Dominanz und der Wettbewerb Brasiliens und Argentiniens im Mercosur, die immer wieder für extreme Spannungen im Binnenmarkt sorgen und die Industrie teilweise lahmlegen. Im Juni 2012 einigten sich Brasilien und Argentinien, die Zoll- und Steuerthematiken bis 2013 zu lösen und aktiv an der Stärkung Mercosurs zu arbeiten. Trotz dieser Unreinheiten legte der Außenhandel gegenüber dem Vorjahr um rund 26 % zu und der Exportanteil stieg um knapp 27 % (Import rund 25 %) an. Den Löwenpart sowohl beim Export als auch beim Import tragen die EU und ASEAN, gefolgt von den USA. Die EU konnte die wirtschaftlichen Beziehungen um rund 14 % gegenüber dem Vorjahr steigern und rund € 175 Mrd. in Mercosur insgesamt investieren. Damit sind die Europäer derzeit die wichtigsten Investoren von Mercosur gefolgt von China und den USA.

Beispielsweise stellte Brasilien 2011 einen Exportrekord im Agrarumfeld mit einem Volumen von rund $ 95 Mrd., wovon rund 30 % mit ASEAN abgewickelt wurden. Im September 2011 wurden die Zollsätze und Steuerbelastungen für bestimmte Produkte, die entweder importiert oder deren Fertigungsanteil innerhalb der Mercosur unterhalb der 65 % -Grenze liegen wird, um bis zu 25 % nach oben korrigiert. Diese Maßnahme soll vor Massenüberflutung aus China, Japan und Indien schützen und der einheimischen Industrie zum stärkeren Wachstum verhelfen. Allein die deutsche Automobilbranche plant, bis 2014 rund € 11 Mrd. in Mercosur zu investieren. Dazu zählen die großen Hersteller, wie auch ihre Zulieferer. Insbesondere Brasilien, Argentinien und Paraguay zählen zu den interessanten Zielen.

Die relativ hohen Herstellungs- und Finanzierungskosten, die hohen Steuern und die latenten Währungsthematiken können die Unternehmen mit einem durchdachten und ganzheitlichen Geschäftsmodell

"SYN*force* Destination: Globalunternehmen"

sehr erfolgreich begegnen und von den hiesigen Reformen profitieren. Die Unternehmen, die lediglich auf der Suche nach einer Billiglohnfertigung sind, werden in Mercosur enttäuscht sein. Diejenigen, die die gesamte Wertschöpfung langfristig planen, aber in Steps aufteilen, planen und realisieren, werden in Mercosur einen interessanten Absatz-, Entwicklungs-, Herstellungs- und Beschaffungsmarkt vorfinden.

Zu den weiteren Vorzügen Mercosurs zählt die breite Masse portugiesisch und auch spanisch sprechender Menschen (potenzielle Mitarbeiter), der angedachte und in Realisierung befindliche einheitliche Zolltarif, die vereinbarten Gemeinschaftsanreize für Investitionen in Entwicklung, Fertigung und Export. Dieser Allianz-Markt ist für europäische Unternehmen aus mehreren Gesichtspunkten interessant: Als Beschaffungsmarkt aufgrund seines hohen Anteils an Agrar- und Rohstoffprodukten, insbesondere wenn sich die Beschaffung über die Entwicklung in die Herstellung und in dem Absatz erstreckt. Wie unter Brasilien geschildert, fördert auch Venezuela die Produktion im Land, je nach Schwerpunkt und Segment, durch staatliche Subventionen und besondere Verfahren, wovon auch ausländische Unternehmen profitieren können. Hingegen sind die Zollverfahren und -gebühren sowie die Zertifizierungs- und Zulassungsverfahren für Fertigungserzeugnisse, Importwaren und Dienstleistungen hoch bzw. sehr kompliziert und wirken hemmend auf die Markterschließung europäischer Unternehmen. Aufgrund der starken Dominanz Brasiliens innerhalb des Mercosur konzentriere ich mich in den nachfolgenden Ausführungen auf Brasilien.

Selbst wenn das derzeitige Wirtschaftswachstum Brasiliens nachlassen sollte, scheinen diese Mitteilungen sowohl den deutschen als auch den europäischen Unternehmer nicht abzuschrecken. Zudem setzt Brasilien gegenwärtig ein Konjunkturprogramm auf, um die Wirtschaft anzukurbeln.

„SYN*force* Destination: Globalunternehmen"

Unter anderem sollen Abgaben und Steuern für die im Land hergestellten Produkte reduziert werden bis teilweise ganz entfallen, wie etwa für Autos mit kleinerem Hubraum.

Ein weiterer Effekt ist die Verbilligung der Verbraucherkredite. Sowohl die Fußball-WM 2014 als auch die Olympischen Spiele 2016 in Rio sind Investitions- und Expansionstreiber. Und ob es danach anders aussehen könnte, halten einige Unternehmen, die bereits in Brasilien, Peru und Venezuela sind für weniger wahrscheinlich. Die häufige Aussage von hiesigen europäischen Unternehmern ist „Die Grenzen liegen noch deutlich oberhalb unseres bisherigen Horizonts. Wir haben den Markt noch nicht einmal angekratzt".

„SYN*force* Destination: Globalunternehmen"

Afrikanische Union -AU-

Die AU ist eine wirtschaftliche und politische Allianz zwischen 54 afrikanischen Staaten, die 2002 die OAU-Organisation ablöste. Der Gründungsvertrag orientiert sich, ähnlich wie die anderen Allianzen, an dem Vorbild der Europäischen Union, und die AKP[37] eine unterstützende Rolle einnimmt. Gemäß dem Vorbild verfügt die AU über ähnliche Organstrukturen wie die EU und der AU-Sicherheitsrat wird nach dem Vorbild der Vereinten Nationen ausgebaut. Der „African Peer Review Mechanism" (APRM) wurde zur gegenseitigen Beurteilung der Regierungen etabliert, allerdings mit mäßigem Erfolg. Eine maßgebliche Rolle hierzu hat Muammar Gaddafi, ehemaliges Staatsoberhaupt von Libyen, gespielt, dessen Vision noch bis 2010 die Gründung der „United States of Africa" war[38].

Im Zuge der Partnerschaftsgründungen wurde die NEPA als „Planning and Controlling Agency" ernannt, unter der auch eine African-European Partnerschaft ins Leben gerufen wurde. Obwohl eine ganze Reihe von Maßnahmen etabliert wurde, stellte sich der sogenannte OMEGA-Plan oder das darauffolgende CAADP-Programm als erfolgreicher heraus. Diese basieren auf vier Säulen, die nach wie vor die Grundausrichtung der AU vorgeben: Infrastruktur, Informations- und Telekommunikationstechnologien, Bildung und Sicherheit, Agrikultur und Gesundheitswesen. Hieraus haben sich eine Reihe von Programmen und Projekten entwickelt, die bis heute weiter durchgeführt werden.

---

[37] Die AKP ist das Bündnis von rund 80 Staaten, welches auch die Mitglieder der Afrikanischen Union sind, welche EU-seitig in bilateralen Beziehungen forciert und finanziell unterstützt wird. Dadurch unterscheiden sich die AKP von hier aufgeführten Allianzen.
[38] Quelle: NEPAD Secretariat Business Plan, August 2009 – Dezember 2010, Strategic New Directions

„SYN*force* Destination: Globalunternehmen"

EU-seitig wurden eine Reihe von Programmen bilateral vereinbart und Finanzierungsinstrumente eingeführt, wie beispielsweise der „European Infrastructure Trust Fund for Africa" und „ProInvest" als Supervisions- und Promotionsinstrument der EU[39]. Obwohl Erfolge erzielt wurden, sind diese allerdings -verhältnismäßig zu der Entwicklung anderer Allianzen- eher als geringfügig zu bezeichnen, mit Ausnahme von Süd-Afrika, Algerien und Ägypten gefolgt von Angola, Ghana und Kenia. Elfenbeinküste und Libyen klammere ich aufgrund ihrer vorherrschenden politischen Spannungen und der unklaren Entwicklung hier aus, nicht aus wirtschaftlichen oder industriellen Gesichtspunkten. Zwar sind die letztgenannten Staaten reich sowohl an Rohstoffvorkommnissen als auch bevölkerungsmäßig mit einer vergleichsweise relativ ausgebauten Infrastruktur und Industrieanteil, aber aufgrund der politischen und zivilen Spannungen, sind die Länder derzeit aus meiner Sicht unter ganz besonderen Voraussetzungen zu betrachten. Die erstgenannten Länder hingegen konnten vergleichsweise ihre mikro- und makroökonomische Entwicklung beschleunigen und sich auch politisch wie zivil auf relativ stabile Beine stellen. Noch immer haben alle AU-Staaten größtenteils mit der Etablierung einer Good Governance, dem Voranschreiten in der Armutsbekämpfung, zu tun und damit verbunden beschäftigen sie sich noch vor wirtschaftlichen Belangen mit Fragen der Sicherheit, Bildung, Ernährung, Gesundheit, Infrastruktur und Energie. Die neu aufgesetzten Programme aber sind größtenteils so konzipiert, dass sie diese Entwicklungsarbeit mit Wirtschaftswachstum kombinieren, siehe NEPA und andere nationale Programme. Durch diese Programme konnten gezielt einheimische Wirtschaftssektoren ausgebaut werden und ausländische Investoren verbesserte Rahmenbedingungen vorfinden.

---

[39] Quelle: A Decade of NEPAD: Deepening Private Sector and Civil Society Ownership and Partnership by the Economic Commission for Africa

„SYN*force* Destination: Globalunternehmen"

Dieses Bündnis stellt aufgrund der Intensivierung der Bilateralität, die bedingt durch das zunehmende Engagement Chinas in Afrika, weiter forciert wurde, mittel- und langfristige Potenziale für europäische Unternehmen.

China hat im Zuge seiner wirtschaftspolitischen Partnerschaften sowohl in bilateralen Länderbeziehungen als auch über die APEC und die Afrikanische Union, die Zusicherung weiterer Darlehen und Kredite gewährt und im Zuge des "Fifth Ministerial Meeting of the Forum on China-Africa Cooperation (FOCAC)" sich für die aktive Unterstützung bei der Erweiterung des „Value Chain Of Made In Africa Products" zugesichert. Der ratifizierte Beijing Action Plan (2013-2015) ist an einer erhöhten finanziellen Unterstützung, an erhöhten Bildungs- und Qualifizierungsmaßnahmen sowie an umfangreichen Austauschprogrammen für Entrepreneurs und Manager geknüpft. Weitere Vertragsbestandteile sind: die wirtschaftliche Annäherung, der Ausbau der transregionalen Infrastruktur, die Bildung sowie der Ausbau im Technologie-, ICT-, Finanz-, Tourismus-, Textil-, Rohstoff- und Agrarumfeld[40]. Bereits im Jahr 2008 sollen Investitionen aus China nach Angola, Sudan, Tansania, Äthiopien rund $ 1.380 Mio. betragen haben[41] und jährlich weitergeführt worden sein. Das zweijährige Programm (2013-2015) zwischen China und AU-Ländern wurde mit einer Summe von $ 20 Mrd. seitens China versehen und wird im Rahmen des 6. FOCAC Meetings überprüft und gegebenenfalls erweitert. Unterdessen unterbreitete die EU-Kommission Vorschläge für eine dreiseitige Zusammenarbeit zwischen der EU, China und Afrika, in deren Rahmen gemeinsame Lösungen für gemeinsame Herausforderungen erarbeitet werden sollen.

---

[40] Quelle: Ministry of Foreign Affairs, the People's Republic of China, 2012/07/20
[41] Bericht von Professor Barbara Stallings, Brown University (USA) and Ewha Women's University (Korea) 26. und 27. Mai 2012 in Kazan, Russland

"SYN*force* Destination: Globalunternehmen"

Für europäische Unternehmen bieten der Wasser-, Umwelt-, ICT-, Transport-, Nahrung-, Pharma/OTC-, Bau- und Energiesektor sicherlich Potenziale, aber andererseits bietet eine Wirtschaftlichkeitsbewertung zumindest kurz- bis mittelfristig keine ausreichenden Gründe für private Direktinvestitionen, weshalb diese Projekte hauptsächlich mit staatlicher Subventionierung und im Zuge der bilateralen Entwicklungsarbeit realisiert werden können, was wiederum die Langwierigkeit begründet.

Gesamtbetrachtend zähle ich diese Länder jedoch zu den mittel- bis langfristig potenziellen Märkten für europäische Unternehmen, mit Ausnahme von Süd-Afrika und Ägypten. Süd-Afrika bietet auch kurz- und mittelfristig eine interessante Option für europäische Unternehmen, die gleichzeitig als Footprint-Strategie für die Afrikanische Union über Ägypten, Ghana, Algerien und Kenia sukzessive ausgeweitet werden kann. Allein am Kap sind derzeit rund 600 deutsche Unternehmen angemeldet, die rund 90.000 Menschen beschäftigen und von dort aus in andere afrikanische Regionen expandieren. Allein im Zuge der bilateralen Kooperation zwischen Süd-Afrika und Deutschland wurden für das Jahr 2012 eine ganze Reihe von konkreten Energie-Effizienz- und Energie-Gewinnungs- sowie Wasser- und Umweltschutz-Projekten in dreistelliger Millionenhöhe vereinbart, welche durch zusätzliche EU-Programme flankiert werden. EU-seitig werden einige Programme auch über die AKP (Afrika-, Karibik- und Pazifik-Allianz) eingesteuert.

„SYN*force* Destination: Globalunternehmen"

GUS und die „Östliche Partnerschaft"

Die GUS-Staaten als Mitgliedsstaaten der ehemaligen UDSSR kennen wir sicherlich alle. Bei den GUS handelt es sich zwar um keine neue Allianz -deren Gründung erfolgte mit dem Zerfall 1991-, aber es handelt sich um eine Allianz, deren Auflösung oder Neufindung nicht ohne Folgen für insbesondere Europa, USA und China bleiben wird. Die GUS haben im letzten Jahrzehnt außenpolitisch, aber auch innenpolitisch, einige Unwägbarkeiten und Uneinigkeiten durchgestanden. Im Wesentlichen getragen wurde bzw. wird die GUS von Russland und Weißrussland, deren Führungsstrukturen und politische Bedeutung zur Stabilisierung sehr bedeutsam für die gesamte Region sind. Weshalb Veränderungen und eine Neupositionierung Russlands, Ukraine und Weißrusslands bedeutsam für die GUS respektive der neuen „Östlichen Partnerschaft" mit der EU sein werden. Trotz vieler Gemeinsamkeiten und einer breiten Interessenbasis, schienen die GUS als Wirtschaftsregion mit den anderen neu aufstrebenden Wirtschaftsnationen und Allianzen mithalten zu können und gerieten zunehmend unter Druck und in den Hintergrund.

Die sogenannte „Östliche Partnerschaft" zwischen sechs Mitgliedstaaten der GUS und der EU hat die Kluft zwischen GUS vertieft. Diese Allianz wurde auf polnischen Vorschlag und unter polnischer Initiative im Mai 2009 mit dem Ziel der Heranführung von Weißrussland, Ukraine, Moldawien, Georgien, Armenien und Aserbaidschan an die EU verabschiedet. EU-seitig wird die Östliche Partnerschaft von der sogenannten „Europäischen Nachbarschaftspolitik" gefördert und getragen und genießt einen hohen Stellenwert. In der zweiten Phase sollen weitere Staaten hinzukommen wie, Kasachstan und Usbekistan.

„SYN*force* Destination: Globalunternehmen"

Beim letzten Gipfeltreffen (2011) wurden bis zum nächsten Gipfeltreffen (2013) rund € 2 Mrd.[42] für bilaterale und multilaterale Projekte von der EU in Aussicht gestellt und ein Road Map aufgesetzt, wie die verabschiedeten Maßnahmen umgesetzt werden können. Diese Zahl mag für die einen zu klein und für andere zu hoch erscheinen. In beiden Fällen dürfen wir eines nicht vergessen: Diese Staaten leiden, entgegengesetzt zu den anderen hier genannten Allianzen, nicht am Wirtschaftspotenzial oder Armut, sondern an politischer Instabilität und tragen maßgeblich zur Globalen Imbalance bei. Wenn sie Krisen und Instabilität verhindern können, werden sie aus eigener Kraft sogar zu den „Stars" heranwachsen.

Allein Russland hat reale Potenziale, um bis 2020 auf $ 2.600 Mrd. GDP ohne große Anstrengungen zu kommen, von derzeit $ 1.400 Mrd. Die Wachstumserwartungen des IWF für 2012 liegen in Russland höher als in Brasilien, nämlich bei 3,7 %. Die (Wieder-) Wahl von Vladimir Putin spiegelt die Grundeinstellung gegenüber Russland insgesamt wieder: Polarisierung. Diejenigen, die tiefe Einblicke und ein gewisses Verständnis der Gesamtzusammenhänge, die ich unter der Globalen Imbalance umrissen habe, erlangt haben, bewerten die Wiederwahl und eingeschlagene Richtung eher verhalten-positiv, was bedeuten würde „unter den gegebenen Umständen akzeptabel". Andere vergrößern den Abstand, stoppen Investitionen und ziehen sich zurück, als wollten sie die Entwicklungen ausblenden und sich auf Diktatur einstellen. Die Mitte ist seltener vorzufinden. Aber ungeachtet der (Dis-) Favorisierung von Putin oder Medwedew, sollten wir eine Antizipation an der anstehenden Wandlung Russlands sehr genau prüfen. Auch HSBC stuft Russland im jüngsten Index-Report 2012 besser als einige latein- und südamerikanische oder asiatische Staaten ein.

---

[42] [42] Quelle: Council of the European Union, vom 30.09.2011

„SYN*force* Destination: Globalunternehmen"

Der Grund: Viele russische Produktionsunternehmen zeigen eine widerstandsfähigere bzw. stabilere Entwicklung und einen stärkeren Output als erwartet. Das stimmt mit meinen Erfahrungen überein.

Ich bin davon überzeugt, daß nicht nur die USA, sondern im besonderen Maße Russland sich in kommenden Jahren einer insgesamt positiven Wandlung unterziehen und die Weltaufmerksamkeit genießen wird. Und das nicht nur 2014 wegen der Olympischen Spiele oder 2018 wegen dem FIFA-World Cup. Deshalb ist die primäre Aufgabe nicht diejenige, durch EU-Subventionen das Wirtschaftswachstum in Russland und der Region anzukurbeln, sondern die zivil-soziale sowie die politische Stabilität und die Bildung zu fördern. Hierdurch würde die Schaffung von Brücken zu den verschiedenen Systemen möglich, die uns in einem gemeinsamen Vorwärtsgang (an-) treiben würden. Gemessen an diesen Erwartungen, sind bis heute allerdings nur wenige Projekte initiiert worden. Dennoch sollte diese Partnerschaft nicht unterschätzt werden und im Blickfeld aller europäischen Unternehmen bleiben, weil wir entweder davon profitieren oder in Mitleidenschaft gezogen werden. Ich gehe davon aus, dass spätestens ab Ende 2014 die Assoziierungs- und Stabilisierungsabkommen vereinbart werden, parallel initiierte Projekte in einigen Sektoren der Politik, Wissenschaft und Bildung sowie auch der Wirtschaft greifen werden. Gelingen diese Bemühungen, werden sehr interessante Beschaffungs- und Produktions- sowie Absatzmärkte für europäische Unternehmen entstehen, die zudem auch geografisch und infrastrukturell sehr viel mehr Vorteile bieten und als Gegengewichte zu den anderen Allianzen wirken werden. Durch die zugesicherten wirtschaftspolitischen Bemühungen, die Energieversorgung und -effizienz sowie die Gewinnung und Nutzung von regenerativen Energiequellen auf eine wettbewerbsfähige Grundlage zu stellen und voranzutreiben, wurden konkrete Pro-

„SYN*force* Destination: Globalunternehmen"

jekte, beispielsweise mit der Ukraine aufgesetzt, die mit hoher finanzieller Unterstützung seitens der EU gekoppelt wurden.

Im Gegensatz zu anderen Initiativen der EU, wie die Union für das Mittelmeer oder die sogenannte Schwarzmeeressynergie, gelten die in die Östliche Partnerschaft einbezogenen Länder als mögliche Beitrittskandidaten der EU. Wie schon angedeutet, denke ich, dass diese Nachbarländer Europas nicht nur Binnenmarktpotenziale bieten, sondern sich zusätzliche Potenziale für europäische Unternehmen durch ihre Funktion als geografische Bindeglieder zwischen der EU zu Asien und den USA ergeben, die nicht unterschätzt werden sollten. Viele Unternehmen produzieren bereits beispielsweise in der Ukraine oder Russland und vertreiben von dort aus ihre Produkte nach Rumänien, Bulgarien, Türkei bis zum Nahen Osten und auch nach China. Zukünftig werden die Aktivitäten um ein Vielfaches breiter und stärker sein (müssen).

Beispielsweise bauen die europäischen Produktions- und Automobilunternehmen ihre Investitionen in Russland aus. Renault übernimmt die Mehrheit an AvtoVAZ, einer der größten Automobilhersteller in Russland. Volkswagen baut seine Kapazitäten in Nischnij aus[43]. Nach zurückliegenden Absatzschwächen soll dieser Markt kräftig nachziehen. Nicht nur die geografischen und die sprachlichen Vorteile, die die Östliche Partnerschaft bietet sind relevant. Sie dient auch zur Risikostreuung zu der bislang starken asiatischen und amerikanischen Orientierung und Expansion.

Europa bzw. europäische Unternehmen müssen kontrolliert und gesteuert diversifizieren, um erfolgreich zu sein. Das bieten die neu gewonnenen Partner innerhalb dieser Partnerschaft und auch Russland.

---

[43] Quelle: Automobil Produktion Ausgabe 09/2012

„SYN*force* Destination: Globalunternehmen"

Ob die GUS in ihrer aktuellen Form Bestand haben wird oder ob alle GUS-Staaten unter der Östlichen Partnerschaft Anschluss und Annäherung finden werden, ist zwar derzeit nicht klar, aber ich gehe davon aus, daß dies wahrscheinlicher wird, wenn es der EU gelingt, eine integrale Politik und eine breitere Verflechtung zuzulassen. Andernfalls allerdings werden wir eine engere Beziehung der GUS zu China erleben, ungeachtet der historischen oder heutigen Diskrepanzen. Wichtig in allen Fällen ist, sie nicht aus dem Radar zu verlieren und aktiv am Markt zu bleiben.

Eine weitere Region, die kurz- und mittelfristig für Kontinentaleuropa von besonderer Bedeutung sein wird, ist Süd-Osteuropa bestehend aus Ländern wie Bulgarien, Serbien, Kroatien, Rumänien, Slowenien, Bosnien, Albanien, Mazedonien und auch Ungarn. Diese Region zeichnet sich weniger durch eine attraktive Marktgröße der Länder im Einzelnen aus, als vielmehr aufgrund der wichtiger werdenden strategischen und politischen Bedeutung im Zuge der Europäisierung.

Darüber hinaus bietet sie den Unternehmen heute schon einen „Balancierungsmechanismus" und eine Risikostreuung, sowohl für östliche als auch für asiatische oder afrikanische Märkte mit hohen Risikofaktoren. Durch die intensivierten bilateralen Kooperationen zwischen EU-Staaten und einzelnen Ländern, aber auch ihrer Verbunde, wie beispielsweise die „Südliche Adria Kooperation", entstehen sowohl zoll- und steuerrechtlich als auch arbeitsmarkt- und standortseitig viele Vorteile, die ich hier im Einzeln nicht aufführen werde.

Ich möchte an dieser Stelle lediglich eines der EU-Staaten-Projekte aufgreifen: die „Donau Strategie". Dieses Projekt zielt darauf ab, unter einer verpflichtenden und aktiven Zusammenarbeit aller an der Donau angrenzenden Staaten, die Donau zu einem Wirtschafts- und Trans-

„SYN*force* Destination: Globalunternehmen"

portraum zu entwickeln. Es erübrigt sich zu erwähnen, dass dieses Projekt aus mehreren Gründen, nicht zuletzt politisch, sehr interessant ist und Unternehmen gute Möglichkeiten bietet, ihre Fühler in der Region auszustrecken, sofern diese noch nicht vor Ort sind.

Wichtig erscheint mir an dieser Stelle, die Betonung auf den politischen Schwerpunkt und die Bedeutung dieser Staaten für die weitere Europäisierung. Wenn wir uns heute die geografische Europakarte anschauen, stellen wir inmitten Europas weiße Flecken fest, die sich Europa zukünftig nicht erlauben kann und wird. Eine Integration muss weiter forciert werden und die Unternehmen werden in diese Region ausreichende Expansionspotenziale finden, wenn sie sich mit der Region näher befassen. Ich habe bisher noch keine gegenteiligen Äußerungen hierzu gehört. Der Weg dazu wird entscheidend sein, und den zu ebnen ist eine im Einklang stehende Aufgabe von Politik und Wirtschaft. Wir können es uns nicht erlauben, diese Länder zu ignorieren oder gar zu übersehen, trotz ihrer, vergleichsweise, kleinen Marktgröße.

„SYN*force* Destination: Globalunternehmen"

Europas Haltung gegenüber den neuen Allianzen und seine Potenziale

Vielen Unternehmen ist es bei der Vielzahl neuer Player und Allianzen unwohl. Vergegenwärtigen wir uns deshalb an dieser Stelle, dass die aggregierte ökonomische Größe eines Landes oder Unternehmens nicht nur an der Größe ihres „working-age"-Anteils gemessen wird oder sich widerspiegelt. Wenn wir hiervon ausgehen würden, hätten Deutschland und die Schweiz zu keinem Zeitpunkt in der Weltgeschichte eine Chance gehabt, führend und dominierend in irgendeinem Sektor zu sein, was aber de facto anders ist. Nein, die „Größe" wie auch „Greatness" wird an anderen Faktoren gemessen, und vier davon sind der Innovations- und Exportanteil, (Direkt-) Investitionsrate sowie die Produktivitätsrate.

Die heutigen Industrienationen werden andere Investitions- und Wachstumsschwerpunkte im Zuge ihrer „Comebacks" setzen (müssen) als die entwickelnden Volkswirtschaften im Zuge ihres weiteren Aufholkurses legen werden. China, als Beispiel für eine entwickelnde Volkswirtschaft, wird auf die Stärkung und Sicherung des Binnenkonsums setzen und in größerem Maße investieren (müssen), gefolgt von Export. Das spiegelt sich auch in die derzeitigen Reformanstrengungen und staatlichen Investitionen wieder. Wohingegen die EU, als Beispiel für eine Industrienation, die eine umgekehrte Richtung verfolgen (muss). Die EU wird sich weiterhin primär auf Export fokussieren und in exportstarken Feldern verstärkter investieren, gefolgt von der Erweiterung des europäischen Binnenmarktes, weit über die heutige EU hinausgehend. Natürlich gilt auch in diesem Punkt der Grundsatz der Ausgewogenheit und keinem Ausschließungsverfahren oder gar Polarisierung.

„SYN*force* Destination: Globalunternehmen"

In diesen unterschiedlichen Schwerpunkten lassen sich aber Synergien für beide Wirtschaftsmächte finden, um davon profitieren und gemeinsam wachsen zu können. Ganz ähnlich hierzu verhält es sich mit Indien, Russland, Ukraine, Brasilien, Argentinien, Süd-Afrika, Vietnam, Indonesien, Malaysia, Peru, Argentinien und Mexico.

Zu oft jedoch, und auch oft zu sehr, werden Unternehmen von dem Gedanken des „Festhaltens am Bewährten" getrieben (nicht mehr geleitet) und vor einer Grundunsicherheit, der Märkte und aufstrebenden, staatlich subventionierten Wettbewerbern, geplagt. Insbesondere trifft dies auf den Mittelstand in Europa zu, der seine Expansionsmöglichkeiten zwar in dem einen oder anderen Fall und Markt sieht, sich aber als Einzelkämpfer den Risiken und Hürden unterlegen fühlt. Die Medien berichten regelmäßig von Misserfolgen, Korruptionsskandalen, Zoll- und Steuerfallen beim Import und Export. Anderseits begründen Unternehmen etwaige Verluste mit „Auslandsinvestitionen haben sich als nicht profitabel erwiesen" oder „die Naturkatastrophen haben die Produktion nachhaltig geschwächt", etc. Ob diese Behauptungen tatsächlich zutreffen oder unzureichende Vorbereitungen und Fehlentscheidungen des Managements letztlich rechtfertigen sollen, lassen wir hier außen vor. Es gibt schließlich auch andere Informationen.

Beispielsweise berichtet der Automobilsektor aufgrund eines intelligenten Beschaffungs- und Distributionsnetzes (local-to-local und LCC-Sourcing, siehe MEƎS Modell, Kapitel III) die durchaus verheerenden Folgen der Naturkatastrophe in Japan sowie die Marktvolatilitäten besser abgefedert und gesteuert bekommen zu haben, als zunächst selbst angenommen.

„SYN*force* Destination: Globalunternehmen"

Auch der Blick auf die jüngsten Meldungen des Rückversicherers Münchener Rück gibt Hinweis auf die Erfolge einer ausgewogenen Vorgehensweise „von April bis Juni 2012 hat der Branchenprimus unter dem Strich 808 Millionen Euro verdient, knapp zehn Prozent mehr als im Jahr zuvor". Die Münchener profitierten dabei von höheren Einnahmen an den Börsen und einer geringeren Belastung durch Naturkatastrophen"[44]. Weder möchte ich hiermit die Ausmaße von Naturkatastrophen noch die Folgen der Finanz- oder auch Schuldenkrise wegdiskutieren, sondern vielmehr zwei entgegengesetzte vorherrschende Situationen darstellen.

Es ist ein anerkannter Fakt, dass Unternehmen auf ein- und dieselben Ereignisse sehr unterschiedlich reagieren, profitieren und entscheiden. Wie und ob ein Unternehmen jedoch als Verlierer, Mitläufer oder Gewinner aus Märkten und Ereignissen herausgeht, hängt in einem viel größeren Maße von den Vorbereitungen, die es trifft, ihrer Bereitschaft und ihrer Konsequenz in der Entscheidungsfindung und -realisierung ab. Es beginnt mit Faktenkenntnissen und ausgeprägtem Bewusstsein über die Märkte- und Technologie-Trends, wirtschafts-, sozial- und rechtspolitische Rahmbedingungen und deren Entwicklung sowie der Identifizierung geeigneter Handlungsfreiräume. Weiter bedarf es einer absoluten Klarheit und Bewusstmachung der eigenen Motivlage und einer realistischen Einschätzung eigener Kapazitäten, Kompetenzen und Unternehmensmodells. Der Einstieg und die Expansionen müssen von Entschlossenheit, Flexibilität im operativen Sinne, Konsequenz und Verantwortung getragen werden. Zu diesen Vorbereitungen zählt auch, dass ein Unternehmen in allen Phasen des Markteintritts und -wachstums darauf eingestellt und vorbereitet sein muss, Marktverschiebungen oder auftretende Marktrisiken mit effektiven Lösungen begegnen zu können.

---

[44] Quelle: Unternehmensbericht über Reuters, August 2012

„SYN*force* Destination: Globalunternehmen"

Diese müssen in Form von Szenarien bereits verfügbar sein, bevor ein Unternehmen in einen neuen Markt investiert und währenddessen in regelmäßigen Zeitabständen einer neuen Bewertung unterzogen werden, nach dem Motto „Nichts ist stetiger als der Wandel". In Japan gibt es ein altes Sprichwort: „Yoku mireba…45,„ was sinngemäß bedeutet „Wenn ich aufmerksam schaue…" Was zunächst philosophisch klingt und dem Grunde nach auch so entstanden ist, umschreibt sehr zutreffend die Bedeutung und das Wesen hinter Umsatz-, Markt- und Produkt-Analysen. Ich behaupte, kaum einer hat die Naturkatastrophe in Japan mit diesem Verlauf und in diesem Ausmaß vorhersehen können. Aber ich behaupte auch, dass ein Unternehmen, das in seinem Beschaffungs- und/oder Distributionsprozess den Fakt einkalkuliert hatte, dass Japan ein erdbebengefährdetes Land in Asien ist und daraus Szenarien und Modelle als „Fall Backs" beispielsweise abgeleitet und entwickelt hatte, wie in Asien und aus Asien heraus am schnellsten und effektivsten im Falle eines ganz oder teilweisen Ausfalls zu reagieren ist (kurze, flexible und lokale Lieferketten mit einem hohen LCC-Anteil, beispielsweise), koordiniert, schneller und effektiver reagieren konnte, als andere Unternehmen.

Ich habe hier nur die Beschaffungs- und Distributionsaspekte angesprochen und lasse soziale sowie standortbezogene Mehrkosten und Ausfall außer Betracht, die definitiv und je nach Größe und Engagement unterschiedlich zu Buche schlagen können. Aber als Unternehmer und Entscheider müssen wir uns darüber im Klaren sein, dass wir in den allermeisten Fällen einen Mittelweg wählen und gehen müssen. Diesen Mittelweg sollten wir aber bewusst, sorgfältig und aktiv wählen und uns nicht zufällig irgendwo und irgendwann darin befinden.

---

[45] Aus einem sehr alten Werk des bekannten und geachteten japanischen Philosophen & Dichter Matsou Basho

„SYN*force* Destination: Globalunternehmen"

Das bringt mich zu den nächsten wichtigen Punkten, was Unternehmen zu hindern scheint. Zwei wesentliche Punkte scheinen die politische Uneinigkeit zu sein, die wiederum mit der Unsicherheit einhergeht und diese potenziert.

Infolge sieht sich ein Unternehmen in seiner Abwehrhaltung begründet und unternimmt ein Effizienzsteigerungsprogramm nach dem anderem, in der Hoffnung auf bessere Renditen, doch mit diesem Hintergrund und dieser Motivlage handelt ein Unternehmen so effektiv, wie es der Versuch ist, ein Feuer mit Stroh löschen zu wollen. Nun kann man und sollte man unsere heutige Situation nicht schöner reden, als sie ist: Fragil sind die Finanzmärkte nach wie vor, die Banken scheinen aus ihren Fehlern schwerlich zu lernen, uneinig sind sich die EU-Regierungschefs noch immer, die USA und China befinden sich in einem nach außen hin gerichteten Konflikt, neue Allianzen sind mächtig und scheinen massive Strukturveränderungen zu bewirken, „der arabische Frühling" sorgt für zusätzliche Instabilität in der gesamten Region, die Umweltveränderungen und die Dürre in den USA sorgen für Instabilität in den Rohstoffmärkten und die Liste kann man gut und gerne weiterführen. Richtig erscheint die Frage, „wie kann denn ein Unternehmen hierauf Einfluss nehmen?"

Bevor ich auf diese Frage näher eingehe, möchte ich ein paar finanzwichtige Fakten ergänzen. Auf nationaler und zumindest europäischer Ebene kamen und kommen den Unternehmen die neuen Modelle zugute, die eine direktere und schnellere Kapitalbeschaffung für die Industrie am Markt ermöglichen und zu diversifizierten Finanzierungsportfolios führen. Unternehmen senken ihre Kapitalkosten durch eine verbesserte Kapitalstruktur, indem sie einen Mix aus internen und externen Finanzierungsinstrumenten mit günstigeren Finanzierungsbedingungen wählen, beispielsweise eine Verknüpfung von Cash-

"SYN*force* Destination: Globalunternehmen"

Pooling und internen Darlehen mit Schuldscheindarlehen (Promissory Notes), Forderungskäufen (Asset-Backed-Securitization) oder revolvierende Forderungskäufe und Konsortialprojektfinanzierung für Auslandsprojekte oder etwa die sich verbreitende Mittelstandsanleihe, für mittel- und langfristige Finanzierungen[46]. Ein neues Instrument ist die „Internationale Ausfallgarantie", das sich für Konzerne oder Unternehmensverbünde eignet. Dabei überprüft das Unternehmen, inwiefern es interne bzw. unternehmensgegenseitige Ausfallgarantien beim internationalen Geschäft oder bei Expansionen vereinbaren kann, um dadurch etwa hohe Versicherungsbeiträge abzulösen. Dies bedarf jedoch einer individuellen strikten rechtlichen und steuerrechtlichen Überprüfung.

Diese Beispiele sorgen für einen gewissen Ausgleich und Entspannung, welche insbesondere für den Mittelstand wichtig sind. Dieser verfügte bislang nicht über einen direkteren Zugang zum Kapitalmarkt und in der Regel auch über keine bis geringfügiges „Cash Pooling". Dadurch waren Projektrealisierungen mit einem größeren Volumen und einer längeren Zeitdauer, als die Banken bereit waren oder sind zu finanzieren, eine schwer lösbare Mammutaufgabe. Die Unsicherheit rund um den Wettbewerb, der nur schwach ausgeprägte Lobbyismus, die Managementkapazitäten sowie die Frage „wie kann ein Unternehmen auf die schwierige Gesamtlage Einfluss nehmen?" waren vier weitere Gründe, weshalb sich der Mittelstand schwer tat, die Globalisierung voranzutreiben. Ich denke, die meisten Unternehmen nehmen heute mehr Einfluss als noch vor fünf oder zehn Jahren. Ich bin mir darüber im Klaren, dass das selbst wahrgenommene und von den Medien aufgebaute Bild ein anderes sein kann. Noch vor zwanzig und zehn Jahren waren hauptsächlich jene Konzerne, die die Exportzahlen

---

[46] Dazu zählen auch die klassischen Kapitalinstrumente (Wandelschuldverschreibungen, Anleihen) und syndizierte Kredite (eher mit einer kurzfristigen Perspektive).

„SYN*force* Destination: Globalunternehmen"

deutlich dominierten, Produktionsstandorte verlagerten, Netzwerkorganisationen weltweit aufbauten und im Schlepptau gut vorbereiteter und großer Ministerreisen neue Märkte und Potenziale erkundeten.

Der Mittelstand folgte höchstens als Anhang dieser nachrangig und abhängig. Unternehmen, wie Siemens, das seit 1867 in Brasilien ist und sich vom Verleger von Telegrafenleitungen im brasilianischen Dschungel zum Steuerungstechniklieferanten im Zuge strategischer Partnerschaften etablierte, bauen ihre Position in strategischen Feldern aus, wie etwa die „Metropolisierung". Hierzu zählt unter anderem die erste fahrerlose U-Bahn von Sao Paolo, die durch einen von Herrenknecht 2010 gebauten Tunnel fährt und die Fahrgäste eine von ThyssenKrupp gebauten Rolltreppe benutzen. Zwar hat auch ThyssenKrupp in Brasilien nicht nur von positiven Erfahrungen berichtet, aber auch bei den negativen Erfahrungen gilt dasselbe wie bei den positiven: Lernen und weitermachen. Und das stellen die deutschen Industrieunternehmen auf das Neueste unter Beweis.

Jedes Projekt und jede Investition bedarf einer situativen und fundierten Überprüfung und Neubewertung der Daten- und Faktenlage. Vor allem dann, wenn man sich sicher glaubt, das Land und die Besonderheiten durch eine lange Marktpräsenz zu kennen und man sich längst etabliert fühlt. Auch hier gilt: Zu großes Selbstbewusstsein ist die trügerischste aller Tugenden. Wir sehen auch anhand dieses Beispiels zwei Seiten einer Goldmedaille, denen alle erfolgreichen Unternehmen begegnet sind. Sie haben ihre Erfahrungen gemacht, ihre Kompetenzen geschliffen und haben anschließend weiter gemacht.

Davon bin ich überzeugt, dass der deutsche und europäische Mittelstand selbstbewusster und proaktiver auf neue Märkte zugehen und seine Potenziale ausschöpfen kann. Und die Tatsachen, dass im Jahr

„SYN*force* Destination: Globalunternehmen"

2008 acht bis zehn Delegationsreisen[47] aus Deutschland nach Brasilien stattgefunden haben, deren Zahl im Jahr 2012 verzehnfacht werden konnte, sowie die 100%-ige Erhöhung der Direktinvestitionen[48] aus Deutschland gegenüber 2010 auf $ 1,2 Mrd., was uns dennoch auf Platz 13 stellt, bestätigen mich in meiner Annahme und Einschätzung. Dies ist einer der Wege für Unternehmen, unmittelbaren Einfluss auf die momentane Situation zu nehmen. Die Wirtschaftsdelegationsreisen werden in der Regel nicht nur von den Auslands- und Handwerkskammern durchgeführt, sondern aktiv von den jeweiligen Botschaftern in den Ländern begleitet und gefördert. Für die Unternehmen bestehen über die Wirtschaftsverantwortlichen innerhalb der Botschaften, und nicht zuletzt über den Botschafter, direkte Einflussnahmemöglichkeiten auf die Entwicklungen und bilateralen wirtschaftspolitischen Beziehungen. Zudem bietet eine derartige Vorgehensweise auch direkten Zugang und Zugriff auf bereits etablierte Netzwerke, Industrieparks und Projekte, siehe die Industrieparkbeispiele.

Länder wie Brasilien, Indien, Russland, Ukraine und Mexico, die aufgrund ihrer großen und intransparenten Bürokratieapparate und langwierigen Prozesse, der hohen und unübersichtlichen Zoll- und Steuersätze und Verfahren oder wegen der hohen und volatilen Wechselkurse unbeliebt für viele Unternehmen waren bzw. sind, bieten auf der anderen Seite aufgrund ihrer stetig positiven Entwicklung in den letzten Jahren eine Vielzahl von Chancen auch für viele mittelständische Unternehmen.

Zu den positiven Errungenschaften zählen: Das positive Wirtschaftswachstum, die verbesserte Infrastruktur, die Anpassung an internationale Standards, die Gewährung zinsvergünstigter Kredite auch für

---

[47] Quelle: Bericht der deutsch-brasilianischen Handelskammer in Porto Alegre, Aug. 2012
[48] Wir dürfen nicht vergessen, dass der Investitionsschutzvertrag zwischen Deutschland und Brasilien zwar unterschrieben, aber seitens Brasiliens noch nicht ratifiziert ist.

„SYN*force* Destination: Globalunternehmen"

ausländische Investoren sowie die Liberalisierung und Öffnung der Märkte für ausländische Investitionen und nicht zuletzt eine steigende Kaufkraft, hohe Einwohnerzahlen sowie große Flächen. In einigen dieser Länder sind die Konsortialprojektfinanzierung und die Teilnahme an ausgewählten PPP-Modellen für den Mittelstand zwei Möglichkeiten, über dedizierte Projekte die „Fühler in den Markt zu strecken".

In diesen Fällen vergeben einige Länder auch an ausländische Investoren, die mehr als 50 % der Wertschöpfung eines Produktes, das dort hergestellt und vertrieben wird, zinsvergünstigte Darlehen bis hin zu interessanten Subventionspaketen für sogenannte strategische Branchen durch die einheimischen staatlichen Entwicklungsbanken. Über die europäischen Hausbanken können die europäischen Unternehmen diese Mittel und Wege miteinander verbinden und nutzen, die dann in eine Gesamtprojektfinanzierung münden und dadurch auch das Risiko streuen. Jedes Unternehmen sollte jede einzelne Projektinvestition oder Expansionsvorhaben neu und ganz genau auf den Prüfstand stellen.

Hinweis: Die Waagschale kann und muss gehalten werden, weshalb die Einflussnahme der Unternehmen direkt erfolgen kann und soll. Neben den gängigen Wirtschaftskammern und AHKs halte ich die Einschaltung und Einbindung von Wirtschaftsverantwortlichen in den Botschaften, die direkte Einbindung staatlicher Entwicklungsbanken und die Nutzung von bereits etablierten Industrieparks auch als lokale Outsourcing- und Netzwerkpartner als direkte Einflussmöglichkeiten für sinnvoll und notwendig. Diese zählen auch zu den Erfolgsfaktoren etablierter Unternehmen.

Tipp: Einem Unternehmen, das China heute als Zukunftsmarkt - unter der Annahme, es plant ein Produktions- und Vertriebsstandort im Al-

„SYN*force* Destination: Globalunternehmen"

leingang - in Erwägung zieht, empfehle ich, die etablierten Industrieparks genauer unter die Lupe zu nehmen und die Standortwahl nicht nach kurzfristigen Gesichtspunkten zu vollziehen. Im besonderen Maße in China ist es nach wie vor sehr wichtig, die richtigen Partner einzubinden. Beispielsweise lohnt es sich für den Maschinenbau den Standort *Jiashan* (in der Provinz Zheijang) zu erwägen, den einige Unternehmen aufgrund der Abgeschiedenheit meiden würden.

In Jiashan gibt es zum einen bereits eine neue und moderne Niederlassung des in Shanghai 1998 etablieren Industrieparks des Maschinenbauers „Grenzebach". Ein weiter Technologie-Industriepark ist der Wuijin High-Tech in der Provinz *Jiangsu*, in dem unter anderem Unternehmen wie Mettler Toledo und Bosch Rexroth sitzen. Beide hier genannten Parks empfehle ich im besonderen Maß auch zur Durchführung intensiver Forschungs- und Entwicklungsaktivitäten. Etablierte und namhafte Industrieparks berücksichtigen auch die noch nicht geltenden, aber anstehenden Anforderungen und Richtlinien, die die chinesische Regierung an Produzenten in China stellen wird. Ich weise an dieser Stelle auch daraufhin, dass die Kosten in Zusammenhang mit „Grund und Boden" in China signifikant steigen und sich durch die zu erwartende Regulierung zusätzliche Risiken ergeben werden.

In Indien zählen *Pune* und *Gujarat* nicht nur zu der Lieblingsadresse der Automobilbranche, sondern ist auch bei den Unternehmen des Maschinenbaus und der Elektrotechnik beliebt und ich denke, diese Region wird sich noch weiter entwickeln. Ich habe bereits angedeutet, in welchen Wirtschaftsregionen ich zukünftige Potenziale sehe.

„SYN*force* Destination: Globalunternehmen"

Trends und Potenziale - ein Ausblick für europäische Unternehmen

Grundsätzlich bis „pauschal" gilt, dass die Globalisierung und Innovation die zukünftigen Wachstumstreiber bleiben werden. Ich möchte es nicht pauschal halten, sondern konkret werden, deshalb werde ich nachfolgend diese beiden Säulen in Trendentwicklungen einerseits und sich daraus ergebende Wachstumspotenziale andererseits aufzugliedern versuchen.

Doch bevor wir uns den Trends und etwaiger Wachstumspotenziale zuwenden können, ist es wichtig, die Perspektive und die eigene Haltung zu definieren und einzunehmen, aus der wir die Welt, das Umfeld und unsere Position sehen und bewerten. Wir beginnen sozusagen mit dem Destinationsziel vor Augen. Dadurch erst werden wichtige Trends und Potenziale erkenn- und bewertbar und unterscheiden sich von einer Hypertonie oder einem „Heißkochen".

Hierzu nehme ich als Beispiel die deutsche Automobilbranche, die sich zu den Treibern und Profiteuren der wirtschaftlichen Globalisierung zählt. Für die meisten Automobilunternehmen gilt „wir sind nicht kurzatmig, sondern passionierte Langläufer". Der Sinngehalt dieser Aussage trifft auf fast alle deutschen, respektive europäischen, Unternehmen der Realwirtschaft zu. Sie verfügen in der Regel über alle wesentlichen Aspekte: Tradition, Kraft, Ausdauer, Ambition, Erfindergeist und Leidenschaft.

„SYN*force* Destination: Globalunternehmen"

Die neue Imagekampagne von Porsche ist ein schönes Beispiel hierfür: Die Vereinigung von Erfindergeist aus Tradition mit der Intelligenz (ideas/horsepower) sowie der technologischen Präzisions- und Qualitätsarbeit, um die (Kindheits-) Träume der Kunden zu erfüllen[49]. Authentisch, erfinderisch, faszinierend. Porsche ist nur eines der Unternehmen, die durch eine intelligente Verknüpfung alter Werte, der Tradition und automobilen Handwerkskunst mit den Anforderungen des modernen Lifestyle für höchste Ansprüche und größte Mobilität vollbringen, und die nur dort Anpassungen vornehmen, wo die Schnittmenge am größten ist.

„Faszination Technologie" trifft „ambitionierten Langläufer". Ein europäisches Unternehmensmodell der Zukunft.

Die zukunftsweisenden Modelle heutiger Industrieunternehmen verknüpfen auf eine intelligente und profitable Weise die traditionelle Handwerkskunst mit neuen Technologien in synergetischen Rahmenordnungen zur Erfüllung komplexer werdender Ansprüche und Problemstellungen heterogener Märkte. Wenn ich den Grund- und Leitsatz eines solchen Unternehmens in sehr wenigen Worten und plakativ formulieren müsste, wäre es „Faszination Technologie trifft ambitionierten Langläufer". Ich verstehe diese Philosophie und die zugrunde liegende integrierende Haltung der Unternehmensführungen und Managementteams demnach nicht nur als eine deutsche, sondern als die eines europäischen Globalunternehmens. Wie ich eingangs bereits erwähnte, wird es für die Unternehmen darum gehen, die europäischen Tugenden und Wurzeln mit einer globalen Identität, mit neuen Unternehmensmodellen und Managementwerkzeugen zu verbinden und zu

---

[49] Imagefilm von Porsche präsentiert vom Porsche-Vorstand Bernhard Maier im Zuge des Automobil Kongresses Mai 2012 in Ludwigsburg.

"SYN*force* Destination: Globalunternehmen"

leben. Mit einer solchen Aufstellung und einem solchen Grundverständnis können Unternehmen aufstrebenden Wettbewerber-Allianzen, Marktvolatilitäten, Struktur- oder Branchenveränderungen und sonstigen globalen Herausforderungen besser begegnen als mit einer konfrontativen oder protektionistischen Haltung oder einer einseitigen „Spezialisierung". Aus einer Profilschärfung mit hoher Marktintegrität, getragen von einem kompetenzorientierten Unternehmensmodell, entspringt Innovationskraft und Wettbewerbsfähigkeit. Unternehmen, die smart und innovativ sind, werden fähig sein, ihre Marke und ihre Ertragsstruktur in Einklang mit der Aspiration, dem Kaufverhalten und Anforderungen der neuen Märkte zu bringen, die anders sind als die traditionellen Märkte und Kunden.

Der Bedarf nach sozialer, prozessualer und struktureller Anpassung der Industrienationen und ihrer Unternehmen im entwickelten Globalgefüge wird substanziell für eine erfolgreiche Positionierung und Behauptung sein. Die europäischen, insbesondere die deutschen, Unternehmen sind ein Paradebeispiel für diese Fähigkeiten und Entwicklungsbereitschaft. Insbesondere seit 2004 haben die geschäftlichen Beziehungen und Exporte deutscher Unternehmen in neue Märkte, außerhalb der traditionellen Märkte, an Zugkraft gewonnen, dazu später mehr.

Die globale Finanzkrise hat die deutschen Unternehmen nicht nur aufgrund ihres hohen Auslands-Umsatzanteils weniger stark getroffen als den Rest der Welt, sondern aufgrund einer frühzeitigen Umorientierung und Repositionierung. Global gut positionierte Unternehmen unterlagen im Zuge der letzten Finanzkrise kurzfristigen Unterbrechungen und konnten bald aufholen bzw. den Anteil der relativen

„SYN*force* Destination: Globalunternehmen"

Marktanteile signifikant steigern. Marktpositionierung und Unternehmenswachstum werden sich für ambitionierte und smart aufgestellte Unternehmen simultan entwickeln und die gegenseitige Wirkung potenzieren (positiv wie negativ).

Holen wir uns den Leitsatz, *„Faszination Technologie trifft ambitionierten Langläufer"* und als Kompetenzgrundlage eines Industrieunternehmens *„die intelligente Verknüpfung der traditionellen Handwerkskunst mit neuen Technologien zur Problemlösung heterogener Märkte und Erfüllung komplexer Ansprüche"* wieder ins Bewusstsein.

Im nächsten Schritt betrachten wir die hier vorgestellten Allianzentwicklungen mit diesem Mindset, werden wir aus den maßgeblichen Trendentwicklungen und dem Grundmodell Wachstumstreiber herausarbeiten, die uns zur Potenzialidentifizierung führen werden.

Die zukünftigen Wachstums*treiber* lassen sich aus der größten Schnittmenge zwischen der jeweiligen Unternehmens*kompetenz* und der maßgeblichen *Trend*entwicklungen ableiten, die ich nachfolgend in drei Gruppen zusammenfasse:

- *Geo-strategische Trendentwicklung;*
- *Zivil-politische Trendentwicklung;*
- *Technologische Trendentwicklung.*

Die Wachstumstreiber werden im nachfolgenden Kapitel als wichtige Elemente der Repositionierungs- und Wachstumsstrategie behandelt.

„SYN*force* Destination: Globalunternehmen"

Die geo-strategische Trendentwicklung

Diese Trendentwicklung umfasst das Zusammenwachsen einzelner Staaten/Volkswirtschaften über strategische Allianzbildungen zu immer größer und stärker werdenden Binnenmärkten. Sie bieten den Unternehmen die Möglichkeiten eines *freieren Handels* (Umsatzsteigerung), *geringerer Zölle und Steuerabgaben* (Skaleneffekte), *größerer Ressourcen Märkte* (Synergieeffekte), sicherer und *ausgewogenerer Märkte* (Portfoliodiversifizierung) und last, but not least eine *kalkulierbarere Basis für Entscheidungen* und Wachstumsvorhaben. Diese Trendentwicklung wird die Unternehmen zu mehr Umsatz, größerer Verflechtung, günstigeren Wechselkurseffekten, geringeren Kosten und Abgaben sowie einer breiteren Ressourcenbasis führen.

Zu diesen Binnenmärkten werden die ASEAN, Mercosur, SAARC, AU Allianzen und Östliche Partnerschaft bzw. das erweiterte Europa zählen. Der Nahe Osten wird mit einer ähnlichen Allianzbildung, wie ASEAN, jedoch mit einer Zeitverzögerung von ca. 5-6 Jahren nachziehen. Allerdings unter der Maßgabe, dass es auf globalpolitischer Ebene gelingt, einen Konsens zu finden, die politischen Entwicklungen eng mit den zivilen und wirtschaften zu verknüpfen und verantwortlich zu handeln. Die aktuellen Entwicklungen geben etwas Hoffnung dazu. Ab Mitte 2014 wird eine ganze Reihe von Veränderungen erwartet und ich habe meine Zweifel über die Rolle, die die sogenannte „Muslim Brotherhood" einnehmen wird. In jedem Fall sehe ich, weniger eine Gefahr in der aktiven Rolle der Muslim Brotherhood als in der Einflussnahme anderer Institutionen, die bislang größtenteils unbekannt sind. Gehen wir jedoch zurück zu den hier behandelten Allianzen.

„SYN*force* Destination: Globalunternehmen"

Im Rahmen dieser finden wir auch übergreifende institutionelle Organisationen, siehe „neue und reformierte Allianzen, wie die APEC[50], die Allianzmitglieder etabliert haben, um gemeinsam weltweite Projekte mit und unter den verschiedenen Allianzen und Partnerschaften aufzusetzen, zu realisieren und zu koordinieren. Sie agieren sozusagen „interdisziplinär". Wie oben kurz umrissen, werden diese Trendentwicklungen zum einen dazu führen, dass sich die Allianz-Staaten gegenseitig in ihrer Entwicklung fördern und fordern, aber andererseits formen sie dadurch lukrative Märkte auch für europäische Unternehmen zum Auf- und Ausbau ganzer Wertschöpfungsprozesse und vernetzter Unternehmenseinheiten. Diese wiederum stellen Investitions- und Expansionsvorhaben unter einer ganzheitlichen Betrachtungsweise und ermöglichen verlässlichere Bewertungen, als das heute der Fall ist. Nachfolgend führe ich wenige wichtige Indikatoren auf, anhand derer wir eine Gegenüberstellung der zurück- und vorliegenden Entwicklungen vollziehen und Potenziale ableiten können:

Der **Merger & Acquisitions - Markt (M&A)** ist ein guter Indikator für geo-strategische Entwicklungen in einer Region bzw. in einem Markt sowie für die Entwicklung der Kaufkraft und des Investitionspotenzials. Und wir stellen fest, dass der M&A-Markt innerhalb der hier genannten Allianzen insgesamt wächst. Zudem können wir eine schnell wachsende Zug- bzw. Kaufkraft der Unternehmen aus diesen Allianzmärkten feststellen, die ich anhand eines *Beispiels* veranschaulichen möchte: Von zehn M&A-Deals im europäischen Automotive Supplier-Umfeld im Jahr 2011 / 2012 wurden sechs der europäischen Unternehmen mit einem Umsatzvolumen von $ 500 Mio. bis 1.5 Mrd.

---

[50] Mitglieder: Australien, Brunei, Kanada, Chile, China, Indonesien, Japan, Korea, Malaysia, Mexiko, Neu Seeland, Papua Neu Guinea, Peru, Philippinen, Russland, Singapur, Thailand, USA und Vietnam. Freihandelszone (AFTA) zur Förderung des Handels, das Investment Area (AIA) zur Förderung gegenseitiger Direktinvestitionen.

"SYN*force* Destination: Globalunternehmen"

p. a. von chinesischen Unternehmen übernommen. Die indischen, brasilianischen und japanischen Unternehmen übernahmen jeweils ein Unternehmen. Eine ganz ähnliche Entwicklung findet auch im Maschinen- und Anlagenbau statt und diese Trends werden sich weiter fortsetzen.

Der sogenannte global FDI -*weltweite Direktinvestitionen*[51]- ist ebenfalls ein guter Indikator für geo-strategische Entwicklungen in einem Markt. Insgesamt legten die Direktinvestitionen im Jahr 2011 um 17 % zu und beliefen sich auf $ 1.5 Bill. In ASEAN betrugen sie rund $ 309 Mrd., wovon über 80 % Greenfieldinvestitionen waren. In den USA wurden $ 210 Mrd. investiert. Damit liegen China mit $ 200 Mrd. und die USA gleichauf. Allerdings werden wir voraussichtlich im laufenden Jahr in China insgesamt eine rückläufige Entwicklung der Direktinvestitionen erleben, wohingegen diese in den USA zulegen wird. Die Direktinvestitionen in Mercosur beliefen sich auf $ 216 Mrd., was eine Steigerung von 35 % gegenüber dem Vorjahr bedeutet. Den Löwenanteil trugen die Greenfieldinvestitionen. Die M&A-Transaktionen waren nur ein Bruchteil dessen. Eine andere Verteilung stellen wir in Europa fest: Wir kamen auf eine Direktinvestitionssumme von $ 415 Mrd., was einer Erhöhung um 32 % gegenüber dem Vorjahr entspricht, wovon allerdings rund die Hälfte M&A-Transaktionen waren[52]. Dieser Trend wird sich auch 2013 / 2015 fortsetzen.

Der **weltweite Handel** ist ein weiterer Indikator für geo-strategische Entwicklungen. Der **Warenhandel** kam im Jahr 2011 auf insgesamt $ 18.200 Mrd., wovon die EU auf 37 % mit rund $ 6.800 Mrd. kommt.

---

51 Die Direktinvestitionen werden in der Regel in sogenannte „Greenfield-" und „Merger & Acquisition-" Investitionen aufgeschlüsselt und erfasst.
52 Quelle: UNCTAD Investment Trends Monitor, Jan. 2012

„SYN*force* Destination: Globalunternehmen"

Die USA tragen 15 % des Weltwarenhandels mit rund $ 2.700 Mrd. ASEAN kommt auf 14 % mit rund $ 2.500 Mrd. und Mercosur kommt auf 4 % mit $ 738 Mrd., gefolgt von AU mit $ 570 Mrd. und SAARC mit $ 330 Mrd.[53] Der **Dienstleistungshandel** kam im Jahr 2011 auf insgesamt $ 4.200 Mrd., wovon die USA 16 % mit $ 630 Mrd. tragen. Die EU führt auch hier die Weltliste mit 45 % und einem Volumen von $ 1.800 Mrd. an, gefolgt von ASEAN mit $ 200 Mrd., Mercosur mit $ 135 Mrd. und SAARC mit $ 141 Milliarden. *Prognosen* zufolge soll sich der *Welthandel bis 2020* auf rund $ 34.000 Mrd. fast verdoppeln.

Ein *kurzes Beispiel* hierzu: Allein im Mercosur-Markt konnten rund 4,2 Mio. Fahrzeuge verkauft werden. In ASEAN soll der PKW-Produktionsmarkt im Jahr 2018 rund 20 Mio. produzierte Neufahrzeuge betragen und wird damit zu einer der wichtigsten Wirtschaftsregionen für Absatz und Produktion. Es wundert jetzt vermutlich etwas weniger, weshalb sechs chinesische Unternehmen, ein indisches und ein brasilianisches Unternehmen sich in Europa vorwagen und investieren.

Eine von Goduni - International Advisory Board durchgeführte Analyse der „Top 100 World Supplier 2012" zeigt, dass die zehn Listen führenden europäischen Zulieferunternehmen mit einem Jahresumsatz zwischen $ 10 und 70 Mrd. rund 52 % ihres Umsatzes innerhalb der EU generieren, gefolgt von den USA mit 20 % sowie ASEAN-China mit 17 % und Mercosur mit 7 %. Die untersuchten Top Zulieferunternehmen der USA realisieren rund 40 % ihrer Umsätze in den USA und 50 % in der EU, gefolgt von jeweils 10 % in Mercosur und ASEAN-China. Die japanischen Top Zulieferer erwirtschaften rund 60 % ihres Umsatzes in Japan, gefolgt von 20 % in ASEAN-China und nur 10 % in Nord- und Südamerika sowie in der EU.

---

[53] Quelle: WTO Statistics 2012, "Global World Trade"

"SYN*force* Destination: Globalunternehmen"

Bei den europäischen Zulieferern mit einem Jahresumsatz zwischen $ 4.000 und 10.000 Mio. verteilen sich die Umsatzanteile etwas anders, etwas ausgewogener. In Mercosur liegen diese bei 15 % und in den USA bei 14 %, wohingegen sie in ASEAN-China bei 17 % und in der EU bei 50 % liegen. Bislang konnte ein Zulieferer aus ASEAN-China unter den Top Zulieferern gezählt werden: „Weichai Power", ein chinesisches Unternehmen mit einem erwirtschafteten Jahresumsatz in 2011 von ca. $ 9 Mrd. Im Jahr 2009 erzielte Weichai noch einen Jahresumsatz von rund $ 5 Mrd. und ordnete sich hinter Pirelli, Benteler, Borg Warner oder Tenneco, die es aber 2010 bereits überholen konnte.

Allerdings dürfen wir nicht außer Acht lassen, dass unter den ersten zehn „Top Market Capitalization Companies"[54] das chinesische Unternehmen „PetroChina" auf Platz 3, unmittelbar nach Apple und Exxon Mobil, kommt. Auf Platz 6 finden wir nach Microsoft und IBM das chinesische Unternehmen „Industrial and Commercial Bank of China" sowie auf Platz 8 „China Mobile" noch vor General Electric.

Aufgrund der zurückliegenden Entwicklungen und der sich abzeichnenden Bewegungen im Direktinvestitionsumfeld (siehe obigen M & A-Abschnitt) gehe ich davon aus, daß ab 2015 / 2020 die Umsatzanteile der Top 100 World Supplier die 20-%-Grenze in ASEAN-China und Mercosur deutlich übersteigen werden, wohingegen die Umsatzanteile insbesondere in Japan und den USA, aber auch in Europa, sich leicht rückläufig entwickeln werden. Durch durch Entwicklung von Systemgeschäftsmodellen und einer maßvollen, gut getakteten und gesteuerten Diversifizierung, werden jedoch keine gravierenden Einschnitte für europäische Unternehmen zu erwarten sein.

---

[54] Quelle: „Financial Times Global 500", Juni 2012

„SYN*force* Destination: Globalunternehmen"

Bei den Unternehmen, die eine diversifizierte Globalisierung nicht in ihre Agenda vorsehen, wird insbesondere die geo-strategische Trendentwicklung eine besonders herausfordernde Zeit darstellen.

Wenn wir den Blick auf die **Infrastruktur** werfen, stellen wir fest, dass allein für Verbesserungsmaßnahmen in Asien-Pazifik, nach Schätzungen der APEC, zwischen 2010 und 2020 rund $ 8 Bill. getätigt werden sollen. Weltweit soll 2030 der Infrastrukturinvestitionsbedarf bei über $ 70 Bill. liegen. Die APEC geht davon aus, dass diese Investitionen nur mit der Realisierung multinationaler PPPs gestemmt werden können.[55] Zur Infrastruktur werden nicht nur herkömmliche Lösungen zählen, sondern neuartige Transport- und Verkehrsleitsysteme, die mit neuen ICT- und Mechatronik-Technologien kombiniert werden. An derartigen Konzepten wird aktuell gearbeitet und Pilotprojekte auf staatlichen Ebenen wurden bereits mit allen hier genannten Allianzen unterzeichnet und befinden sich in Realisierung (Health Care, Environment, ICT, Aviation, Automotive). Das sind enorme Chancen für Unternehmen vieler Branchen, die sich auf Allianzmärkte und nicht auf einzelne Volkswirtschaften konzentrieren. Näheres dazu unter „Metropolisierung".

Wenn ich an dieser Stelle eine kurze Bilanz ziehen soll, würde ich zu folgendem Schluss kommen: Im Hinblick auf die zurückliegenden Entwicklungen, den Entwicklungsagenden der Regierungs- und Allianzführer sowie der weltweiten wirtschaftlichen, sozialen, technologischen und arbeits- sowie steuerrechtlichen Entwicklungen, werden die ASEAN, Mercosur, SAARC, AU und die EU-Erweiterung „Östliche Partnerschaft" im besonderen Maße in dem Dienstleistungs- und

---

[55] Report to APEC Economic Leaders, Minister Summit Russia 2012

„SYN*force* Destination: Globalunternehmen"

Technologiesektor kurzfristig deutlich zulegen. Ich schätze diese Entwicklung für die kommenden fünf Jahre im zweistelligen Bereich. Diese Entwicklung bietet europäischen Unternehmen Investitions- und Expansionsmöglichkeiten in einem sichereren Rahmen als heute.
Nach Schätzungen des VDI[56] werden ca. 20 % der 1.600 deutschen Produktionsunternehmen in China ihre Produktion aus China aufgrund der erhöhten Herstellungskosten abziehen. Meinen Erfahrungen zufolge schätze ich, dass die Unternehmen im Zuge einer notwendigen Repositionierung, Nachbarstaaten Chinas bzw. Allianz-Staaten als neue Standorte zu erschließen beabsichtigen und als anfängliche Schritte abgrenzbare Prozesse dorthin verlagern, wohingegen China als verantwortliche „Leitzentrale" für Asien in der Regel bleibt und steuernd wirkt. Näheres hierzu im Kapitel Unternehmenskompetenz.

Mit diesen Entwicklungen gewinnen die Unternehmensführungen an Entscheidungssicherheit, was heute zu einem teuren Gut geworden ist. Einer der Nachteile dieser Entwicklung ist natürlich die verstärkte Konkurrenz aus diesen Märkten auch in die heutigen einheimischen Märkte europäischer Unternehmen. Ich habe bereits darauf hingewiesen, daß der Großteil der Direktinvestitionen in die EU M&A-Transaktionen waren. Wie ich oben anhand des M&A-Beispiels ausgeführt habe, beteiligen sich Unternehmen aus diesen aufstrebenden Allianzen verstärkt an europäischen Unternehmen, betreiben aktiver Forschungs- und Entwicklungsprojekte und verlagern ganze Produktionsketten nach Europa. Wir dürfen aber vor Wettbewerbsängsten auch nicht vergessen, daß neben dem Geldfluss, auch Arbeitsplätze entstehen und mit Verflechtungen auch eine geteilte Verantwortung und eine gegenseitige Einflussnahme erwachsen.

---

[56] VDI: Verband Deutscher Ingenieure, 2012

„SYN*force* Destination: Globalunternehmen"

Die geo-strategischen Entwicklungen sorgen für eine Umverteilung der Wettbewerbskräfte, verändern das „make up" der Geschäftsmodelle und -abläufe, aber sie sind deshalb keine existenzielle Bedrohung, wenn wir weitermachen und unsere Grundlage „Tradition und technologische Handwerkskunst mit modernem Lifestyle nach höchsten Ansprüchen und bestem Service" erhalten. Dafür zahlt fast jeder Kunde wohl noch immer jede Menge Geld, und das wird sich voraussichtlich nicht ändern, wie uns auch die Zahlen weltweit bestätigen.

Mir kommt eine andere Frage in den Sinn, die ich als Anregung stellen möchte: Entsteht die empfundene Bedrohung nicht vielmehr durch das für uns unbekannte und damit unkalkulierbare Risiko? „Die Amerikaner kennen wir, aber die Inder, Brasilianer oder die Chinesen..." ist eine der häufigen Aussagen, die mir begegnen. Ungeachtet der heutigen Präferenzen, die jeder von uns hat, werden wir uns an die Chinesen, Brasilianer, Inder und Russen genauso gewöhnen, wie wir uns an die Amerikaner gewöhnt haben. Wir sind schließlich heute schon bei ihnen zuhause und profitierten Jahre lang von ihnen.

Durch eine strategische und nachhaltig aufgebaute Vernetzung und Verwurzelung der Unternehmen in den Märkten werden sich jedoch diese Nachteile relativieren lassen und wir werden von einer wechselseitigen Einflussnahme und einer geteilten Verantwortung profitieren.

Beispielsweise plant Novartis, nach eigenen Angaben, in den kommenden Jahren über $ 1 Mrd. in China allein in Forschung und Entwicklung (F&E) zu investieren. BMW plant, gemeinsam mit dem chinesischen Partner ebenfalls seine Investitionen im F&E-Umfeld zu erhöhen.

„SYN*force* Destination: Globalunternehmen"

Eine letzte Aufzählung an dieser Stelle noch aus einer anderen Branche: Der weltweite Markt der **Halbleiterindustrie** betrug 2011 rund $ 300 Mrd.[57], wovon auf China rund 40,5 %, auf die USA rund 18 %, auf Japan rund 15,6 % und auf die EU rund 12,8 % fielen. Der chinesische Markt bietet sich nicht nur als Absatz- oder Herstellungsmarkt an, sondern ist auch ein enormer Entwicklungs- und Beschaffungsmarkt für europäische Unternehmen. Die Umsatzprognosen für 2015 liegen bei $ 400 Mrd. mit steigender Tendenz. Aber China / Taiwan, Japan oder Korea sind längst nicht führend als Halbleiterstandorte. Aufgrund struktureller Verschiebungen und greifender Allianzbestrebungen in den letzten Jahren konnten sich innerhalb der ASEAN auch die Länder Thailand, Indonesien, Malaysia und Vietnam zu lukrativen Entwicklungs- und Fertigungsstandorten für die Halbleiterindustrie etablieren. Zu den Anreizen der ASEAN-Staaten zählen staatliche Investitionen in Infrastruktur und geeignete Industrieparks insbesondere für die Teile- und Komponentenentwicklung und -Herstellung (P&C), spezielle Steuerbefreiungs- und Subventionsregelungen sowie die Liberalisierung des Kapitalverkehrs innerhalb dieser Allianz. Diese und auch weitere Potenziale sind längst nicht ausgeschöpft.

Die weitergehende Europäisierung (Beitrittsländer und neue Kandidaten)

Eine weiterreichende Europäisierung ist keine Wahl, sondern eine Pflicht für die Mitgliedstaaten der EU. Heute erzielen wir über 60 % des Handels innerhalb Europas und stellen bereits jetzt fest, daß wir einen größeren Markt benötigen werden, um Risiken, Schwankungen und Abhängigkeiten auszugleichen.

---

[57] Quelle: SIA, CCID Report / Marktbericht Statista GmbH, August 2012

„SYN*force* Destination: Globalunternehmen"

Eine andere Entwicklung wäre unverantwortlich und findet sowohl politisch als auch wirtschaftlich Zuspruch. Die Etablierung der „Östlichen Partnerschaft" ist ein ernster Versuch der EU, potenzielle Partner rechtzeitig hinzuziehen und gemeinsam den Weg zu einem stabilen und soliden Beitritt zu ebenen. Was das finanziell genau bedeutet und welche weiteren Fiskalpakete festgelegt werden, muss innerhalb der politischen Integration, dieser Veränderungen und entstandenen Notwendigkeiten identifiziert werden und sich darin widerspiegeln.

Wir befinden uns in einer politischen, wirtschaftlichen und sozialen Prägephase, die sich als Trend dahingehend abzeichnet, dass neue außerhalb der EU angrenzende Staaten primär als Abhängigkeitsreduktions- und Risikostreuungsmaßnahme näher an die Unternehmen rücken werden, als es bislang der Fall war. Die Direktinvestitionen 2011 in der „Östlichen Partnerschaft" beliefen sich auf rund $ 100 Mrd., was einer Erhöhung von rund 30 % gegenüber dem Vorjahr entspricht. Der Warenhandel belief sich auf $ 588 Mrd. und trug damit mit 4 % zum Welthandel bei. Hält man sowohl die verhältnismäßig kleinen Flächen als auch die Einwohnerzahl (75 Mio.) den anderen Allianzen entgegen, kann man die Expansions- und Zugkraft besser einschätzen. Die Zahlen werden relativer, wenn man die Potenziale gegenüberstellt: Die Wachstumsraten liegen oberhalb der 6,5-%-Grenze und damit fast auf ASEAN-China Niveau, die derzeit die größte und stärkste Allianz der aufstrebenden Mächte ist. Die Abkommen zwischen den Staaten der „Östlichen Partnerschaft" mit der EU sind zwar noch nicht alle unterschrieben, aber auf gutem Weg und die politischen Reformen beginnen zu greifen. Die Unternehmen investieren (wieder) sowohl in der Ukraine als auch in Weißrussland und Kasachstan oder im kleinen Moldawien.

„SYN*force* Destination: Globalunternehmen"

Hierin stecken weitere Potenziale, die kurz-mittelfristig unbedingt näher bzw. genauer in Betracht gezogen werden sollten. Über die erweiterte geografische Europäisierung profitieren produzierende Unternehmen von den neuen und verschärften Regulierungen auf heutiger EU- und Bundesebene. Zwar behandele ich die Potenziale auch im Unterkapitel „technologische Potenziale", aber die hier ausgeführten Potenziale ergeben sich aus den mit der Europäisierung einhergehenden *Subventionen und (Steuer-) Erleichterungen*, die in *strategisch wichtigen Sektoren* gewährt werden. Dazu zählen die EU5 und EU6 Richtlinien, die sowohl bei den Antriebs- und Speichertechnologien als auch auf On-Board und Cloud-Systeme sowie auf die „Exhaust Technology"-Sparten maßgebliche Wirkungen zeigen werden. Für die Technologie- und Produktionsunternehmen von Abgas-, Kühl- und Heiztechnologien sorgten die zurückliegenden Regulierungen und Richtlinien in 2011 für zweistelliges Wachstum. Die EU6 soll erst ab 2015 in Kraft treten.

In China soll eine ganz ähnliche Regulierung 2016/2017 und in Brasilien soll diese voraussichtlich ab 2018 in Kraft treten. Es sind gute Gründe für weiteres Wachstum.

Zwei Beispiele hierzu: Eberspächer besetzt aktuell Platz 70 unter den Top 100 Lieferanten weltweit, nach Leoni und Evonik, erzielte nach eigenen Angaben im Jahr 2011 einen Gewinn von € 176,3 Mio., somit eine Verdoppelung gegenüber dem Vorjahr. Die Wachstumsrate lag bei 34 % (weltweiter Umsatz 2011: $ 3.609 Mio.) [58].

---

[58] Zwar sollen die erforderlichen und zurückliegenden Reorganisationsbemühungen von Eberspächer ebenfalls zu diesem Ergebnis beigetragen haben, aber die neuen Richtlinien sollen einen hohen Beitrag geleistet haben, nach Unternehmensangaben

„SYN*force* Destination: Globalunternehmen"

Das Unternehmen zählt unter den 5 Ersten sowohl in der Kategorie „The fastest risers on the list" der Top 100 Supplier als auch in der Kategorie „Biggest Sales Growth 2011". Für 2012 plant das Unternehmen vorrangig die Eigenkapitalquote auf rund 20 % zu erhöhen, mit einer weiteren Erhöhung im Jahr 2013 auf 30 %, um finanziell auf sicheren und unabhängigen Beinen zu stehen. Die neuen Regelungen waren jedoch nicht alleinig für den Erfolg des Unternehmens verantwortlich, sondern vielmehr die gelungene Restrukturierung und gezielt getätigte Investitionen in Struktur-, System- und Technologieumfeld. Eberspächer investiert aus geo-strategischen und technologischen Trendentwicklungen in neue Abgas- und Heiztechnologien sowohl in Asien und Europa als auch in Afrika, Brasilien und Russland. Diese intelligente Verknüpfung geografischer und kompetenzieller Aufstellung wird für weiteren Erfolg und Vorreiterstellung sorgen.

Boysen, ein Abgas- und Energietechnikhersteller, profitiert von den letztgenannten geo-strategischen Entwicklungen und einer erfolgreichen F&E-Arbeit. Der thermoelektrische Generator soll zukunftsweisend und richtungsbestimmend sein. Das Unternehmen entwickelt und vertreibt nicht nur in der EU und den USA, sondern auch in Asien, Süd-Afrika, Ägypten und Indien. Ab 2015 will Boysen auch in Mexico mit einer ganzen Fertigungs- und Vertriebslinie vertreten sein. Boysen denkt in globalen Dimensionen und setzt dabei auf die Kraft-Wärme-Kopplungstechnologie, um ihre kompetenzielle Überlegenheit zu halten. Auch in diesem Beispiel erkennen wir, wie eng die geostrategischen Entwicklungen mit den technologischen Entwicklungen einhergehen und nur in einer intelligenten Abbildung der Wertschöpfungslinie, Strukturen und Kompetenz ein nahrhafter Boden für zukünftiges Wachstum bestellt werden kann.

„SYN*force* Destination: Globalunternehmen"

Abseits der einzelnen Komponentenhersteller bietet der Vermarktungs- und Dienstleistungssektor der zukünftigen E-Fahrzeuggeneration bereits heute eine ganze Reihe von Potenzialen. Beispielsweise die Wallbox, die Firmenparkplätze sowie Heimladestellen zählen genauso dazu wie die neuen Produktlösungen der E-Mobilitätslade-Karte, E-Stromzähler, intelligente elektronische Verbindungsstellen des Fahrzeugs mit dem Smartphone des Fahrers sowie die Cloud gestützte Navigationsführung zu Ladestationen und Parkplätzen[59]. Nicht zu vergessen die Dienstleistungskonzepte von integrierten Car Sharing-Flug- oder Bahn-Angeboten, siehe Näheres hierzu unter technologische Trendentwicklung.

Sicherheit und Globale Imbalance bieten Potenziale staatlich getragener und subventionierter Projekte

Ich bin der Meinung, dass durch die Verschiebungen in den Märkten, die sowohl durch ganz neue Branchen und Technologien und im Zuge des Handlings der Globalen Imbalance angetrieben werden, weltweit Chancen für den Ausbau heutiger Geschäftsfelder vieler Unternehmen und Nationen entstehen, die sowohl zu re- als auch zu evolutionären Errungenschaften und Wachstum führen werden. Prognosen zufolge sollen wir weltweit zwischen 2013 und 2014 um rund 3,3 % wachsen, wobei die Wachstumstreiber die entwickelnden und aufstrebenden Volkswirtschaften mit ca. 5,3 % blieben werden. Die Tendenz ist eine stärkere Angleichung der entwickelnden und aufstrebenden Allianzen auf das Niveau der heute entwickelten Volkswirtschaften.

---

[59] Die maximale Bezugsgröße für eine staatliche Förderung bis 2014 sind 8.000 Euro pro Ladepunkt. Erwartet wird eine degressive Reduktion ab 2017 bis spätestens 2020. In diesem Zeitraum werden die Gewerbe- und Dienstfahrzeuge gegenüber den privat genutzten Fahrzeugen günstiger sein.

"SYN*force* Destination: Globalunternehmen"

Sie sollen neue Rahmenbedingungen bilden und die Kräfteverhältnisse neu formen. Dabei haben sie eine ganze Reihe von geostrategischen und zivil-politischen Herausforderungen zu lösen. Zu diesen zählen etwa die Terrorbekämpfung, Cyber Terrorism, Grenzen- und Luftüberwachung, Weltraum- und Wasserforschungsprojekte, zivile Sicherheit, Nahrungsmittel-Versorgungssicherheit, bieten - ironischerweise- weitere Projektpotenziale, die unter und mit den Allianz-Partnern zukünftig auf eine höhere Ebene gehoben und politisch wie finanziell ausgestattet und verantwortungsbewusst getragen werden müssen. Ich werde allerdings auf die einzelnen Problemfelder und konkrete Projekte hier nicht detailliert eingehen können. Für die Unternehmen liegt hierin ebenfalls eine ganze Reihe von Möglichkeiten, einzusteigen oder umzusteigen, die sie mit einem wachsamen Auge selbst erfassen werden.

Bildungswesen und „Management Education" bieten besondere Potenziale

Das Bildungswesen ist ein Kernthema im Umgang mit der Globalen Imbalance und wird deshalb ebenfalls auf einer übergreifenden Ebene gehoben werden. Über die Basisstudiengänge bedarf es einer global abgestimmten Management Education, um zukünftig zu vergleichbaren und funktionalen Bildungssystemen zu gelangen, die Globalunternehmen dringend benötigen werden. Viele Universitäten und Hochschulen haben diese Notwendigkeit erkannt und nehmen sich diesem Thema an, allerdings verzeichneten sie bislang nicht die Erfolge in dem erwünschten Maß. Jüngste Entwicklungen verfolgen ein revolutionierendes Duales Bildungssystem, das Unternehmen zunehmend aktiv und direkt in die technische und administrative Grund- und Weiterbildung der zukünftigen Workforce einbindet.

„SYN*force* Destination: Globalunternehmen"

Viele Manager europäischer Unternehmen nehmen Lehrstuhlaufträge an verschiedenen Universitäten oder Hochschulen an. Einige Unternehmen gründen sogar Stiftungen mit lokalen Universitäten oder staatlichen Institutionen, um technische oder spezielle Studien- oder Weiterbildungsgänge zu etablieren, die ihnen helfen, langfristig ihre Workforce nach den erforderlichen Standards aufzubauen.

Ein gutes *Beispiel* dazu ist das mittelständische Unternehmen Kirchhoff Automotive. Seit Mitte des Jahres 2012 hat Kirchhoff einen Stiftungslehrstuhl mit dem Chinesisch-Deutschen Hochschulkolleg (CDHK) an der Tongji Universität in Shanghai gegründet[60]. An dem Lehrstuhl wird Karosserie-Leichtbau unterrichtet, der mit der strategischen Zielsetzung des Unternehmens in China einhergeht, die für die chinesischen Nachwuchs-Ingenieure unabdingbar sind. Dieser Lehrstuhl ist gebunden an einen Doppel-Master Studiengang an der Ruhruniversität Bochum sowie an intensivem Austausch und Mitwirkung der Ingenieure an den Entwicklungszentren in DE-Attendorn und Shanghai. Ähnliche Konstrukte finden wir in den meisten Globalunternehmen und in anderen Ländern, die wir weiter vorantreiben müssen. Für die aktiv eingebundenen Unternehmen ergeben sich über die Sicherung einer qualifizierten Workforce und Abfedern der Führungskräfteengpässe hinaus auch enorme Positionierungspotenziale und Differenzierungsmerkmale gegenüber Wettbewerbern.

Eine Revolution erfährt das Bildungswesen insgesamt durch das Internet und angrenzende Technologien. Das heutige und morgige Ziel vieler Gremien und Ausschüsse ist es, bestimmte Projekte vieler

---

[60] Quelle: Unternehmenseigene Angaben, veröffentlicht u.a. im „K>Mobil" - Kundenmagazin der Kirchhoff-Gruppe), Jun. 2012

„SYN*force* Destination: Globalunternehmen"

Elite-Universitäten in den USA genauso wie in der EU und in einigen der aufgeführten Allianzen, nicht nur in regulären oder einzelnen Netz- oder Cloudvorlesungen durchzuführen, sondern ein Gesamt-Bildungs-Paket, ein revolutioniertes Studiensystem, zu schnüren, um das Bildungsniveau anzugleichen und zugleich zu erhöhen.

Zurzeit beherrscht der Anbieter MOOC (Massive Open Online Courses) in den USA die Universitäten und Firmen, dessen Programm zu anerkannten Abschlüssen auf der Grundlage eines Netz-Studiums führen soll. Hierzu zählen sich Universitäten wie Stanford, Harvard, MIT, Berkeley. Aber auch deutsche Universitäten, Hochschulen und Firmen beginnen mit den ersten Schritten. Das in Gründung befindliche Iversity soll den Universitäten als technische Plattform dienen, ihre Kurse digital zu verbreiten. Hierzu sollen Kooperationen mit der amerikanischen Plattform EDX geschlossen werden.[61]

---

[61] Quelle: Unternehmensinformation Iversity August 2012, Bericht FTD

„SYN*force* Destination: Globalunternehmen"

Die zivil-politische Trendentwicklung

Die zivil-politische Trendentwicklung umfasst die aufgrund aktueller ziviler und sozialpolitischer Strukturverschiebungen entstehenden Herausforderungen, die dem Wachstum und den Veränderungen in der Zivilgesellschaft Rechnung tragen sollen. Sie bietet den Unternehmen besondere Potenziale zur Realisierung langjähriger Großprojekte, welche einerseits wachstumsstabilisierend, aber andererseits mit Gefahren hoher Abhängigkeiten einhergehen, sofern kein ausgewogenes Geschäftsmodell entwickelt wird. Über die Projektrealisierung hinausgehend ergeben sich Folgepotenziale, etwa im Maintenance-, Repowering- und After Sales-Umfeld. Gleichzeitig sind derartige Lösungen bzw. Projekte derzeit für die meisten Unternehmen neuartig und versprechen denjenigen Unternehmen, die diversifizieren wollen, neue Kompetenzfelder. Hierzu zählen insbesondere die Bewältigung der (Mega-) Metropolisierung sowie die komplexeren Kundenanforderungen im Zuge der wachsenden Mittelschicht in aufstrebenden Metropolen. Insbesondere diese beiden zivil-politischen Trends werden neue Unternehmensmodelle entstehen lassen und zugleich durch orchestrierte und subventionierte Programme für einen gewissen Risikoausgleich sorgen.

Die Staaten, Gemeinden und Unternehmen werden in einem gemeinsamen Gang nach smarten und zukunftsträchtigen Lösungen suchen. Damit ergeben sich große Potenziale sowohl für Infrastruktur, Sub-Urbanisierung, Wasser-, Energie- und Umweltlösungen. Andererseits erwachsen daraus intelligent kombinierte Lösungen sowohl für Individual- als auch für Massen-Personenverkehr sowie Versorgungs-, Logistik-, Distributions-, Dienstleistungs- und Sicherheitslösungen.

„SYN*force* Destination: Globalunternehmen"

Mit Bezug auf das Bevölkerungswachstum in den entwickelnden und aufstrebenden Volkswirtschaften (rund 60 % der Weltbevölkerung) werden diese Märkte außerhalb Europas schwerpunktmäßig zu finden sein. Der Weltmarkt für Umwelttechnologien wird im Jahr 2013 auf rund $ 3,5 Bill. geschätzt - größer als Chemie und Agrikultur. Ein anderer, lokaler, Vergleich: Allein für die Energiewende in Deutschland sind bis 2020 zwischen € 140 und 165 Mrd. an Investitionen für Fotovoltaik, Modernisierung des Stromnetzes, Off- und On-Shore Wind und Gaskraftwerke geplant[62]. Man kann sich hierdurch vielleicht besser vorstellen, welche Dimensionen für Beijing, Shanghai, Hongkong, Seoul, Mexico-City und Manila mit Einwohnerzahlen zwischen 20 und 25 Mio. oder Delhi und Mumbai mit 11 und 18 Mio. Einwohnern und Rio mit „nur" 6 Mio. Einwohnern, um nur wenige zu nennen, entstehen werden, die nach Zukunftslösungen verlangen.

Metropolitan-Potenziale aus der Infrastruktur-, Energie- und Umweltpolitik zwischen den Allianz-Mächten und dem „Rest der Welt"

Die Weichenstellung, Wirtschafts- und Wohlstandswachstum, mit einem verhältnismäßig geringeren Energie- und Rohstoffverbrauch als in der bisherigen geschichtlichen Entwicklung anderer Industrienationen zu fördern, verhindert auch eine weltweite Rohstoffkrise, die sich abzeichnet, wenn die Entwicklung des weltweiten Rohstoff- und Energieverbrauchs wie von vielen Institutionen prognostiziert stattfindet. Den jüngsten Analysen über die wirtschaftliche Kraft der Weltmetropolen zufolge, sind die Top 20 Metropolen, siehe nachfolgend, für über 30 % des weltweiten wirtschaftlichen Outputs verantwortlich. Während vielerorts in den USA behauptet wird, man habe für die Metropolisierung längst die Lösungen er- bzw. gefunden, schließlich trägt

---
[62] Quelle: Manager Magazin, Ausgabe 42, 2012

„SYN*force* Destination: Globalunternehmen"

der wirtschaftliche Output-Anteil der Metropolen rund 80 % der Gesamtwirtschaft der USA, glaube ich, dass wir im Umbruch und damit am Anfang stehen. Die USA haben in einigen Bereichen kaum einzeln funktionierende, geschweige denn integrierte Lösungen, wie die ökonomische sowie ökologische Verknüpfung der Verkehrs-, Versorgungs-, Energie- und Umweltanforderungen mit wirtschaftlichen, gesundheitlichen oder sozialen Lösungen. Darauf wird es aber zukünftig in den hier vorgestellten Allianzen ankommen, wenn sie die eingeschlagene Richtung beibehalten.

Alle hier aufgeführten Nationen streben mittel- und langfristig ein ausgewogenes Verhältnis zwischen sozialen, ökonomischen und ökologischen Aspekten an. Beispielsweise China wird sich über kurz oder lang zu einer Industrienation entwickeln und vermutlich wird der Output-Anteil der Metropolen nicht 80 %, sondern eher wie die EU, zwischen 60 und 70 % betragen. Heute beträgt der Outputanteil laut NBS in China rund 53 %.

Nach dem jüngsten „Global City GDP Index 2025" sollen nachfolgende Metropolen die Tragsäulen der Wirtschaft werden: New York, Tokyo, Shanghai, London, Beijing, Los Angeles, Paris, Chicago, Rhein-Main Gebiet, Shenzhen. Im Vergleich zu heute stellen wir deutliche Verschiebungen in der Rangordnung der Top 10 Megametropolen fest, die uns bis 2025 antreiben und beschäftigen werden. Das heißt: Für die meisten Allianzmärkte liegt ein langer Weg mit enormen Herausforderungen und Potenzialen vor ihnen, die es schnellstmöglich anzugehen gilt. Und an unsere Unternehmen wird es liegen, diese Herausforderungen in Lösungen zu wandeln und, ihren Platz in der Weltordnung zu finden und zu besetzen.

„SYN*force* Destination: Globalunternehmen"

Ich bin zuversichtlich, dass nicht nur China und Brasilien, sondern auch Russland, Indien und Mexiko als entwickelnde Volkswirtschaften auf die hier genannten Problemstellungen zügiger Antworten finden wollen und werden, als dies bislang der Fall war. Schon deshalb, weil eine derartige Krise verheerende Ausmaße und Folgen auch für sie und ihre Staatssicherheit hätte, dessen sich die Regierungen sicherlich bewusst sind.

Die mindestens gleichgroße Herausforderung zu „Energie und Rohstoffen" ist ein infrastruktureller/suburbanisierender, umweltverträglicher und versorgungssicherer „Metropolitan"-Trend. Immer mehr Menschen ziehen in die Megametropolen. Nach veröffentlichten bzw. offiziellen Anmeldezahlen sind im Jahr 2011 über 21 Mio. Menschen in die chinesischen Metropolen gezogen mit einer deutlich steigenden Tendenz im Zuge der Reformen. Dieser dynamischen Entwicklung, nicht nur in China, sondern weltweit, können die Regierungen und Industrien derzeit nicht schnell genug mit adäquaten Lösungen nachkommen, die sie mit hohem Druck nachholen wollen und sich auch werden. Alle Regierungen sind unter Druck, für ihre Metropolen alternative und tragfähige Lösungen zu finden, wovon unsere Unternehmen nicht nur wirtschaftlich profitieren können, sondern auch technologisch und kompetenziell. Wie uns die Geschichte jedoch lehrt, werden durch Notwendigkeiten kreative und innovative Lösungen schneller gefunden, die zudem durch die der Notwendigkeit inhärenten und enormen Kraft, eine schnelle Umsetzung ermöglichen und Hindernisse oder Hürden niederreißen kann. Dazu möchte ich die weitläufig bekannte „New Yorker Pferdemist-Krise des 19. Jahrhunderts" als Beispiels anführen, die eine schnelle Verbreitung motorisierter Fahrzeuge, trotz der Empfindlich- und Befindlichkeiten, forcierte. Genauso wie die „Chicago-Weizen"-Geschichte, die ich in der

„SYN*force* Destination: Globalunternehmen"

Retrospektive geschildert habe. Diese und viele weitere ähnliche Beispiele sind Zeugnisse von grundlegenden Richtungsänderungen aus der Macht der Notwendigkeit. Und die Notwendigkeit ist heute wieder einmal mehr in der menschlichen Geschichte ein „endloses Gut". Ich bin davon überzeugt, dass es diesen Ländern durchaus gelingen wird, tragfähige und innovative Gesamtlösungen für ihre Metropolen zu entwickeln, einzelne stattgefundene und laufende Projekte sinnvoll miteinander zu verknüpfen und zu realisieren.

Zu den beispielhaften mittelgroßen Mittelstandsunternehmen, die sehr früh das „Metropolitan"-Potenzial erkannt hat, zähle ich unter anderem auch Festo. Das Unternehmen verzeichnete im Jahr 2011 ein Umsatzwachstum in Asien von 15 %, in Deutschland waren es 19 % und in Nord- und Südamerika 14 %. Die strategische Ausrichtung zielt auf die Wachstumsmärkte Asien und Amerika ab. Dazu stehen der Ausbau der Prozessautomatisierung im Bereich der Metropolitan-Solutions und elektrische Antriebe und Customer-Solutions im Vordergrund.

Als *Beispiel* der „schwergewichtigen Akteure" greife ich Siemens und ThyssenKrupp in Brasilien wieder auf, die für Sao Paulo und Rio an „Metropolitan"-Sub-Urbanisierungskonzepten arbeiten. Hierauf wird es beispielsweise bei energie- und antriebseffizienter (Sub-) Urbanisierung mit integrierten Mobilitätslösungen ankommen, wenn einerseits smarte Netz- und Transportlösungen für den Massenverkehr mit einer energie- und schadstoffsparsameren Lösung für den Individualverkehr (zu welchen beispielsweise Hybrid- und/oder E-Fahrzeuge,

„SYN*force* Destination: Globalunternehmen"

Twizy's[63] und Smart Pedelecs[64] in allen Car Sharing Modellen zählen könnten) und mit smarten Tank-/Lade- und Parklösungen kombiniert werden, die allesamt das Leben der Metropoliten vereinfachen und die Lebensqualität aufwerten werden.

Zu diesem qualitativen und vereinfachten Leben der Metropoliten, in diesen rasant aufstrebenden Metropolen, zählen auch smarte Lösungen im Bereich der Energie-, Wasser- und Abwassersysteme sowie der Sammlung und Verwertung von Rohstoffen aus dem (Haushalts- sowie Industrie-) Abfall.

Hinweis: Allein der aktuelle Branchenumsatz für Anlagenhersteller in der Abfall- und Recyclingindustrie beläuft sich auf € 35 Mrd. und soll bis 2020 rund € 53 Mrd. betragen. Allein die EU, die ASEAN-Staaten, Russland, Türkei und Indien sollen einen Löwenanteil von € 44 Mrd. tragen. Der Gesamtmarkt der deutschen Abfallindustrie beträgt rund € 50 Mrd. Der deutsche Anteil am Weltmarkt beträgt ein Viertel und besondere Wachstumschancen versprechen die automatischen Stofftrennungsanlagen, die jährlich um 15 % und bis 2020 auf € 1,5 Mrd. Umsatz steigen sollen[65]. Der Weltmarkt der Abwassertechnologien beläuft sich auf € 15.000 Mio., wovon Deutschland allein rund 24 % trägt. Geplant ist im Jahr 2025 ein Exportvolumen allein für Abwassertechnologien von rund € 500 Mrd. Die Unternehmen können sehr leicht ausrechnen, welche zahlenmäßigen Potenziale im Raum stehen. Allerdings müssen diese mit der geo-strategischen und technologischen Trendentwicklung in positiver Beziehung gebracht werden, um in Unternehmenspotenziale zu münden. Den Unternehmen, die so-

---

[63] Twizy ist eine Art vierrädriges Motorrad mit Sonnendach, das nicht als Auto, sondern als »Quad« in der Rubrik Motorrad in die europäische Zulassungsstatistik. Aktueller Kostenpunkt rund 7.000 € Basismodell
[64] Smart Pedelecs sind motorisierte Fahrräder, aktuelle Basismodelle liegen bei ca. 2.900 €.
[65] Quelle: Bundesministeriums für Umwelt, Naturschutz und Reaktorsicherheit (BMU), 2012

„SYN*force* Destination: Globalunternehmen"

wohl über genügend Spezialwissen als auch über langjährige Erfahrung, hochwertige Produkte und Lösungen sowie einer kompetenziellen Organisationsaufstellung verfügen, bieten sich in den aufsteigenden Metropolen und Volkswirtschaften zahlreiche Projektchancen. Der Mittelstand findet zudem gute Gelegenheiten, durch gekonnte Deals zu wachsen und Erfahrungswerte im Umgang mit derart groß angelegten Projekten zu sammeln, wodurch Kompetenzen aufgebaut bzw. vertieft werden können.

Ich erwähnte den Transrapid bereits als eines der bestehenden innovativen Lösungen für den Massenverkehr. Dieses Beispiel eignet sich auch hervorragend, um die Bedeutung der Allianzen und Durchführung gemeinsamer Projekte hervorzuheben, die wichtiger und lukrativer werden. Als das deutsche Industriekonsortium „Transrapid International" (ein Gemeinschaftsunternehmen von Siemens und ThyssenKrupp) im Jahr 2001 ein innovatives Projekt „den Bau der Magnetschwebebahn Transrapid Shanghai[66]" in China mit dem Gesamtprojektverantwortlichen Shanghai Maglev Transportation & Development unterzeichnete, das im Januar 2004 in Betrieb genommen und am 03. Jul. 2004 den Millionsten Passagier meldete, ist nicht nur ein wirtschaftliches, umweltschonendes und flexibel einsetzbares Projekt auf die Beine gestellt worden. Es hatte darüber hinaus in seiner Größe und Klasse Vorreiterniveau und ist ein Beispielprojekt für erfolgreiche Konsortialprojekte und Allianzen zwischen Asien und Europa in fortschrittlichen und zukunftsfähigen Feldern. Dieses Projekt trug wesentlich zur Aufbereitung eines fruchtbaren Bodens für weitere Projekte bei.

---

[66]„Transrapid International" baute eine 30 Kilometer lange Magnetschwebebahn (Geschwindigkeit ca. 430 bis 500 km/h) als eine weniger als 8-minütigen Verbindung zwischen dem internationalen Flughafen Shanghai - Pudong und dem Shanghaier Finanzzentrum Lujiazui. Jeder, der in Shanghai diese Strecke mit dem Auto hinter sich gebracht hat, weiß den wahren Mehrwert des Transrapids.

„SYN*force* Destination: Globalunternehmen"

Es wurden neue Einsichten, Erfahrungen und Wege gewonnen, wie Projekte in Metropolen mit hochwertigen Betriebssystemen, Wissen, Zuverlässigkeit und Aufgeschlossenheit realisiert werden können.

Ich habe dieses Prestige-Projekt seinerzeit mit großem Interesse verfolgt und trotz der umstrittenen Projektgewinnung und -realisierung, der Vor- und Nachteile, dem Know how und der Rechteproblematik sowie erzielter Einigkeiten gefolgt von Streitigkeiten, hat das Projekt unter dem Strich insgesamt Erfolge und Fortschritt verbucht. Daran haben nicht nur Siemens und ThyssenKrupp, sondern viele Unternehmen partizipiert. Eine ganze Reihe weiterer Projekte konnten gewonnen und Umsätze generiert werden. Europa, respektive Deutschland, ist eines der Wirtschaftsmächte, die in China willkommen sind und sicherlich bleiben werden. Dies ist auch meine ganz persönliche Erfahrung im Rahmen meiner Projekte.

Der Transrapid zeigte uns in China einmal mehr, dass wir und respektive die Europäer, fortschrittliche und zuverlässige Partner sind, aber dass ein Projekt nie nur technisch, nie nur finanziell, sondern auch viele andere Aspekte bzw. Bausteine besitzt, die letztlich Erfolg von Misserfolg und Lernen vom Scheitern unterscheiden. Daraus wurde gelernt, zumindest von den Konzernen. Der Mittelstand tut sich diesbezüglich schwerer, muss sich aber auf den Weg machen, der alternativlos ist.

"SYN*force* Destination: Globalunternehmen"

Die Potenziale der wachsenden Mittelschicht in entwickelnden und aufstrebenden Nationen

Ein weiterer Trend ist die wachsende kaufkräftige Mittelschicht in den entwickelnden Volkswirtschaften. Bis zum Jahr 2030 sollen zusätzliche 3 Mrd. kaufkräftige Haushalte weltweit entstehen.

Demnach entstehen sowohl für die Luxus- und Markenindustrie als auch für alle anderen Industrie- und Dienstleitungszweige[67] Absatz- und Wachstumspotenziale. Allerdings unterscheidet sich das Konsumverhalten der potenziellen Kunden dieser Märkte von dem der bisher westlich geprägten Konsumenten und fordert die Unternehmen heraus, neue Geschäftsmodelle zu entwickeln. Obwohl der Großteil dieses kurzfristigen Zuwachses in ASEAN liegen wird, haben die meisten Mittelständler diese Region bislang nicht im Fokus. Die Konzerne verfügen in der Regel über mindestens zwei Standorte in diesem Allianz-Markt. Zu sehr konzentriert man sich auf die BRIC und einzelne Länder, die im besonderen Maße durch die Medien und Finanzdienstleister propagiert wurden. Die japanischen Unternehmen kommen in diesem Allianz-Markt auf einen 80 %-igen Marktanteil in einzelnen Branchen.

Während meiner Tätigkeit als "Head of the Strategic Human Resource and Change Management" bei Atos Origin oblag meinem Team, gemeinsam mit den Business Unit Verantwortlichen, die Vorbereitungen auf die Olympischen Spiele in Beijing 2008. Als weltweiter IT-Partner der Olympischen Spiele verantwortete Atos Origin das komplette IT-System - von der Entwicklung über die Einrichtung bis hin zum laufenden Betrieb. Die Spielergebnisse und Athleteninformationen wurden während der Wettkämpfe in Echtzeit für die Zuschauer und Me-

---

[67] Darunter fallen unter anderem: Automobil, ICT, Anlagen- und Maschinenbau, Elektronik & Elektrotechnik, Infrastruktur & Bau, pharmazeutische und chemische Industrie, Rohstoff- und Materialveredelung, Umwelt- und Klimatechnologien.

„SYN*force* Destination: Globalunternehmen"

dien auf der ganzen Welt übertragen. In dem gleichen Zeitraum forcierten wir unsere „Asia Global Sourcing"-Aktivitäten auch in Indien und Malaysia. In dieser sehr spannenden Zeit und im Rahmen nachfolgender Projekte konnte ich die Entwicklung eng mitverfolgen und wertvolle Erfahrungen sammeln, die mich die Information „unter 1.400 Chinesen sei ein Millionär vorzufinden, von welchen allein in Beijing 200.000 zu finden sind" nicht bezweifeln lassen. Die Zeitschrift „Forbes" veröffentlichte Anfang 2011 eine Liste der weltweiten Milliardäre, worunter 301 von den insgesamt 1.200 Milliardären aus den BRIC-Staaten und 300 aus Europa kamen.

Was bedeuten diese Zahlen und diese Entwicklung für die westliche Wirtschaft und deren Unternehmen? Ich würde sagen, sie bestätigen meine persönlichen Erfahrungen und den Trend, den Verbände und Unternehmen prognostizieren, nämlich dass es durchaus realistisch erscheint, dass auch die Mittelschicht in den entwickelnden und aufstrebenden Wirtschaftsnationen in den kommenden Jahren kräftig nachziehen wird. Es wird angenommen, dass allein in China in den kommenden fünf Jahren rund 90 Millionen Haushalte mit einem Minimumjahreseinkommen von $ 9.000 entstehen werden. Wie oben aufgeführt, sollen weltweit bis 2030 ca. 3 Mrd. Mittelschicht-Haushalte entstehen. Jeder Unternehmer kann auf dieser Grundlage entstehende Potenziale ableiten.

„SYN*force* Destination: Globalunternehmen"

Die technologische Trendentwicklung

Diese Trendentwicklung dürfte den meisten von uns sehr vertraut sein, schließlich erleben wir in unserem nahen Umfeld, unmittelbar und täglich neue technologische Lösungen bis hin zu technologischen „Spielzeugen", die uns begeistern und manchmal verzweifeln lassen. Dazu zählt an vorderster Front die Digitalisierungs- und Mobilitäts-Revolutionierung. Durch die Partnerschaften zwischen den Branchen: Telekommunikation, Internet, Elektronik/Elektrotechnik, Unterhaltung mit der Automobil- und produzierenden Industrie werden neue Kombinationen von Produkten und Dienstleistungen bzw. Systemgeschäfte entwickelt und etabliert, die sowohl die Veränderungsgeschwindigkeit als auch die Strukturtiefe und -breite vieler Segmente vorgeben und bestimmen. Die enger wachsende Verbindung aller Branchen und Zivilschichten zu und über Internet und Social Media, Telekommunikation, Mobilität ist ein weiterer Trend, der nicht nur geo-strategisch oder zivil-politisch angetrieben wird, sondern insbesondere technologisch begründet ist. Technologien wie Antriebseffizienz, Green- and Biotechnology, Speicher- und Versorgungslösungen, Material- und Verfahrensinnovationen sowie die Zellentwicklungs- und Nanotechnologie-Evolution prägen und verändern ebenfalls ganze Produktsegmente, Unternehmen und nicht zuletzt Märkte.

Viele Globalunternehmen, die ich untersucht habe, kombinieren und entwickeln Lösungen bzw. erweitern vorhandene System- oder Produktpaletten nicht nur um Services, sondern um mechatronische, nanotechnologische oder pharmazeutisch-biologische Lösungen, um keine Trendentwicklung zu verpassen.

„SYN*force* Destination: Globalunternehmen"

Die F&E-Anteile in ganz neue Technologiefelder sind gestiegen und werden im 3-Jahres-Forecast weiterhin mit hohen Anteilen geplant.

Der Umsatzanteil neuer und neu-kombinierter Produkte (nicht älter als fünf Jahre) am Gesamtumsatz ist signifikant gestiegen und wird sicherlich weiterhin steigen. Die von mir untersuchten europäischen Unternehmen geben an, durch die technologische Trendentwicklung gravierende Verschiebungen ganzer Industriezweige zu erwarten und bewerten gleichzeitig sowohl die eigene Positionierung als auch zu erwartende Wachstumspotenziale sehr hoch. Ihre kompetenzielle Überlegenheit und intelligente Verzahnung von Produkt, Service und Infrastruktur gegenüber aufstrebenden Wettbewerbern, aus den hier genannten Allianzen, gibt den Unternehmen eine solide Grundlage und Hoffnung, dem härteren und oftmals unfair empfundenen Wettbewerb zu kontern.

Dominante und umkämpfte Felder bleiben Mechatronik, Energie- und Umwelttechnologien, Antriebs- und Speichertechnologien, Bio- und Gentechnologien sowie Digitalisierungs-, Kommunikations- und Internettechnologien. Beispielsweise errechnet die Weltbank, dass ein zehnprozentiges Wachstum im Breitbandumfeld in den entwickelnden Volkswirtschaften zu zusätzlichem 1,3-prozentigen BIP-Wachstum führen würde. Noch stärker ist der Effekt in den aufstrebenden Volkswirtschaften. Andere Vergleiche lauten dahingehend, dass wenn das www/Internet ein Staat oder ein Unternehmen wäre, es Prognosen zufolge, im Jahr 2016 rund $ 4.200 Mrd. Umsatz verzeichnen und zu den größten Volkswirtschaften der Welt zählen würde. Dies wäre größer als die Energie- oder Nahrungsmittelbranche. Rund $ 100 Mrd. werden in Europa via Smartphone ausgegeben und weltweit sollen es $ 600 Mrd. sein[68].

---

[68] Quelle: Manager Magazin, Ausgabe 2012

„SYN*force* Destination: Globalunternehmen"

Die ICT-Branche zählt zu den wachstumsstarken Branchen und vor allem zu den Verschiebungskräften ganzer Sektoren und Staatswesen weltweit. E-Commerce wird um S-Commerce ergänzt und neue Verschiebungen werden ausgelöst. Was für viele Handelsmanager ein Schock ist, bietet anderen Unternehmen Investitions- und Wachstumspotenziale. Die Welt steht der Digitalisierung und dem Internet deutlich aufgeschlossener gegenüber als Deutschland derzeit.

Durch die technologischen Trendentwicklungen haben sich die sogenannten „Embedded" und „Embodied"-Services[69] auch in der ICT-Branche nicht nur zu Differenzierungsmerkmalen, sondern zugleich haben sie sich zu Margenschlager entwickelt. Derzeit sind diese Services im ICT-Umfeld für rund ein Drittel der Gesamterlöse verantwortlich, zudem mit einer höheren Nettomarge als die des reinen Produkterlöses. Andere Branchen, wie BioTech, Healthcare und Optical Utilities ziehen nach. Für die Produktionsunternehmen bietet diese Entwicklung attraktive „Add-Ons" und für die Dienstleistungsunternehmen entstehen neue Investitions- und Betätigungsfelder. Sowohl die WTO als auch die OECD nehmen diese Entwicklung ebenfalls ernst und arbeiten gemeinsam an Plattformen, die eine explizite Abbildung des „Value-Added-Handelsanteils" ab 2013 ermöglichen sollen, wie ich bereits an anderer Stelle erwähnt habe.

Ob die Embodied-Services bis 2014 $ 47 oder 100 Mrd. am weltweiten Export betragen werden, wie derzeit von verschiedenen globalen Institutionen prognostiziert wird, ist nach meiner Einschätzung unwesentlicher als der Mehrwert, den ein Produktionsunternehmen mit der Etablierung eines Systemgeschäfts durch die zusätzlich entstehenden

---

[69] Embedded- und Embodied-Service sind Dienstleistungen, die unmittelbar um ein Produkt oder -Guppe entwickelt werden oder daran unmittelbar angrenzen und es aufwerten. Embedded Services zeichnen sich im Gegensatz zu Embodied Services durch die *zusätzliche* und *fakturierbare* Wertgenerierung *über* das Produkt *hinausgehend* aus. Damit werden sie zu Wert- und Positionierungselementen für Unternehmen in neuen Märkten

„SYN*force* Destination: Globalunternehmen"

Spielräume generiert. Dadurch gelangt ein Unternehmen zu einer Produktpreisaufwertung (bekannt auch als „Shift to Higher Value") und zur Umsetzung einer Differenzierungsstrategie führen können.

Die alternativen Energien und der Klimaschutz bieten natürlich auch technologische Potenziale. Hierzu eignet sich Deutschland als selbst erklärtes Beispielland besonders, um Potenziale und Gefahren zu verdeutlichen, die ich an dieser Stelle allerdings sehr vereinzelt ansprechen, nicht aber vertiefen werde. In Deutschland sollen im Jahr 2020 rund 35 % des Bruttostrombedarfs mit Strom aus alternativen Quellen gedeckt werden. Der Bundesverband der Erneuerbaren Energien (BEE) geht einen Schritt weiter und prognostiziert 47 %. Auf der EU-Ebene sollen im Jahr 2020 rund 34 % des Strombruttobedarfs mit regenerativen Energien abgedeckt werden. Die Internationale Energieagentur berechnet weltweit bis 2035 einen regenerativen Strombedarf von 32 %. Diese Ziele sollen durch verbesserte Technologien in der Effizienz, Gewinnung, Verteilung und Sicherheit erreicht werden, weshalb die Energiegewinnung enger mit Effizienz erhöhenden, CO^2 reduzierenden und Verteilungssicherheit erhöhenden Maßnahmen gekoppelt werden soll. Zudem sollen dadurch nicht nur Synergieeffekte, sondern auch größere Kosteneinsparungen erzielt werden. Ich kommentiere und vertiefe diese Zahlen und Strategie weiter nicht. Eine erste Rückmeldung erscheint mir an dieser Stelle interessant zu berichten, um den Umfang, den diese Maßnahmen einnehmen nahe zu bringen. Im Zuge der Strategieimplementierung wurden in Deutschland im Jahr 2011 bei den Brennstoffimporten Einsparungen in Höhe von € 11 Mrd., zuzüglich weiterer Kosteneinsparungen in ungefähr gleicher Höhe, erzielt[70].

---

[70] Quelle: BEE Meldung Feb. 2012

„SYN*force* Destination: Globalunternehmen"

Ich bin davon überzeugt, dass es Deutschland, respektive Europa, gelingen wird, diese Ziele zu erreichen. Ob die Zeitachse eingehalten wird, kann ich mit Hinblick auf die Findungsphase, die diese Branche durchläuft, eher bezweifeln als bestätigen. Die Branche ist jung. Sie wurde aufgrund geo-strategischer und zivil-politischer Trendentwicklungen massiv gepuscht und herausgefordert, ohne die erforderliche Zeitgewährung einer Strukturierung und optimalen Aufstellung. Damit waren unerfreuliche Entwicklungen zu erwarten. Sie zeigt aber heute bereits gewisse Erstanzeichen von Reifeerlangung, auf der sukzessive aufgebaut werden kann. Erfreulich ist auch, dass der zurückliegenden Euphorie und Technologieverliebtheit vieler Unternehmen und Institutionen eine relativ „sachte Landung" zu folgen scheint. Sie scheint nicht die Ausmaße zu nehmen, wie DotCom seinerzeit und das gibt Grund zur Hoffnung.

Ich möchte jedoch auf einen anderen Fakt den Schwerpunkt legen und zur Überprüfung anregen: Wir dürfen ein anderes wichtiges Ziel nicht aus den Augen verlieren, auch wenn wir meinen, dieses mit dem eingeschlagenen Weg „zwangsläufig" zu erreichen. Das wäre nicht richtig. Das Ziel, im Weltmarkt Technologie- bzw. Systemführerschaft zu erlangen und sichern. Wir werden im Weltmarkt dann eine Vorreiterrolle einnehmen und halten können, wenn es uns gelingt, tragfähige und integrierte Energiekonzepte im größeren Maßstab zu entwickeln bzw. zu implementieren. Das haben wir in vielen anderen heutigen Vorreiterindustrien leider auch erst lernen müssen. Denken wir an das Automobil, eine unserer Visitenkarte in der Welt. Wir wissen, dass nicht Henry Ford das Auto erfunden hat. Aber Ford hat es als Erster in die Serienproduktion geschafft, viel Geld erwirtschaftet und die Welt „erlöst". Vielerorts wird in den USA aus diesem Grund noch heute behauptet, die USA habe das Automobil erfunden.

„SYN*force* Destination: Globalunternehmen"

Wir haben gelernt und aufgeholt, aber auch viel vergeben. Lernen wir daraus und machen es heute besser. Wenn wir jetzt an die Metropolisierung und die weiteren zivil-politischen und geo-strategischen Entwicklungen denken, die größere Dimensionen erwarten und die dringend benötigt werden, sollten wir vor Technologieverliebtheit nicht die Vorreiterposition vergeben. Bislang haben wir in diese Richtung nicht viel nachzuweisen. Vielleicht hilft diese Anregung dem einen oder anderen Unternehmer bei seinen Überlegungen und Planungen.

Kommen wir wieder zurück zu Deutschland und bewegen uns an die angrenzenden Branchen der „Green Energy". Über die Industrie- bzw. Haushaltsversorgung hinausgehend sind ganze Produktsegmente von dieser Technologieentwicklung betroffen. Deutschland verschreibt sich diesen beiden Zielen auch mit Bezug auf eine umweltverträgliche Industrie und rief die Bundesinitiative NPE ins Leben, in deren Rahmen über 15 Themengebiete festgelegt wurden, die mit rund € 500 Mio. an Fördergelder ausgestattet wurden[71]. Die Automobilbranche rechnet jedoch mit einem Investitionsaufwand von € 10 bis 12 Mrd. für die kommenden zwei bis drei Jahre (NPE kam auf rund € 4 Mrd. bis 2013).[72] Dies entspricht rund 40 % der F&E-Investitionen für Antriebstechnik. In der Folge wurden sieben Arbeitskreise definiert, welche die 150 Automotive-, Energie-, Universitäten und ICT-Mitglieder unter sich aufteilen und bis 2014 gemeinsam F&E-Entwicklungen intensivieren und zielführend (1 Mio. E-Autos bis 2020) koordiniert werden sollen. Für eine bessere Handhabung und Integration des Mittelstands sowie zur Tauglichkeitsprüfung sollen die angedachten acht Schaufensterprojekte als Showcase eines „funktionierenden integrierten Gesamtsystems" dienen.

---

[71] Details siehe NPE- oder VDA-Bericht
[72] Quelle: VDA Jahresbericht 2011

„SYN*force* Destination: Globalunternehmen"

Alle genannten Themenfelder bieten auch zukünftig enorme Potenziale, sowohl innerhalb Deutschlands als auch im Rahmen der Kooperationsplattformen mit anderen europäischen Unternehmen Projekte in diversen Größenordnungen und Leistungsumfang aufzusetzen und zu realisieren. Letzteres könnte auch ein Schlüssel zur „Metropolitan Solutions" und Systemführerschaft sein. Es bleibt zu betonen, dass diese Themenfelder nicht nur die automobilklassischen Antriebs-, Effizienz- und Komponentenentwicklungen und Herstellung betreffen, sondern sie orientieren sich auch an Cradl-to-Grave und umfassen zusätzlich das Recycling und die Output Verwertung. Lassen Sie mich zur Verdeutlichung ein Beispiel heranziehen: Allein die Initiative „Entwicklung zum Leitanbieter" beläuft sich auf € 3.967 Mrd., wovon 40 % staatlich gefördert werden. Die Batterie- und Antriebstechnik sowie die Fahrzeugintegration, ICT und Infrastruktur sind die vier Hauptträger, die mit jeweils rund € 900 Mrd. ausgestattet sind. Recycling von Antrieb- und Batteriematerialien kommen auf rund € 90 Mio.

Besondere Bemühungen und Investitionen für mobile Energiespeicher erfolgen derzeit verstärkt auch im Umfeld der Miniaturisierung. Die Hersteller mobiler Speichertechnologien erwartet, ungeachtet des Automobils, ein lukratives Geschäft.

Dieser Markt ist heute rund € 1 Mrd. schwer. Bis 2014 soll er auf rund € 3 Mrd. gewachsen sein und 2015 soll er rund € 6 Mrd. schwer werden. Die Miniaturisierungsbranche verzeichnete in 2011 allein für Verbindungen aller Art rund $ 4,4 Mrd.[73] Damit bietet die Automobil-Branche durch das oben beschriebene Marktwachstum mittel- und langfristiges Potenzial auch für angrenzende Branchen und Dienstleistungen.

---

[73] Quelle: Automobil Produktion, Ausgabe 09/2012

„SYN*force* Destination: Globalunternehmen"

Ich möchte nochmals erwähnen, dass die Miniaturisierung nicht nur die Automobilbranche oder das produzierende Gewerbe, sondern auch weiterhin die Computer- und Chiptechnologien, die Unterhaltungs- und auch die Chemie- und die Nahrungsmittelindustrie betrifft.

Ein *exotisches Beispiel* dazu zur Anregung: Unilever stellt in Europa auf Klein- und Einwegpackungen bestimmter Nahrungsmittel- und Konsumgüter um, die auf eine einmalige Verzehrung oder Anwendung ausgelegt sind, um den veränderten Verhältnissen und Konsumentenbudgets erfolgreich zu begegnen. Diese Strategie hat das Unternehmen zur Markterschließung in Indonesien entwickelt und erfolgreich erprobt. Sie scheint aber in Europa ebenfalls ein „Mittel gegen Armut" zu sein[74].

Elektromobilität und Automobil-Potenziale und Trends

Die Themen Hybridtechnik/xEV, Miniaturisierung, Elektromobilität, Antriebseffizienz, On-Board- und Sicherheits-Systeme werden für die kommenden Jahre nicht nur bei den OEMs, sondern insbesondere bei den Zulieferern, Halbleiterproduzenten sowie Chipherstellern und Dienstleistern für kräftiges Umsatzwachstum sorgen, wenn sie sich kompetenziell und geografisch richtig aufstellen. Die deutschen Automobilbauer und -Zulieferer müssen beim Letztgenannten gegenüber Japan und auch Frankreich noch aufholen. Den Unternehmen im Automotive Umfeld (OEM bis System- und Komponentenlieferanten bis Dienstleister) bieten sich weiterhin weltweit große Potenziale auch durch die Variantenvielzahl, sowie aufgrund der Speicher-, Material- und Werkstoff-Evolution. Wir haben im oberen Abschnitt einen Abriss der zahlenmäßigen Potenziale im F&E-Umfeld gewonnen. Dem sollten zahlenmäßige Absatzpotenziale gegenübergestellt werden.

---

[74] Quelle: Unternehmensangaben von Unilever, Aug. 2012

„SYN*force* Destination: Globalunternehmen"

Einen Absatzmarkt haben die Unternehmen, trotz der Verschiebungen und kurzfristigen Rückgänge, jedenfalls mittel- und langfristig relativ sicher: Allein deutsche Unternehmen verkauften im Zeitraum 2011/2012 in China über 1 Mio. Neufahrzeuge[75] (von insgesamt rund 12 Mio. verkauften Neufahrzeugen) und erzielten im ersten Quartal 2012 ein Plus von rund 4 % gegenüber dem Vorjahr, und der Trend geht mittel- und langfristig weiter nach oben. In den USA konnten die deutschen Automobilhersteller knappe 1.2 Mio. Fahrzeuge (von insgesamt 12,7 Mio. verkauften Neufahrzeugen) im gleichen Zeitraum verkaufen, was ein Plus von 10 % gegenüber dem Vorjahr bedeutet. In Westeuropa wurden insgesamt 12,8 Mio. Neufahrzeuge verkauft, wovon rund 1 Mio. deutsche Automobilhersteller absetzen konnten, was einen Rückgang von rund -8 % bedeutet. Anhand dieser Vergleiche können wir auch den geo-strategischen Trend in China unterfüttern, der uns bestätigt, dass China längst nicht nur ein Billigproduktionsstandort ist, sondern eine aufstrebende Wirtschaftsmacht, die EU, USA und Japan gleichrangig wird. Auch das Absatzziel der Automobilindustrie von 13,2 Mio. Neufahrzeugen in China erscheint vor diesem Hintergrund durchaus realisierbar und bleibt für die kommenden Jahrzehnte steigerungsfähig.

In der europäischen Ausgabe von „China Daily", die im Mai 2011 erschien, stand unter Berufung auf das „Ministry of Industry and Information Technology", dass es im Jahr 2020 in China mehr als 200 Mio. registrierte Fahrzeuge geben wird, deren Zahl 2011 noch bei 70 Mio. lag. Dem Bericht zufolge ist die Regierung entschlossen, über $ 15 Mrd. in der nächsten Dekade als Investitionssumme zur Modellentwicklung und Technologieverbesserung der E-Fahrzeuge auszugeben.

---

[75] Quelle: „Pkw Absatz" von VDA, Mai 2012

„SYN*force* Destination: Globalunternehmen"

In Deutschland ist geplant, bis 2020 rund 1 Mio. E-Fahrzeuge auf die deutschen Straßen zu bringen.

Im Jahr 2011 wurden insgesamt rund 2.200 E-Fahrzeuge (von insgesamt 3,5 Mio.) und von Januar bis Mai 2012 wurden rund 1.100 weitere E-Fahrzeuge in Deutschland[76] zugelassen. China plant das Zwanzigfache. Im Jahr 2020 sollen rund 20 Mio. E-Fahrzeuge auf chinesischen Straßen rollen, insbesondere in den Metropolen, weshalb die Kommission „National Development and Reform" in Erwägung zieht, mindestens 4 Mio. E-Fahrzeuge in der Region Beijing und Shanghai zu subventionieren.

Als subventionierter Markt dürfte China hier schneller ans Ziel kommen als andere Wirtschaftsmächte, aber die Zeitachse ruht momentan. Stattdessen werden andere Industriezweige und Vorhaben subventioniert. Die neuen Vorgaben aus Beijing lauten: 6,9 Liter Verbrauch bei Neufahrzeugen bis 2015. Bis 2020 soll der Durchschnittsverbrauch um einen weiteren Liter reduziert werden, weshalb für die kommenden Jahre Hybridlösungen beliebter sein werden, auch bei den weniger idealorientierten und preislich empfindlichen Käufern. Wir sind damit bei den restriktiven Kräften auf die Zielvorgaben angekommen und ich schließe den Punkt mit einem Beispiel ab: Die Beschaffungskosten für E-Fahrzeuge sind heute um mindestens 30 % teurer[77] als Benzin- oder Dieselfahrzeuge. Letztere kosten im Top-1 Segment in China aktuell zwischen 10.000 € (A-Stufenmodell) und 24.000 € (B-Stufenmodell) und in Indien liegen diese Modelle zwischen 3.000 € und 7.000 €.

---

[76] Quelle: KBA -Kraftfahrt-Bundesamt in Flensburg, Zulassungsstatistik 2011
[77] Vergleich: Smart fortwo-e liegt in der kleinsten Version bei ca. € 19.000. Mitsubishi i-MiEV, kleinste Version ca. 30.000 €. Der Opel Ampera als Hybrid, Basisversion ca.€ 44.000. Ab Okt. 2012 der Toyota Prius Plug-in ab 35.000 € Basismodell (E-Fahrzeug), Twizy's (E-Quads) kosten ca. € 7.000 Basismodell

„SYN*force* Destination: Globalunternehmen"

Es wird angenommen, dass die Verbreitung der E-Fahrzeuge auch in Europa über subventionierte Geschäfts- und Dienstwägen, gefolgt von Mietwagen und „Car Sharing" Modelle vorangetrieben werden soll.

Diese Modelle bieten tatsächlich einen interessanten Markt mit Wachstumspotenzialen auch für angrenzende Branchen. Zurzeit soll die Deutsche Bahn mit BMW und Daimler über ein gemeinsames Netzwerk verhandeln, das es den Kunden ermöglicht, über eine App alle drei Angebote zu vergleichen und zuzugreifen. Bislang bietet die Bahn unter Flinkster ihr Car-Sharing Modell an. Das Car Sharing-Modell ist derzeit auch für die Metropoliten-Lösungen ein interessanter Ansatz.

Aufgrund der Verschiebung ganzer Wertschöpfungsketten von metallisch/mechanisch zu elektronisch/elektrisch bis hin zu Cloud/virtuell, werden die Unternehmen global gesehen eine Lösung über Pooling-Effekte, über Allianzen oder über einen stärkeren Lieferanten-Komponentenbau suchen müssen. Der Trend geht hin zu einer Drittalternative als modulares Antriebskonzept und verspricht große Wirkungsgrade auf andere Branchen und Unternehmen. Viele Unternehmen haben bereits Allianzen europaweit gegründet und ebenen den Weg der „Cloud e-Zukunft".

Biotechnologie

Die sogenannte „New Era of Biotechnology" bietet über die Medizin, die produzierende Industrie und Pharma sowie Chemikalien hinausgehende Potenziale auch für die Nahrungsmittelbranche, ICT, Finanz- und Versicherungswesen sowie dem Logistik- und Dienstleistungswesen. Spielt unter Biotechnologie der Sektor „Medizin" und „Industrie" gefolgt von Dienstleitungen in Europa und Japan eine wichtigere Rolle, so spielt die „Agriculture Biotechnology" in ASEAN und AU eine

„SYN*force* Destination: Globalunternehmen"

vorrangige Rolle. Nach dem Forecast der APEC, im Rahmen des Ministergipfeltreffens im September 2012 in Vladivostok/Russland, soll sowohl die Anzahl der Farmen auf 100 Mio. hochklettern (2007 waren es 12 Mio.) als auch die Flächenanzahl auf 200 Mio. Hektar (2007 waren es 114,3 Mio. Hektar) in über 45 Ländern der Welt ausgebaut werden, um die biotechnologische Agrarwirtschaft auf stabile Füße für den weltweit steigenden Bedarf, die klimatischen Risiken, die veränderten Konsum- und Ernährungsverhalten und zur Sicherung der Lieferfähigkeit von Nahrung weltweit zu stellen.[78]

Derzeit werden rund 10 % der Nahrungsmittelvolumina durch die USA gedeckt. China deckt rund 5 %. Dieses Bild wird sich ändern. Asien und Afrika werden eine stärkere Rolle einnehmen, sowohl import- als auch exportseitig. Das Handelsvolumen für die Nahrungsmittelbranche, das sich derzeit auf rund $ 1.300 Mrd. beläuft, wird nach meinen Berechnungen bis 2020 bei rund $ 2.900 Mrd. liegen. Vergleichsweise dazu wird sich das Handelsvolumen allein für Bioethanol im selben Zeitraum von derzeit $ 3.200 Mrd. auf $ 9.600 Mrd. verdreifachen. Zwar wird sich der Preis voraussichtlich im 10 %-igen Rahmen bewegen, aber der Bedarf wird sich aller Voraussicht nach um über 70 % erhöhen.

Die Potenziale für die verschiedenen anderen Branchen führe ich hier weiter nicht aus. Um einen wesentlichen Unterschied zu der zurückliegenden Industrialisierung des Agrarsektors im Westen aufzuzeigen, verweise ich an dieser Stelle an das von mir ausgeführte Beispiel „mobile phones for indian farmers", das veranschaulichen soll, welche bedeutsame Rolle viele Industriezweige hierzu einnehmen, sich platzieren und davon profitieren können.

---

[78] Quelle: Report to APEC Economic Leaders, 2012 in Russia.

„SYN*force* Destination: Globalunternehmen"

Die technologische und industrielle Kompetenz der europäischen Unternehmen wird nicht nur im heutigen Binnenmarkt oder gar im deutschen Energiesektor die maßgeblichen Expansionsmärkte und Wachstumspotenziale finden. Die bisherigen Märkte reichen heute bereits mehr aus und zudem unterliegen sie einer „Regenerierungskur". Die Entwicklungen und das Wachstum der Allianz-Märkte des Weltmarktes versprechen neue attraktive Wege für Unternehmen, diversifiziert zu wachsen und sich neu zu finden bzw. neu zu ordnen.

Das Problem vieler Unternehmer mit der Globalisierung ist ähnlich dem Problem vieler guter Politiker: Es fehlt nicht an Ideen oder Gelegenheiten, sondern an belastbare Strukturen und Teams, gefolgt einer Bereitschaft zur persönlicher Inanspruch- und Inpflichtnahme. Diese Einsichten und die persönliche Umsetzungsbereitschaft sollten die Unternehmensführungen dringlich gewinnen und in die Unternehmen einbringen, die sie sodann formen, ausrichten und stärken können.

Externe Partner können sie sehr gut dabei unterstützen, das Unternehmen schneller auf Kurs zu bringen, aber sie können nicht die Unternehmensführer ersetzen, weder die Besten unter ihnen, noch die Teuersten oder etwa die am besten Abgesicherten.

„SYN*force* Destination: Globalunternehmen"

Kapitel III „Das Management der Wachstums- und Werttreiber globaler Unternehmen"

Diese festgestellten Trends und abgeleiteten Expansionspotenziale stimmen weitgehend mit denen vieler Unternehmen, die ich kenne, überein. Mit einer Markterweiterung gehen auch neue Wettbewerbsverhältnisse, veränderte Produkt-, Kunden- und Marktanforderungen einher, die zu Geschäftsmodellanpassungen führen. Infolge dessen begegnet das Management heutiger Unternehmen zahlreichen externen und internen Herausforderungen, zu denen auch steuer-, arbeits- und wirtschaftsrechtliche Regulierungen zählen. Es stellt sich daher weniger die Frage, „ob" ein Manager vorgegebene Richtlinien und Herausforderungen unter den verschiedenen Interessen und Perspektiven zusammenführen und das Unternehmen ausrichten, lenken und überwachen kann, sondern „wie" ein Manager aus diesen geschaffenen Realitäten und Rahmenbedingungen Vorteile ziehen, Risiken erkennen und mindern, Potenziale ausschöpfen und diese insgesamt als Navigator nutzen kann. Es ist weder ein Geheimnis noch neuartig, dass die Perspektive, aus welcher wir ein Unternehmen und seine Kapazitäten, Kompetenzen, Ressourcen und Märkte betrachten, maßgeblich zur Entwicklung eines Modells oder zur Verabschiedung weitreichender Entscheidungen. Als eine geeignete Perspektive erfolgreicher Unternehmensführungen erscheint mir die Orientierung und Fokussierung auf das Verhältnis der Ertragsfähigkeit zum Wachstum der Unternehmen und ihrer Aktivitäten.

Betrachten wir die Top 50 erfolgreichen Unternehmen Europas in den letzten zehn Jahren, stellen wir fest, dass sie über einen längeren Zeitraum entgegen dem amerikanisch geprägten Modell auf ein „Multi-

"SYN*force* Destination: Globalunternehmen"

polar-Modell"[79] gesetzt haben. Das heißt präziser formuliert: Wachstumsgenerierung wurde über eine dreiachsige Verbindung auf sichere Füße gestellt: (1.) durch gezielte (Neu-) Investitionen, Fokussierung[80] und Weiterentwicklung der Kompetenzen in Technologie, Struktur, System und Personell; (2.) durch intelligente und zukunftsträchtige Kombinationen einzelner Produkte mit Dienstleistungen in Branchenlösungen nach Marktprofilen bzw. der Aufbau von marktspezifischen Systemgeschäften und (3.) Stabilisierungs- und Standardisierungsmaßnahmen, worunter auch neue Finanzierungsmodelle und Effizienzanspruch mit gesunden Maß sowie Konsolidierung fallen.

Auf dieser Grundlage kann ein Unternehmen sich im Weltmarkt (re-) positionieren und seine Stellung ausbauen. Für die Repositionierung, auf die ich unten detaillierter eingehen werde, ist es zwingend erforderlich, dass diese auf die Wachstumspotenziale und Werttreiber einerseits, sowie andererseits auf die Positionierung der Geschäftsführung und des Managementteams gegenüber internen und externen Partnern und Akteuren, ausgerichtet wird. Diese Anforderung ist insbesondere für die mittelständischen Führungsstrukturen und deren entsprechendes Verständnis neuartig, aber erfolgsentscheidend.

Handelt ein Unternehmen global, muss es sich auch als globales Gebilde selbst wahrnehmen und verstehen. Eine Untergliederung oder eine strukturelle Aufstellung alleinig nach „Kern- und Randprodukten" findet höchstens Anwendung in strukturierten und/oder homogenen Segmentmärkten, die wir heute in den global zusammenwachsen-

---

[79] „Multipolar-Modell" ist ein von Armida Hemeling benanntes Instrument zur Unternehmensentwicklung.
[80] Die Fokussierung wird oftmals pauschal mit „Differenzierung" oder gar dem „Kerngeschäftkonsolidierung" synonym verwendet. Richtigerweise kann sich Fokussierung auf Kernprodukte bzw. -Technologien beziehen, aber genauso auf Kompetenzen, auf fragmentierte Prozesse der Wertschöpfungskette, Ressourcen- oder Marktzugang, etc. Fokussierung setzt keine Differenzierungsstrategie voraus oder bedeutet zwangsläufig Konsolidierung.

"SYN*force* Destination: Globalunternehmen"

den Märkten höchstens als Submärkte vorfinden werden. Im Gegenteil, eine derartige Aufstellung birgt bereits heute hohe Risiken für Technologieunternehmen, weil sie die Einflussnahme und die Wechselwirkung zwischen Komplexität (Multidimensionalität), disruptiver Technologieinnovationen, veränderter Marktprofile und Profilanforderungen heterogener Märkte auf die Positionierung außer Acht lässt bzw. nicht erfassen kann. Im Kapitel I und II bin ich sowohl auf die zurück- als auch auf die vorliegenden Herausforderungen, sich abzeichnende Potenziale und Handlungsnotwendigkeiten eingegangen. Allesamt führen sie zu kontinuierlichen Veränderungen, richtiger: Zu Veränderungswellen. Dieser neuen Situation dürfen Unternehmen heute nicht mit den gleichen „alten" Lösungen gegenüberstehen, die bereits in der Vergangenheit bewiesen haben, dass sie wenig oder nicht geeignet waren, um Komplexität, Flexibilität und Dynamik als zusätzliche Dimensionen zu managen.

Noch einmal zur Verdeutlichung: Ich glaube nicht, dass die Unternehmen gut darin beraten sind, die eine und allgemeingültige Strategie, die „Allerheilmittel-Strategie" mit einem Produktportfolio für alle Märkte (geografisch wie technologisch) zu haben, die die Unternehmen erschlossen haben oder zukünftig zu erschließen beabsichtigen. Die Zeiten, in denen die Märkte über ähnliche oder vergleichbare Rahmenbedingungen, Mechanismen, Dynamiken und Saturierungsgrade verfügt haben, sind vorbei. Auch haben sich die Produkt- und Technologiemärkte dadurch verändert, dass andere Mitspieler die Geschwindigkeit, die Preise und die Marktverhältnisse beeinflussen, die bisher wenig bekannt und von westlichen oder westlich geprägten Playern anerkannt und akzeptiert waren. Viele Unternehmen bedienen sich aber nach wie vor früher entwickelter Erfassungs-, Bewertungs- und Entscheidungs-Methoden, weshalb sie scheitern (müssen). Andere Unternehmen „verzetteln" sich in der Kluft und in dem raschen, größ-

"SYN*force* Destination: Globalunternehmen"

tenteils unkoordinierten, Wechsel zwischen „Konsolidierung" und „Diversifizierung". Ich bin davon überzeugt, dass: in der Bildung und Implementierung synergetischer Wachstumsstrategien, in der Etablierung marktorientierter und integraler Organisationsstrukturen, abgestimmt mit interaktiven wertschöpfungsorientierten Prozessen und untermauert durch integrierte System- und Kollaborationsnetzwerke, ein paar der tragfähigen Lösungen für das hier beschriebene Dilemma der Geschäftsleitungen liegt. Dadurch wird auch eine Unternehmensentwicklung und -steuerung entlang globaler Unternehmenswerttreiber möglich, aber anspruchsvoller.

Haben Unternehmen in der Vergangenheit bis heute neue Vertriebsmärkte anhand eines Produktportfolios mit Kundenfokussierung und andererseits Produktionsmärkte anhand einer Ausgliederung fragmentierter Prozesse, erschlossen und ausgebaut, werden sie zukünftig ein komplexeres Umfeld und höhere Anforderungen vorfinden. Diesen können sie nur mit einem modularen Geschäftsmodell begegnen sowie einem angepassten Verständnis und einer hohen Bereitschaft, die eigene Positionierung unermüdlich zu vollziehen.

Dazu zählen das Erfassen, Verstehen und Verfolgen zukunftweisender technologischer, geo-strategischer und zivilpolitischer Trends. Diese Trendentwicklungen werden mit den unternehmensinternen Kompetenzen und Kapazitäten (Human Ressource, Technologie, Struktur und System) sowie dem jeweiligen Markt bzw. der Markt-Allianz gematched. Einen etwaigen Gap gilt es, zu ermitteln und Maßnahmen zur Schließung einzuleiten. Folglich hängt der Erfolg von den allerersten Analysen und getroffenen Annahmen ab, die folgende Punkte beinhalten: Produkte bzw. -Systeme, Märktedynamik und -Reife, Umfeld und Rechtsrahmen, Kunden-, Partner- und Lieferantensysteme, der eigenen Kompetenzbasis sowie des Kompetenzeinsatzes und der -Verfügbarkeit.

"SYN*force* Destination: Globalunternehmen"

Wurde hingegen darauf vertraut, dass die Annahmen „schon richtig" sein werden, weil das Unternehmen bisher erfolgreich war und dadurch wohl richtig positioniert sein muss, sind in diesem ersten Schritt die Fehlschlüsse und -Größen programmiert, die den Unternehmen teuer zu stehen kommen und in eine „Verzettelungsstrategie" münden werden. In Folge beschäftigen sich die Geschäftsführungen mit internen und selbst gemachten Problemen und zu wenig um den permanenten Kontakt und Zugang zu den Kunden, den Märkten, der Konkurrenz- und Kompetenzfähigkeit und Innovationen. Rückläufige oder unbefriedigende Umsatzzahlen, hohe Kosten, Ineffizienz und verpasste Markttrends oder Technologieentwicklungen sind die Folgen einer solchen „mit sich beschäftigt sein"-Situation. Die Unternehmen und Geschäftsleitungen geraten unter massiven Druck, wobei ihre Handlungs- und Entscheidungsspielräume schrumpfen.

„SYN*force* Destination: Globalunternehmen"

Die strategische (Re-) Positionierung der Unternehmensführungen gegenüber internen und externen Akteuren

Zwar hat die Finanzkrise 2007/2009 fast alle Unternehmen weltweit schwer getroffen, aber diejenigen unter ihnen wurden im besonderen Maße „bestraft", die eine hohe Fremdkapital- und geringe Eigenkapitalquote nachwiesen, eine besonders starke Nähe zu den Kapitalmärkten hatten und über eine ausgeprägte zahlenorientierte Geschäftsführung verfügten.

Vielfach wurde -zuvor und auch heute- von einer kurzfristigen Profitorientierung, einer starken Zahlenorientierung sowie der Simplifizierung und Erhöhung der Komplexität abgeraten. Und dennoch scheinen diese Ratschläge, zwar Zustimmung zu ernten, aber selten Anwendung zu finden. „Fehlt es an Alternativen?", mag man sich fragen. „Oder fehlt es an Mut, etwas anderes zu versuchen?" Ich denke, die Alternativen sind da und es gibt viele Unternehmensführer, die den Mut dazu haben, sie auch anzugehen.

Die Schwierigkeiten liegen nicht im geringen Maß in den starken Verwurzelungen und Abhängigkeiten, die zwischen den Kapitalmärkten und den Unternehmen in den letzten fünfzehn bis zwanzig Jahren entstanden sind. Andererseits haben sich die Kapitalmärkte über Jahrzehnte hinweg jenseits von Unwägbarkeiten in Sicherheit gefühlt. Wenige Restriktionen oder Regularien, aber hohe Abhängigkeiten und hohe Margen waren das „business make up" vieler Finanzhäuser.

Aber es hängt auch mit dem Führungsverständnis und -Weise der Unternehmensleiter zusammen, die sowohl während des Studiums als auch in der Praxis eine starke Dominanz dieser Instrumente erfahren und zu praktizieren gelernt haben.

„SYN*force* Destination: Globalunternehmen"

Durch die wachsende Nähe der Banken und Finanzdienstleistern zum für die Finanzen verantwortlichen Management eines Realunternehmens in den letzten fünfzehn Jahren, wuchs die Abhängigkeit bzw. die häufig empfundene Unausweichlichkeit der Unternehmen, Wachstum durch Modelle mit einem hohen Fremdkapitalanteil zu finanzieren. Man denke nur an die exorbitanten Übernahmepreise, die die strategischen Beteiligungen der Realwirtschaft erschwerten bis verhinderten, wohingegen sogenannte Großinvestoren kaum Schranken vorfanden. Eine Entwurzelung zum „gesunden Maß" und der damit notwendigen Repositionierung der Unternehmen gegenüber Banken und Finanzdienstleistern wird nun seine Zeit benötigen. Gelingt uns eine Entwurzelung zum gesunden Maß, werden sich für einige Problemfelder der heutigen Globalen Imbalance Lösungswege aufmachen.

Über die Repositionierung der Unternehmen gegenüber dem Kapital- und Finanzmarkt hinausgehend, werden sich auch die Begriffe „Unternehmenserfolg" und „Unternehmensauftrag" ebenfalls erneuern (müssen) und daran knüpfen sich neue Modelle, Parameter und Kriterien, die Unternehmensführungen zukünftig entwickeln und implementieren werden. Damit verbunden sind ein verändertes Managementverständnis und eine modifizierte Führungsweise. Wir werden verstehen müssen, dass unzuverlässigen Markttrends nicht mit CAMP-Modellen oder Kostenoptimierungsmaßnahmen begegnet werden kann, sondern mit einem Kompetenzwertgerüst und Instinkt. Das heißt, die Unternehmensführungen werden (wieder) lernen müssen, vorliegende unzuverlässige Situationen, Fakten und Zahlen mit einem „unternehmerischen Instinkt" für Technologien, Märkte, Finanzen, Produkte und Kunden zu begegnen und zu schärfen, insbesondere bei unsicheren Zeiten und unzuverlässigen Unternehmenszahlen.

„SYN*force* Destination: Globalunternehmen"

„Instinkt" ist ein Wort, das in der Managementwelt in Verruf geraten ist, deshalb bedarf es an dieser Stelle einer Erläuterung des Begriffes: Der unternehmerische Instinkt bedeutet nicht, Entscheidungen impulsiv und basierend auf einer unzureichenden Fakten-, Zahlen- und Analysen-Basis zu treffen, wie oftmals „synonym" verwendet wird.

Der unternehmerische Instinkt erwächst bei einem Entscheider vielmehr aus erlangtem Wissen und gewonnener Kenntnis, aus der Erfahrung über Sachverhalte, Märkte, Produkte, Kunden und Technologien und der Wertegrundlage eines Unternehmens. Es ist ein unternehmerisches „Sub-Bewusstsein" und daher keine halsbrechende „Impulsivität". Um dahin zu gelangen, bedarf es persönlicher und fachlicher Reife und der Kultivierung dieser. Dazu zählen nebst fundiertem fachlichen und technologischen Wissen sowie Produkt-Verständnis auch in gleichem Maße das Kennen und Einkalkulieren von (internen und externen) Grenzen, Gemeinschaftssinn, Verantwortungsbewusstsein und Lösungsorientierung. Diese wertvolle Entwicklung macht eine Führungskraft zu einer Entscheiderpersönlichkeit mit Verantwortungswillen und bildet seinen Instinkt. Wodurch er erfolgreich und verantwortungsvoll das Unternehmen führen und ein erfolgreiches und verantwortungsvolles Privat- und Sozialleben leben kann. Dort finden wir genau den Manager, den wir heute und morgen brauchen werden. Deshalb ist es wichtig, dass die „Executive Education" eine zentrale Rolle in unserer Wirtschaftsgesellschaft und den universitären Einrichtungen einnimmt. Die dritte erforderliche Repositionierung betrifft also die Geschäftsführungen und ihre Managementteams direkt. Sie müssen sich innerhalb und außerhalb ihrer Unternehmen und deren Partner genauso wie gegenüber den Markt- und Wettbewerb- als auch wirtschaftspolitischen Akteuren re-positionieren und Stand halten.

„SYN*force* Destination: Globalunternehmen"

Die Re-Positionierung eines Unternehmens im Weltmarkt wird die Positionierung der Top-Geschäftsführung sowie des Managementteams zu den unternehmenswichtigen Akteuren voraussetzen bzw. bedingen. Je eher die Geschäftsführer bereit sind, diese Tatsache anzunehmen und anzugehen, desto früher werden ihnen die Gestaltungsnotwendigkeit und Handlungsräume klarer und greifbarer.

Die Geschäftsführer erfolgreicher globaler Unternehmen haben verstanden, dass eine Portfolioanalyse nur in den relativ bekannten und strukturierten sowie prognostizierbaren Märkten Sinn macht. Stoßen sie aber auf unbekannte und unstrukturierte Märkte, Verschiebungen oder gegenläufige Trends, die nachhaltig die Märkte zu verändern drohen, ist die Portfolioanalyse wenig aussagefähig und damit weniger brauchbar. Es soll weder dieses noch andere herkömmliche Werkzeuge per se verurteilt oder gar verantwortlich für Fehlableitungen und Entscheidungen gemacht werden. Vielmehr sind es die (heutigen) Anwendungsfelder, die ungeeignet sind und es mangelt an tragfähigen und geeigneten Werkzeugen zur Erfassung, Abbildung und Bewertung dieser Marktentwicklungen, der neuen Märktedynamik und damit in und zwischen den Unternehmenseinheiten. Wir sollten verstehen, dass die (bequemen) Zeiten, in denen die Märkte nach erkennbaren und bekannten Zyklen verlaufen sind und die Player bekannt und kalkulierbar waren, größtenteils vorbei sind. Wir stecken in einer Umbruchszeit, in der wachsame, agile und lernwillige Unternehmer als Entscheider gefragt sind, die nicht nur ihre Heimatmärkte und deren Dynamik und Entwicklung kennen und einkalkulieren, sondern auch die volkswirtschaftlichen, rechtlichen und politischen Zusammenhänge in anderen Märkten verstehen und daraus die Einflüsse auf ihre Unternehmen und deren Märkte ableiten und einkalkulieren können.

„SYN*force* Destination: Globalunternehmen"

Kompetenz- und wertorientierte Szenarieninstrumente, beispielsweise, bieten eine geeignete Basis, diese Parameter ausreichend zu berücksichtigen und zu kalkulieren. Hierzu zählt auch das untenstehende SYN*force* Kompetenz-Modell.

Die internen Wachstumstreiber globalisierter Unternehmen

Die aufgeführten „Trends und Potenziale" aus geo-strategischer, zivilpolitischer und technologischer Trendentwicklung sollten mit den nachfolgenden internen Wachstumstreibern in Einklang gebracht werden:

- Differenzierungs- und Diversifikationsfähigkeit;
- Innovationsfähigkeit und technologische Kapazitäten;
- Synergie- und Customizing-Fähigkeit;
- Modularisierungs- und Baukasten-Produktsysteme,
- Mindest- und Maximalmaß an Dezentralität;
- Kapital- und Finanzierungskapazitäten sowie -modelle.

„SYN*force* Destination: Globalunternehmen"

SYNforce: Eine erfolgsversprechende (Re-) Positionierungsgrundlage für ambitionierte Unternehmen

Kapiteleinleitend hatte ich bereits formuliert, dass die (Re-) Positionierung eines Unternehmens eine ganze Reihe vorgeschalteter Abwägungen, Entscheidungen und Maßnahmen bedarf, und sie beginnt mit der (Re-) Positionierung der Geschäftsführung inklusive dem Managementteam gegenüber den unternehmenswichtigen Akteuren, intern wie extern. Eine zeitgemäße (Re-) Positionierung eines Unternehmens entspringt aus der Vision und strategischen Entscheidung der Unternehmensleitung mit Hinblick auf alle für die Globalisierung relevanten Größen. Erst in der Folge wird sie entlang der obengenannten Wachstumstreiber eines Unternehmens entwickelt und verabschiedet. Wir gehen an dieser Stelle davon aus, dass diese Schritte durchlaufen wurden und das Unternehmen zu einer Strategie und Zielsetzung gelangt ist.

Nunmehr muss der neuen Positionierungsstrategie eine Anpassung der Prozess- und Organisationsstrukturen, des Produkt- und Dienstleistungsportfolios, der Technologie- und Materialgrundlage sowie der Partnerschafts- und Third Party-Modelle über einen realistischen Zeitrahmen folgen. Von dem Ziel einer Repositionierung bis zur mess- oder fühlbaren Positionierung ist es ein langer Weg, ohne Abkürzungen. Darüber muss man sich klar sein oder werden, bevor man die Richtung einschlägt. Der Versuch, globale Aktivitäten in bestehende Konzern- oder gar Mittelstandsstrukturen zu pressen, führt zumindest zu ineffizienten Prozessen in der gesamten Wertschöpfungskette und zu einer instabilen Aufbauorganisation, die eine geplante Positionierung massiv gefährden und operativ mit erheblichen Risiken auf der Seite der Compliance, Auftragsbearbeitung-, Vertrags-, Verrech-

"SYN*force* Destination: Globalunternehmen"

nungs- und des Qualitätswesens behaftet sind, die sich folglich auch auf die finanziellen Ergebnisse negativ auswirken. Vergegenwärtigen wir uns, dass es hier nicht nur darum geht, dass ein Unternehmen die Potenziale in diesen (existierenden oder neuen) Märkten nicht ausschöpfen kann, sondern vielmehr darum, dass einzeln getroffene und unkoordinierte Maßnahmen und Aktivitäten in neue Märkte über den Erfolg und Misserfolg des Unternehmens insgesamt entscheiden werden.

Bislang konnten viele Unternehmen, insbesondere Konzerne, von der schwachen Konkurrenz in den aufstrebenden Märkten und von ihrer Technologie- oder Know How-Überlegenheit profitieren. Dieser Stand ist heute in nur noch wenigen Märkten und Branchen vorzufinden und zukünftig werden wir eine ganz andere Situation vortreffen. Die Weichen müssen die Unternehmen deshalb heute stellen. Dazu müssen sie eine zukunftsträchtige Positionierung im globalen Unternehmensmarkt definieren und festlegen, woraus sie eine Repositionierung für einzelne Allianz-Regionen bis hin zu Einzelmärkten ableiten und die Repositionierung operativ (Top-Down und Bottom-Up) einleiten.

Laut einer Studie von Accenture bezweifeln 95 % der Topmanager (Konzern und großer Mittelstand), dass ihr Unternehmen für die heutige Welt das richtige Modell hat. Sicherlich sind Reorganisationen oder gar Umstrukturierungen keine einfache Aufgabe, die zusätzlich unternehmenspolitisch noch weniger Freude bereiten können, wenn man selbst nicht die richtigen Gründe, Überzeugung und Klarheit erlangt hat, um andere im nächsten Schritt davon zu überzeugen oder zu inspirieren.

„SYN*force* Destination: Globalunternehmen"

Im nachfolgenden Apple-Beispiel werden Sie erkennen, dass nicht nur Produkte oder Prozesse einer Erneuerung und marktorientierten Entwicklung bedürfen werden, sondern auch Shops, Filialen und Partner. Dies gilt im B2B- und B2P- Umfeld gleichermaßen, wie im B2C bzw. Retail, wozu Sie Näheres ebenfalls nachfolgend erfahren werden. Versprechen wir uns von bestehenden und neuen Märkten zukünftig nicht nur Kunden oder Rohstoffe und Lieferanten, sondern legen den Schwerpunkt auf die Unternehmensprofitabilität durch die „richtige" Positionierung, so müssen wir die Märkte anders betrachten - ganzheitlich- und bewerten.

Mit der Festlegung der Positionierungsstrategie und der Ziele bestimmt das Unternehmen auch, welche Gesamtaktivitäten es unternehmen will und außerdem, wie die einzelnen Tätigkeiten miteinander verknüpft werden sollen bzw. müssen und in welche Beziehung sie zueinanderstehen. Diese Managementaufgabe ist entscheidend und bleibt auch in Zukunft eines der wichtigsten Aufgaben des Managements. Es geht darum, die Tätigkeiten in einer richtigen Reihenfolge und in der richtigen Beziehung zueinander zu kombinieren. Erst nachdem diese Aufgabe erledigt worden ist, kann über operationelle Maßnahmen nachgedacht und diese angegangen werden. Das Unternehmen sollte diejenigen Faktoren herausarbeiten, die die Wertschöpfungsprozesse betreffen bzw. beeinflussen. Diese Aktivitäten müssen sodann entlang der gewichteten Positionierungsziele aufeinander abgestimmt und in Beziehungen gebracht werden.

Leitfragen zur Feststellung dieser könnten sein: „Haben die Funktionen und Aktivitäten eine Konsistenz zur Gesamtstrategie? Dienen diese dem Positionierungsziel?" Und auf der nächsten Ebene die Fragen „Unterstützen die Funktionen und Aktivitäten einander?", gefolgt von

„SYN*force* Destination: Globalunternehmen"

dem operationellen Ansatzpunkt „Welche Aktivitäten können die betriebliche Leistung optimieren?" Verfolgt ein Unternehmen diesen Weg der Repositionierung, Fokussierung und Operationalisierung, stellt es zudem sicher, dass für den Wettbewerb auch Nachahmungen schwieriger werden. Selbst wenn eine Querverbindung geschaffen wird, können Strukturen und Systeme nicht nachgebildet werden.

Das Unternehmen vollzieht eine authentische Differenzierung, und nicht eine lamentierte. Mit einer Repositionierung stellt sich auch unmittelbar die Frage „welcher Wachstumskurs erhält und stärkt die strategische Positionierung?" Es ist dabei wichtig festzustellen und zu bewerten, wie hoch bzw. wo die unternehmensindividuelle maximale und minimale Wachstumsrate (der ideale Wachstumsrahmen) liegen, die dem erlauben organisch, anorganisch oder durch einen Mix aus beidem zu wachsen.

Das maximale und minimale Wachstum zeigen den Rahmen, innerhalb dessen ein Unternehmen wachsen kann, ohne dass es unverhältnismäßige Risiken eingeht, indem es beispielsweise zu schnell (Maximalgrenze) oder zu langsam (Minimalgrenze) wächst. Der ideale Wachstumsrahmen lässt sich im Wesentlichen aus den nachfolgenden Komponenten gewinnen oder entlang definiert werden: Unternehmenswachstum zum Marktwachstum; Wachstumserwartungen zum Marktpotenzial und Kapazitäten oder qualitative Marktlösungspotenziale zu verfügbaren Kompetenzen. Als finanzielle Komponenten könnten sich eignen, die Produktivitätswachstumsrate und die Verschuldungsrate. Diese Komponenten werden zum einen retrospektiv (zurückliegende drei bis vier Jahre) und forecast[81] ermittelt und bewertet. Benchmarks, wie etwa „Umsatzwachstum zum direkten Wett-

---

[81] Forecast bezeichnet eine „vorausschauende rollierende Planung", in der Regel über einen Zeitrahmen von 3-5 Jahren.

"SYN*force* Destination: Globalunternehmen"

bewerb" oder ähnliche, müssen ebenfalls einer Überprüfung und Neuordnung unterzogen werden und können von einem Unternehmen als Entscheidungsgrundlage nur bedingt hinzugezogen werden. Sie eignen sich dann nicht als ein direkter Maßstab, wenn die Strukturen und der Leistungsumfang eines Unternehmens, mit dem ein Kunden- bzw. Marktsegment bedient wird, mit denen des Wettbewerbers nicht direkt vergleichbar sind.

Noch schwieriger wird es im Systemgeschäftsumfeld, in dem der Embodied- und Embedded-Service-Anteil, siehe Abschnitt Trends, gleich hoch oder höher ist als der Technologie- bzw. Produktanteil. Der Grund ist relativ einfach: Der Umsatz eines Wettbewerbs, selbst im gleichen Kunden- oder Marktsegment, sagt heutzutage noch nichts darüber aus, wodurch dieses Wachstum erzielt wurde. Diese Ausführungen lassen sich einerseits auf die beschriebene Heterogenität und andererseits auf die Verschiebung der Umsatzquellen eines Unternehmens zurückführen, die nicht immer einen Bezug zur originären Unternehmenstätigkeit haben. Insbesondere nicht in den neuen und hier aufgeführten Allianz-Märkten. Wenn das Unternehmen über ein bestimmtes Produktsegment oder über einen „alten westlichen" Konkurrenten in Bestandsmärkten Aussagen treffen kann, gut, dann können etwaige Benchmarks in die Überlegung einfließen. Andernfalls sollten vage Vermutungen bzw. Mutmaßungen besser außen vor bleiben. Mit den drei oben genannten Komponenten lässt sich allerdings bereits sehr gut arbeiten und eine Grundlage schaffen.

Jedes Unternehmen möchte hohe Umsatzwachstumszahlen erreichen, aber zu schnelles Wachstum erhöht die Komplexität, bei anorganischem Wachstum verbergen sich erhöhte Risiken zumindest auf der Technologie-, Wert- und Finanzseite. Dieses kann die Strukturen und

„SYN*force* Destination: Globalunternehmen"

Prozesse sprengen, was zu erhöhter Ineffizienz bis hin zu Umsatzrückgang führen kann. Deshalb ist es für das jeweilige Unternehmen sehr wichtig, mit der Verabschiedung einer Positionierungsstrategie auch den richtigen Wachstumsrahmen (die Mitte zwischen der maximalen und minimalen Wachstumsraten) zu definieren und zu gehen.

Standortvorteile durch kompetenzielle Aufbaustrukturen bei der Markterschließung und Expansion sichern:

Wir bewegen uns zunehmend in das Innere eines Unternehmens: An die Überprüfung und Ausrichtung ihrer erforderlichen Strukturen und Standorte, um die Repositionierung auf ein physisch-tragfähiges Gerüst zu stellen. Die meisten Unternehmen haben in der Vergangenheit mit einer getrennten Vertriebs- und Produktionsstrategie (nur vereinzelt mit einer Entwicklungsstrategie) Zukunftsmärkte erschlossen, die aus der zentralen Organisation in länderspezifische Unterabteilungen ausgelagert und verantwortet wurden. Auch die KPMG kommt zu einer ähnlichen Schlussfolgerung, wonach der Anteil der Auslandsproduktionsaktivitäten aus Kostengesichtspunkten bei rund 42 % lag. Die Umsatzmotivation, gemessen an dem Anteil der Vertriebsaktivitäten mit rund 32 %, war hingegen nachrangiger, gefolgt von Synergiegesichtspunkten einer Markterschließung und -Ausbaus. Im Jahr 2011 betrug der Vertriebsanteil rund 43 % und die Auslandsproduktion aus Kostengesichtspunkten sank auf 22 %. Hingegen kletterte der Anteil einer Auslandsproduktion zur Markterschließung (Synergieeffekte) auf 35 % (gegenüber 2003 mit 26%). Über alle hier aufgeführten Allianzen hinweg waren die Markterschließung und der Vertrieb noch vor Kostengesichtspunkten angesiedelt und bestimmten die Markterschließungsstrategie der untersuchten Unternehmen.

„SYN*force* Destination: Globalunternehmen"

Zu weiteren Markterschließungsfaktoren für den deutschen Mittelstand zählen die erzielten Angleichungen an multinationalen Bilanzierungs- und Steuerregelungen. Insbesondere die jüngsten Vorschriften bezüglich der internen oder unternehmensverbundenen Warenlieferungen sowie Funktionsverlagerungen stellen an die Unternehmen härtere Bedingungen, wodurch es für die Unternehmen lukrativer wird, Strukturen und Geschäftsmodelle zu modularisieren und zunehmend auf Lizenzierungsmodelle umzusteigen.

Ein Globalunternehmen wird zukünftig mit über zehn Marken, 200 Modellen und 90 Fabriken in über 150 Ländern auf dem gesamten Erdball verteilt, aufgestellt sein. Das Unternehmen muss im Stande sein, über eine kleine Anzahl von Steuerungsgrößen (zwischen drei bis max. elf) die gesamte Leistungs-, Prozess-, Ressourcen-, Kompetenz- und Rentabilitätsgrundlage des Unternehmens zu führen. Modulare Kompetenz- und Querbauproduktions-Konzepte werden ein Muss sein. Dazu zählt auch die Standardisierung von Finanzierungsprozessen zwischen Unternehmensgesellschaften untereinander und zum Kapitalmarkt auf einer gemeinsamen Technologie-Plattform. Oder etwa das Hybride Resourcing und die Reserve Innovation, wie ich im unteren Abschnitt näher erläutern werde.

In einem reifen Stadium führten einige Unternehmen multinationale Strukturen ein, um Standortvorteile besser nutzen zu können oder sie gründeten Landesorganisationen in Joint Ventures mit einheimischen Partnern und verlagern an exzellente Provider ganze Prozesse (siehe MEƎS Outsourcing). Die Landesorganisation bzw. -gesellschaften spezialisieren sich im Laufe dieses Prozesses auf einen bestimmten Teil der Wertschöpfungskette, einer Verfahrens- oder Produkttechnologie und erkennen Technologie-, Verfahrens- und Markttrends. Sie wachsen zu selbstständigen Einheiten/Satelliten. Diese Strukturen werden die physisch-tragfähigen Zukunftsstrukturen von Globalunter-

"SYN*force* Destination: Globalunternehmen"

nehmen sein. War beispielsweise in Europa die Planung, Entwicklung und Konstruktion neuer Produkte, wurde in China, Mexiko oder Ukraine gefertigt und in der EU sowie in den USA verkauft, wird zukünftig regional (im Sinne der hier vorgestellten Allianz-Märkte) und lokal wertschöpfend operiert. Bislang haben die fortschrittlichen Unternehmen in Matrixstrukturen (Produkt und Geschäftsbereich oder Funktionen und Regionen) expandiert und sich zu globalisieren versucht. Die häufige Folge ist, dass wertvolle Managerkapazitäten aufgrund der Einbindung in mindestens zwei Berichtslinien mit steigendender Komplexität und größtenteils gegensätzlichen Anweisungen verbrannt wurden.

Einige andere Unternehmen sind den Weg einer sogenannten Divisionalisierung und einer Kombination aus der Matrixorganisation mit integrierten Backend-Funktionen gegangen. Hierzu wurden zentrale Schnittstelleneinheiten eingegliedert bzw. konsolidiert, wohingegen Prozesse mit direktem Kunden- und Marktbezug über eine Matrix von Produktlinien und Ländern organisiert wurden. Dadurch können in diesen Schnittstelleneinheiten einzelne Produkte bzw. individuelle Lösungspakete geschnürt werden und über die Matrixorganisation an die Kunden und Märkte unter Verantwortung und Maßgabe der Länderorganisation erfolgen. Aber auch diese Kombination zeigt sich heute aufgrund der Notwendigkeit nach branchenübergreifenden Lösungen / Systemgeschäftsentwicklung und der Technologie- und Umsatzquellenverschiebung in sehr unterschiedlich entwickelte heterogene Märkte als weniger tragfähig.

Heute können Unternehmen aufstrebende Märkte nicht mehr als Ergänzung mit abgewandelten Produkten oder Dienstleistungen betrach-

„SYN*force* Destination: Globalunternehmen"

ten oder eingliedern. Andererseits können Unternehmen nicht in jedem lokalen Markt (Land) große und eigenständige Apparate etablieren, da sie die Komplexität und Steuerung nicht mehr Gewinn bringend durchführen können. Diese Märkte können auch nicht als Kapazitätsverlagerung oder Auffangbecken für zentrale Märkte einseitig dienen, sondern sind den bisherigen zentralen Märkten mindestens gleichrangig (zu behandeln bzw. anzusetzen), wodurch sie Kompetenzen, Produkte, Kunden und nicht zuletzt die Gesamtstrategie maßgeblich mitbestimmen.

Wir dürfen an dieser Stelle nicht vergessen, dass sich *Unternehmensregionen* zukünftig aus den *Markt-Allianzen* ergeben werden, weil diese Märkte große Profitabilitäts- und Wachstumspotenziale mit geringeren Markteintrittsbarrieren, größerer finanzieller und steuerlicher Spielräume durch ihre Allianzstrukturen (siehe Vertragsgrundlage der Allianzen im vorherigen Kapitel) bieten. Die einzelnen *Allianz-Nationen* werden den einzelnen *Unternehmensmarkt* bilden, wobei sich der Wertschöpfungsprozess über mehrere Unternehmensmärkte verteilen wird, um infolge die Unternehmensregion (Allianz-Markt) und Randmärkte bedienen zu können. Diese Konstellation bringt die Unternehmen zu einer Neubewertung und Neuverteilung im Gesamtkontext, und es bedarf kollaborativer Kompetenz- und Organisationsstrukturen, die Funktionen aufeinander abstimmen und den strategischen Fit bestehen. Statt vollständiger Funktionsbereiche werden Teilfunktionsbereiche nach Kompetenz,- Kunden- und Kapazitätsmaßgaben auf unterschiedlichen Unternehmensmärkten und -regionen verteilt.

„SYN*force* Destination: Globalunternehmen"

Eine kompetenzorientiere Organisationsform erlaubt, beispielsweise die Wertschöpfungsprozesse mit virtuell-realen oder geo-intraktiven Strukturkomponenten (dazu zählen etwa „Competence Agents", „Peer Teams" oder „Architecture oder Solution Manager") flexibel, zeitnah und werterhöhend zugleich zu realisieren.

Hierdurch erhöhen sich auch die Kompetenzgrade und Innovationsanteile. Kurzum: *Die Idee der Divisionalisierung bietet eine der Grundlagen, auf die eine (zyklische) kompetenzielle Organisationsaufstellung zur Ausrichtung und Steuerung eines Globalunternehmens aufbauen kann.*

Natürlich spielt insbesondere bei dieser Aufstellung und Führungsweise die Sprache eine wichtige Rolle, und Englisch ist nicht in allen Unternehmensmärkten durchgängig etabliert bzw. ersetzt noch nicht flächendeckend die Ausdrucksweise in der Muttersprache. Aber erstens sind die meisten Unternehmen auf dem guten Weg dahin, die Patente und Know how-Dokumentationen werden bereits in Englisch erfasst und angemeldet. Zweitens, vereinfacht die von mir vorgeschlagene Zuordnung der Unternehmensregionen und -märkte auch sprachliche Barrieren: Mercosur, SAARC, und die Östliche Partnerschaft bieten jeweils als Regionen größtenteils in sich auch sprachliche Vorteile. Sogar die AU-Allianz bietet sprachlich weniger Hemmnisse, wie eine Unterteilung der Unternehmensmärkte nach „BRIC", zum Beispiel. Und drittens, können eine global entwickelte, etablierte und gelebte Unternehmenskultur, -Struktur, -Produkte und -Prozesse vereinfachend und abfedernd wirken. Umso einfacher ist es, wenn die Unternehmen heute beginnen, Kompetenz- und Entwicklungszentren weltweit zu etablieren, Menschen zusammenarbeiten lassen und dadurch alle näher an das Unternehmen rücken und dieses stützen.

"SYN*force* Destination: Globalunternehmen"

Tipp zur organisatorischen Aufstellung: Grundsätzlich gilt, solange Unternehmen Markt- und Kundenanforderungen befriedigen müssen oder Lösungen für Problemstellungen erfinden, werden sie Präferenzen, Preisen, Verschiebungen und Schwankungen unterliegen, die sie bedingt beeinflussen können. Heute auf einer breiteren Basis als früher. Das bedeutet für die Organisationsaufstellung, dass sie sich hieran orientieren, wobei sie Stabilität mit Flexibilität, Kompetenz mit Kapazität oder Interaktivität mit Singularität vereinen soll - nur um wenige Anforderungen zu nennen. Unternehmen kommen nicht umhin, in ihren Strukturen einen „zyklischen Wechsel" aktiv einzuleiten, um diesen unterschiedlichen Anforderungen in verschiedenen Phasen gerecht werden zu können.

Das bedeutet, die Unternehmen legen individuell fest, welcher Grad an hierarchischer Zentralisierung für sie speziell erforderlich ist, um eine stabile Organisation, zügige Entscheidungsfindungen und hohe Kompetenzgrade zu gewährleisten. Als Nächstes legen sie fest, wie verschiedene Organisationsmodule, die ein Unternehmen nach Szenarien entwickelt hat, andere ablösen können, um Flexibilität, Heterogenität oder Diversifizierung Rechnung tragen zu können. Dazu bedarf es zwingend eines straffen Prozesses, der durchgängig und die gesamte Organisation, von oberster Managementebene bis zum letzten Glied, umfasst, um Chaos und Willkür zu verhindern. Die kompetenzielle Organisation ist ein derartiges Modul, das sich im Zuge eines diversifizierten Wachstums besonders gut eignet.

Ein Unternehmensbeispiel zur Schaffung und Nutzung der Standortvorteile: Ich erwähne in diesem Buch, dass einige Unternehmen die Konkurrenz aufstrebender Wirtschaften befürchten und andere Unternehmen, die -wenn auch scherzhaft formuliert- eine Verlagerung der

„SYN*force* Destination: Globalunternehmen"

Zentrale nach China, Brasilien oder Mexico prüfen, weil sie in diesen Märkten den größten Umsatz erzielen und eine bessere Positionierung dadurch zu erreichen glauben. Was für den Starwood-Chef Frits van Paasschen zunächst ein im Scherz geäußerter Gedanke war „die Zentrale nach China verlegen", brachte ihn wohl dazu, die Konzern- und Führungsstrukturen zu überdenken. Van Paasschen beschloss, ab Juli 2011 das achtköpfige Top-Managementteam von Shanghai aus, den Konzern mit Stammsitz in White Plains, New York, zu führen. Jährlich soll das Top-Managementteam für einen Monat den Konzern aus den neuen Zukunftsmärkten führen und von dort Entscheidungen treffen, Maßnahmen initiieren und die Marktpräsenz verstärken. Dieser Schritt kann ein symbolischer sein (dazu später mehr), es kann auch eine „Mindset-Change"-Maßnahme für die Führungscrew sein, um die Märkte und die hiesigen Marktentwicklungen besser zu verstehen,

zu „fühlen", und dadurch frischen Wind, lehrreiche Erfahrungen zu gewinnen, um die Schnittstellen, die Potenziale und die Restriktionen zukünftig sicherer, unabhängiger von Drittbewertungen und dadurch besser managen zu können. Vielleicht ist es aber tatsächlich auch eine Vorbereitung auf eine Verlagerung der Unternehmenszentrale. Einige Unternehmen vollziehen ähnliche Schritte und verlagern die Verantwortung ganzer Bereiche bzw. Funktionen. Starwoods Hotels vereinen Hotelmarken der Luxusklasse weltweit und mit der Restaurierung[82] einiger Luxury Hotels in Europa hat das Management entschieden, die „exquisite kulinarische Erfahrung" ihrer Gäste um die feine chinesische Küche mit dem Tse Yang Restaurant zu erweitern und vereint chinesisches Flair und chinesische Exquisite mit der europäischen Tradition, etwa in Paris, Venedig, Madrid oder Sevilla. Starwoods be-

---

[82] Starwoods Statement "Tse Yang brings the elegance and sophistication of its authentic Chinese cuisine to San Sebastian, offering the city's residents and visitors an unforgettable gastronomic experience. Signature dishes include lobster mushi, Peking roast duck and dim sum", Jul 30, 2012

„SYN*force* Destination: Globalunternehmen"

gann die ersten Aktivitäten in China 1985 und erreichte im Juli 2012 den historischen Meilenstein mit dem Besitz von 103 Hotels und unterzeichnete Bauverträge für weitere 100 Hotels in „Great China". Allein im Jahr 2012 hat Starwoods zwölf Hotels in China eröffnet und bereitet die Eröffnung von weiteren 13 im kommenden Jahr vor. „The Golden Age of Luxury Travel" bezeichnet das Management die neue Dekade und begründet es damit, dass das Gästeverhalten durch die mit dem Wachstum entstehende Aspiration nach besserer Verbindung, größerer Differenzierung und höherem Anspruch sich verändert. Denselben Trend stellt das Starwoods Management für die chinesischen Reisegäste fest. China ist den eigenen Angaben nach, die reichste Quelle von Starwoods. Die „Starwoods Preferred Guest" Mitgliedschaft lokaler Gäste stieg um über 62 % und die chinesischen Reisegäste schätzen und setzen auf die Loyalität und auf die Partnerschaften, die Starwoods mit verschiedenen Industrien (Sport, Luftfahrt, Finanzen, Services, Entertainment, Getränke und Nahrung & Co.) zu einem Gesamtangebot entwickelt hat, um höchste Ansprüche ihrer lokalen Gäste zu befriedigen. Sind diese Maßnahmen das Ergebnis der einmonatigen Führungsarbeit aus Shanghai?! Jedenfalls ist eines sicher: Starwoods ist nicht der alleinige Konzern, oder die „Luxury Industry", die von dem Aufstieg Chinas zu einer Wirtschaftsmacht profitieren. Alle Unternehmen können profitieren, sofern sie heute ihre bisherigen Positionierungs- und Expansionsstrategien, die Unternehmensmodelle sowie die Bewertung und den Umgang mit globalen Unternehmensmärkten und Selbstverständlichkeiten / Routine rigoros auf den Prüfstand stellen und entschieden vorgehen.

„SYN*force* Destination: Globalunternehmen"

Die Unternehmenskompetenz nach SYN*force*

Die Grundlage und Komponenten der Unternehmenskompetenz

Bis hierhin haben wir die Voraussetzungen und Grundlagen für eine erfolgreiche zukünftige Unternehmens- (Re-) Positionierung definiert. Daraus haben wir eine Ableitung des Wachstumskurses und erste Grundlagen einer notwendigen Strukturaufstellung vorgenommen. Auch wissen wir, dass bevor es zu einer Unternehmensrepositionierung kommen kann, die Geschäftsführung und das Managementteam mit ihrer persönlichen (Re-) Positionierung gegenüber internen und externen Akteuren am Weltmarkt begonnen haben müssen. Die Gewinnung und Anwendung einer Kompetenzperspektive erleichtert der Geschäftsführung sowohl Entscheidungs- als auch Operationalisierungsprozesse und nicht zuletzt die persönliche Positionierung zu vollziehen. Um diese Schilderungen besser verstehen zu können, bedarf es aufgrund der Vielzahl der Begrifflichkeiten eines kleinen Exkurses und der Begriffsdefinition nach SYN*force*.

Bis teilweise heute noch finden wir den Begriff Unternehmenskompetenz in den Bereichen: „Wirtschaftsprüfung und Corporate Controlling", im „Human Capital", im „Knowledge Management" im „Talent Management" und auch im „Business Intelligence" sowie auch in „Strategic Corporate Development" - jeweils unterschiedlich definiert und subsumiert. Und wir finden Kompetenzen auch im „Workforce Management" und „Innovationsmanagement". Teilweise tritt die Unternehmenskompetenz dabei als Werttreiber im bilanzpolitischen Sinne, teilweise als untergeordnete Begleiterscheinung bei Unternehmensrestrukturierungen und teilweise als Argumentationsverstärker bei der Notwendigkeit zur Transformation oder Implementierung eines vorgestellten Talent Management-Ansatzes.

„SYN*force* Destination: Globalunternehmen"

Obwohl sich jeder Ansatz von den anderen abzugrenzen versucht, überschneiden sie sich an vier zentralen Punkten. Erstens: Beim Wissen, zweitens: bei den Technologien, drittens: bei den Prozessen und viertens: bei den Strukturen. Trotz dieser Überschneidungen scheinen die *human*-geprägten Ansätze auf das Gleiche hinaus zu laufen: die Unternehmenskompetenz ist mehr oder weniger die Summe der Mitarbeiter-Skills bzw. der -Kompetenzprofile. Die *wert*-geprägten Ansätze definieren die Unternehmenskompetenz als die mentale Stärke eines Unternehmens, die im Wesentlichen die immateriellen Vermögensgegenstände umfasst. Die *innovations*geprägten Ansätze kommen zu dem Schluss: Die Unternehmenskompetenz sei diejenige Basis, die Wissen systematisiert, aufbereitet und dort verfügbar zu machen, wo und wie es das Unternehmen benötigt (Wissensmanagement). In der Einführung, erwähnte ich bereits die hohe Relevanz der Unternehmenskompetenz bei Wachstums- und Expansionsvorhaben und deren Zuordbarkeit als „immaterielle Vermögenswerte" in die handelsrechtliche Bilanz. Damit schließt sich der Kreis zwischen der *monetären* bzw. Ertragsseite der Kompetenz und der „qualitativen" sowie *mentalen* und *physischen* Kompetenzseite, die unverzichtbar für eine gelungene Globalisierung der Unternehmen ist.

Vor diesem Hintergrund sollten wir den Blick auf den *Begriff* der Unternehmenskompetenz nach der SYN*force*-Methodik richten: *Die Unternehmenskompetenz ist die Eignung (Reife und Tiefe) eines Unternehmens, für Märkte-, Kunden-, Umwelt- und interne Anforderungen Lösungen zu (er-) finden, sie zu verbessern, anzuwenden und werthaltig zu vermarkten, um Erfolg und Wachstum zu generieren.*

„SYN*force* Destination: Globalunternehmen"

An dieser Stelle beziehe ich mich wieder auf die Geschäftsführung, die zukünftig durch die Anwendung der Kompetenzperspektive zu einer besseren persönlichen und unternehmensseitigen Entscheidungs- und Positionierungsgrundlage gelangen kann. Dies ist der Transparenz in Bezug auf die Differenzierungs- und Werttreiber auf quantitativem wie qualitativem und monetärem Niveau und der daraus ableitbaren Kapazitäten und Unternehmenskraft geschuldet. Anders ausgedrückt: Das Unternehmen weiß anhand eines durchgängig etablierten Kompetenzmodells, welche Stärken und Schwächen es hat, worauf es aufbauen kann und was es nachziehen oder sein lassen muss. Weil fast jedes Unternehmen Lösungen (er-) finden, verbessern und anwenden kann bzw. Produkte und/oder Dienstleistungen vermarktet und so auch Umsätze generiert, tut es Not, die „Eignung" in graduelle Stufen zu klassifizieren.

Um diese Ziele zu erreichen, wird von den heutigen Unternehmen ein gewisses Maß, Vorbereitung und Bereitschaft an einer „Schöpferischen Zerstörung"[83], wie von Schumpeter formuliert, vorausgesetzt. Verstehen wir bitte die schöpferischer Zerstörung in diesem Zusammenhang als eine Aufforderung an ein Unternehmen, vorhandene Strukturen, Systeme, Technologien und Geschäftsmodelle nicht als Opfergaben der Innovation zu betrachten, sondern als einen Prozess zur Auflösung eines starren, intransparenten, de-synergetischen Ordnungsrahmens zu einem synergetischen, transparenten und tragfähigen Geschäfts- und Ordnungsrahmen.

---

[83] Joseph Alois Schumpeter verwendet sie in seinem 1939 zuerst in den USA erschienenen Buch „Capitalism, Socialism and Democracy". „(...)den gleichen Prozeß einer industriellen Mutation - wenn ich diesen biologischen Ausdruck verwenden darf -, der unaufhörlich die Wirtschaftsstruktur von innen heraus revolutioniert, unaufhörlich die alte Struktur zerstört und unaufhörlich eine neue schafft."

„SYN*force* Destination: Globalunternehmen"

Ich versuche, Schumpeter's inhaltliche Aussage des „Zerstörens" nach meinem Verständnis anders zu formulieren: Ein orchestriertes Kompetenz- und Innovationsmanagement ermöglicht durch das Sprengen bisheriger nur kreislaufähnlicher Bewegungsweisen des Unternehmens bzw. der Wirtschaft, eine dynamische und -falls erforderlich- sprunghafte Entwicklung in eine zukunftsweisende neue Richtung zu verändern. Versteht man Innovation als eine neue Kombination der Produktionsfaktoren oder als das Durchsetzen neu kombinierter Faktoren, so wird der Sprengungsrahmen, auf den er sich richtigerweise bezieht, klarer.

Kommen wir nochmals zurück zu der „Eignung" des Unternehmens, Lösungen auf externe und interne Anforderungen zu (er-) finden, zu entwickeln und wirtschaftlich anzuwenden und seiner Zielsetzung, einen höchstmöglichen „Eignungsgrad" darin zu erreichen und zu erhalten. Wie erreicht ein Unternehmen diesen „höchstmöglichen" Eignungsgrad? Und wie kann ein Unternehmen diesen erhalten und ihn werthaltig in seine Bilanz einbinden? Abstrakt und vereinfacht kann gesagt werden, dass jedes Unternehmen damit beginnen kann, seine vorhandene Eignungsbasis aufzunehmen, zu systematisieren und zu bewerten. Hinzukommen sollte jede weitere (Er-) Findung, Verbesserung und Anwendung von Lösungen, untermauert durch das Struktur-, System-, Vermarktungs- und Finanzierungs-Modell. Den Kompetenzgrad bzw. die Eignungsstufe, den bzw. die das Unternehmen erlangt, bestimmt den Wert, den die Kompetenz (Eignung) für das Unternehmen hat und ist wettbewerbs- und wirtschaftlichkeitsrelevant. Auch die Erfassung und Bewertung des Kompetenzgrades kann abstrakt und sehr vereinfacht dargestellt werden: die erzielte, respektive verfehlte, Werthaltigkeit der eigenen Leistung zum Marktwert oder zu vergleichbaren Leistungen der Wettbewerber.

„SYN*force* Destination: Globalunternehmen"

Ein qualitativer Ansatz könnte die Messung der Zuspruch-Stärke bzw. -Schwäche der externen Werttreiber (Kunden, Markt und Investoren) auf die Eignung zur Lösungserfindung, -Anwendung und so weiter... für ganz bestimmte Anforderungen und Probleme. In unserem Zeitalter einer komplexen, unsicheren und der permanenten Wandlung unterzogene Weltwirtschaft, gewinnen die Komplexität reduzierenden, Flexibilität erhöhenden und Wert schaffenden Struktur- und Geschäftsmodelle an Bedeutung. Ein solches Modell ist SYN*force*; das den Fokus auf die Erfassung, Abbildung, Verfügbarkeit sowie die Weiterentwicklung und eine höchstmögliche Zuordnung der Kompetenzen zu immateriellen Vermögenswerten hat. Seit mehr als 13 Jahre befasse ich mich mit der Unternehmenskompetenz, deren Zuordbarkeit, Nutzstiftung und Weiterentwicklung auf globaler (übergreifender) Ebene. Zusätzlich zu meiner Beratererfahrung und Spezialisierung haben mich auch die mehrjährigen Erfahrungen in linearen Geschäftsführungs- und Managementfunktionen -leider- zu der Einsicht gebracht, dass der Unternehmenskompetenz zu oft ein nur zu geringer Stellenwert und eine falsche Zuordnung als „die Summe von Mitarbeiterprofilen" eingeräumt wird. Heute sehe ich aber zunehmend auch andere Beispiele, die Hoffnung geben und mich letztlich dazu brachten, dieses Buch zu schreiben. Eine häufige Frage lautet: „Kann nun ein Unternehmen Kompetenzträger sein und seine Eignung verbessern?" Ich sage „Ja". Inwiefern ist die Unternehmenskompetenz für eine erfolgreiche Repositionierung und Expansion maßgeblich?

Insofern als dass sie das „Grund- und Wertgerüst der originären Unternehmenstätigkeit" bildet und stärkt. Einen besseren Grund oder Grundlage für eine Repositionierung habe ich bislang nicht vorgefunden.

„SYN*force* Destination: Globalunternehmen"

Unternehmenskompetenz als Grund- und Wertgerüst der originären Unternehmenstätigkeit

Vergegenwärtigen wir uns hier einmal die Kompetenzgenerierung. Die Darstellungsweise klingt anfänglich etwas befremdlich, aber betrachten wir den Prozessbeginn dennoch weiter: Wenn ein Unternehmen seine originäre Geschäftstätigkeit ausübt, setzt es einzelne Mitarbeiter (Personell-Kompetenzträger) in einen kreativ-produktiven „synergetischen Ordnungsrahmen" (Struktur- und System-Kompetenzträger) zur Erarbeitung spezifischer Lösungen bzw. Produkte zusammen. In der Regel erfolgt dies entlang vorhandener oder neu kombinierter Lösungen und Produkte (Technologie-Kompetenzträger). Von einem *synergetischen Ordnungsrahmen* sprechen wir dann, wenn einer Personell-Kompetenz-Entscheidung eine Grundstruktur, ein Grundsystem und ein gemeinsamer Purpose und Commitment zu Grunde liegen. Fehlen diese drei Parameter sprechen wir vom *de-synergetischen Ordnungsrahmen*, in dem höchstens „das Chaos des Tausend-Blumen-Blühens" entsteht.

Im synergetischen Ordnungsrahmen entstehen *Drittalternativen*, in deren Mindestmaß wir eine Teamkompetenz feststellen können. Werden die erarbeiteten Lösungen systematisiert, dokumentiert, breit gefächert angewendet, verfügbar gemacht und fließen in Produkte, Patente, Lizenzen oder Marken- und Nutzungsrechte ein, gewinnen sie nicht nur bilanzpolitisches Interesse, sondern bilden und prägen die Unternehmenskompetenz und damit die Basis des Unternehmenserfolges.

„SYN*force* Destination: Globalunternehmen"

Anhand dieser sehr kurzen und groben Darstellung ist verständlich geworden, dass die Komponenten der *Unternehmenskompetenz* nachfolgende sind:

- *Personell-Kompetenz*[84]
- *Struktur-Kompetenz*
- *System-Kompetenz*
- *Technologie / IP Kompetenz*

Jedes Unternehmen kann und sollte die Komponenten seiner Kompetenz so festlegen, wie es mit der originären Unternehmenstätigkeit, der Wertstruktur und seiner Marktpositionierung am besten harmoniert. Das Wichtigste ist, dass sie einheitlich, durchgängig und global definiert zugeordnet und gehandhabt werden. Ob sich ein Unternehmen dabei mehr an die Subkomponenten der immateriellen Vermögensgegenstände aus bilanziellen Vorgaben orientiert und entscheidet, Technologie-, Vertrags-, Kunden-, Markt und „Nicht-näherspezifizierte" Komponenten zu definieren oder sich nach den Perspektiven eines etablierten BSC Ansatzes richtet, etc., muss jedes Unternehmen für sich entscheiden.

Der SYN*force* „*Vier-Kompetenzen-Ansatz*" hat die Besonderheit, dass er sowohl die verschiedenen Perspektiven zwar berücksichtigt, aber dennoch auf wenige Komponenten abstellt, um dem Management der Werttreiber und dem Komplexität-Handling Rechnung zu tragen, ohne sich in unwesentliche Details zu verstricken.

---

[84] Personell-Komponente: Ich habe mich ganz bewusst für den Begriff „Personell" entschieden. Zwar könnte man durchaus an dessen Stelle „Human" verwenden, aber im Hinblick auf die falschen Assoziationen zum human-geprägten Kompetenzverständnis und Umgang, nehme ich davon Abstand. Ein Unternehmen kann den Begriff „Personell" jedoch durch „Human" ersetzen. Im Modell und in den Frameworks ändert sich durch die Bezeichnung nichts.

„SYN*force* Destination: Globalunternehmen"

Ich teile nicht die weit verbreitete Meinung, dass die Markt- und Kundenkompetenz zu den Kompetenz-Komponenten eines Unternehmens zählen müssen, wenngleich ich weiß, dass diese Diskussionen in Bezug auf die Wertermittlungsdebatten „immaterieller Vermögenswert" und auch in den „BSC Perspektiven"-Debatten geführt wurden und sicherlich auch weiterhin geführt werden.

Die Kompetenz, die ein Unternehmen erlangt, respektive besitzt, um mit Kunden und in Märkten erfolgreich zu operieren, ihre Anliegen zu verstehen und ihre Probleme zu lösen, ist eine aus dem Inneren des Unternehmens stammende und in ihm wachsende oder reduzierende Kompetenz, der eine willentliche Entscheidung des Unternehmens in Bezug auf die Kunden- und Marktsegmente, die es bedienen und befriedigen will, vorausgeht. Und nicht umgekehrt. Teil dieser willentlichen Entscheidung ist auch das „Wodurch" sowie das „Wie" und das „Wann". Dadurch erwächst die Fähigkeit, Markt- und Kundenanforderungen zu verstehen und zu befriedigen, auf der produkttechnologischen, strukturellen, systematischen und personellen Grundlage, die im Inneren des Unternehmen sitzt und von dort aus gesteuert und bewertet wird. Ein Unternehmen reagiert nicht, sondern gestaltet proaktiv. Die führenden Globalunternehmen betrachten die Marktdefinition nicht als vorgegebene und sie bestimmende Größe, sondern als wichtige externe Parameter ihrer Strategie. Dabei geht die Akzeptanz und Bewertung dieses Inputs so weit, daß Wettbewerbsanalysen, Branchen-, Kunden- und Marktstatistiken kaum bis gar in die finalen Entscheidungsgrundlagen einbezogen werden. Die Eigenständigkeit in der Markt- und Kundendefinition lassen sich Weltklasseunternehmen nicht nehmen oder fremd bestimmen. Sie gestalten und steuer von Innen nach Außen, bekannt auch als Inside-Out-Prinzip. Als eine Frage ausgedrückt: „Wie könnte ein Unternehmen über eine Kompetenzbil-

„SYN*force* Destination: Globalunternehmen"

dung entscheiden und diese verfolgen, wenn mindestens zwei der wesentlichen Faktoren außerhalb seines Einflussbereichs liegen?"

Der Markt bzw. die Kunden sind höchstens Subelemente der Struktur-Kompetenz und dienen lediglich als *Spiegelungen* der Interaktion verschiedener Komponenten. Sie alleinig können keine Aussage über die Kompetenz geben. In besonderen Fällen haben sie eine gewisse Aussagekraft über die Werthaltigkeit ausgeführter Aktivitäten und ihrer Reichweite. Sie können andererseits als Bewertungsparameter eines (bestenfalls objektiven, in der Regel aber lediglich subjektiven) Wertelements der Kompetenz in einem Markt dienen - eine Aussage über mehrere Märkte hinweg ist aufgrund der Heterogenität heutiger Märkte nur vage möglich. Mehr nicht. Mehr Aussagefähigkeit haben „Märkte" und „Kunden" nicht, aber diese Aussage bzw. dieser Input ist wichtig und keinesfalls zu unterschätzen, sondern sehr ernst zu nehmen.

Auch kenne ich die die Aussage, „Kunden-, Lizenz- oder auch Leasingverträge sowie Lande- und Flugrechte oder etwa Auftragsbestände sind als immaterielle Werttreiber direkt entweder der Kunden- und Marktkompetenz zuordbar und spiegeln die Unternehmenskompetenz wieder". Allerdings spiegeln sie etwaige Eignungsgrade eines Unternehmens (Kompetenzreife und -tiefe) in einem Markt nur dann wieder, wenn sie reproduzierbar (werthaltig wiederkehrend) sind. Ihre bloße Existenz sagt noch nichts über die Reproduzierbarkeitsfähigkeit des Unternehmens hierzu aus. Zudem verfügen sie nicht über die *Eigenschaften* einer *Kompetenz-Komponente*. Zu diesen Eigenschaften zählen: Elementarisierung (Abstraktionseigenschaft), Mentalisierung (Transformierungs- und Veredlungseigenschaften), Vertikalisierung (interdisziplinäre Ursprungs- und Bezugsquellen), Zuordbarkeit als Eigentum oder zu Eigentumsverhältnissen, qualitative und quantitative Wert- und Beitragsmessung, usw.

„SYN*force* Destination: Globalunternehmen"

Hier angekommen hören die meisten Ansätze auf und bilden einerseits rund um die „immateriellen Assets" und andererseits rund un den „Innovations- oder Talent-Management[85]" einen luftleeren, isolierten Raum zwischen den Verantwortlichkeiten und Organigrammbildchen. Sie bleiben solange isoliert, solange sie keinen Nutzen stiften und keinen Kompetenz-Charakter bekommen. Damit die einzelnen oben genannten Komponenten einen Asset- und Kompetenz-Charakter und damit eine eigene Größe bekommen, bedarf es der Synchronisation eines entlang Nutzen stiftenden Charakters und Prozesses. Das bedeutet: die Mitarbeiter-, respektive Team-, Kompetenz wird durch ein System-, Technologie- und Strukturmodell getragen, welches beispielsweise die Transformation der Personell-Kompetenz in Unternehmens-Kompetenz vollzieht. Dazu gehören beispielsweise integrierte Netzwerkstrukturen oder zyklische Wechselstrukturen mit Competence Centern oder Circles sowie Architecture Groups oder Professional Services, etc., untermauert durch adäquate Maschinen, Anlagen, Werkzeuge, IT und sonstige physische Assets sowie einer Know how und Technologiegrundlage. Auch müssen die Unternehmen auf ein ausgewogenes Komponenten-Verhältnis achten. Besitzt ein Unternehmen beispielsweise eine höhere Technologie- oder Struktur-Kompetenz als der Anteil der Struktur- und Personell-Kompetenz, ist es zwingend erforderlich, dieses Ungleichgewicht zu beheben, bevor es die Erstgenannten weiter vorantreibt.

Diese Situation findet sich oftmals in Unternehmen, die zu ihrer Zielsetzung „Innovationsvorsprung" mit ambitionierten Wachstumsraten festlegen. Dabei bringen sie den Unternehmenserfolg in Gefahr, wenn

---

[85] In Talent Management Systemen (TMS) werden implizite und explizite Talente, Fertigkeiten, Fähigkeiten und Erfahrungen der Mitarbeiter eines Unternehmens erfasst, entfaltet, ob stellen-, laufbahn- oder prozessbezogen gefördert und weiterentwickelt.

„SYN*force* Destination: Globalunternehmen"

die vier genannten Komponenten nicht in einer positiv-ausgewogenen (gesunden) Beziehung zu einander stehen.

Bis eine technologische Lösung in ein Patent mündet, ist es ein langer Weg. Aber ein noch längerer Weg ist es, das Patent zu schützen und gleichzeitig Lösungsinhalte zur Produkt- (neu) Entwicklung, Herstellung oder Vertrieb verfügbar zu machen. Und damit von einem einseitig genutzten Asset, zu einer größeren Werthaltigkeit und besseren Ausschöpfung zu gelangen: zu einem (weiteren) Produkt oder zu einer weiteren Kompetenz. Diesen Weg kann ein Unternehmen nur dann erfolgreich gehen, wenn es die vier Komponenten seiner Unternehmenskompetenz in einer gesunden Beziehung bringt und hält. Andernfalls werden Patente angemeldet, die weder einen mentalen noch einen physischen oder monetären Beitrag leisten können. Das Unternehmen kann trotz einer vorhandenen Lösung wesentliche Trends verpassen. Oder es investiert in und schafft Strukturen, die nicht genutzt werden und keine Werthaltigkeit haben, sondern eine Abwertung produzieren. Und selbst top ausgebildete und fähige Mitarbeiter können ihre Potenziale im Unternehmenssinne nicht einbringen oder entfalten, wenn sie auf keine technologische, strukturelle und eine systemische Grundlage treffen. Gleichgewicht und Ausgewogenheit aller vier Komponenten ist unerlässlich sowohl für den unternehmerischen Erfolg als auch für die Positionierung.

Wir haben bis hierhin den Begriff „Unternehmenskompetenz" definiert, sind auf die verschiedenen Teilgebiete und relevante Felder eingegangen und haben wesentliche Eigenschaften einer Kompetenz-Komponente erfasst. Jetzt wird es darum gehen, dass wir uns mit Inhalten und Zielen sowie der Erfassung und Performance der Komponenten im Einzelnen und in der Gesamtbetrachtung befassen.

„SYN*force* Destination: Globalunternehmen"

Dabei möchte ich betonen, dass ich in diesem Buch nur oberflächlich auf diese beschriebenen Inhalte eingehen kann und werde, um den Rahmen des Buches nicht zu sprengen.

Die Zielsetzung dieses Buches ist es, dem Leser einen Weg aufzuzeigen, wie es sich zu einem Globalunternehmen transformieren und sich in den Weltmärkten etablieren kann.

Die Personell-Kompetenz-Komponente

Im Wesentlichen betrifft die Personell-Kompetenz-Komponente die fachliche, wissentliche, kapazitative, fertigungs- und anwendungsseitige sowie reproduzierbare und interpersonelle Eignung und Performance eines und mehrerer Mitarbeiter bzw. Wissensträger innerhalb eines Unternehmens. Im Fokus steht dabei neben einer qualifizierten Erfassung und Abbildung dieser Eignung, die Speicherung, Verbreitung, zielgerichtete Weiterentwicklung sowie der profitable Einsatz und die Transformationsfähigkeit dieser zum „immateriellen Vermögensgegenstand".

Gehen wir einen Schritt auf den einzelnen Wissensträger zurück. Damit ein Personell-Kompetenz-Träger über explizites und implizites[86] Wissen, Fertigkeiten und Fähigkeiten seinen Beitrag leisten oder eine Aufgabe lösen kann, bedarf es der Erfassung, Systematisierung, aktiven Nutzung, Performancemessung und der gezielten Weiterentwicklung beider Stränge / Seiten. Dazu ist es wichtig, spezielle ganzheitliche Instrumente und Ansätze zu entwickeln und zu implementieren.

---

[86] Die Voraussetzung hier ist, daß der Leser die Eigenschaften des impliziten und expliziten Wissens kennt, andernfalls weise ich auf die gängige Knowledge Management Literatur.

„SYN*force* Destination: Globalunternehmen"

Es spielt dabei keine Rolle, welchem geografischen Markt der Träger zugeordnet wird. An dieser Stelle angekommen, stellen wir zusammenfassend fest, dass Wissen nicht ersatzweise oder alternativ zu den Kompetenzen steht, sondern als Subkomponente der Personell-Kompetenz ein integraler Bestandteil der Unternehmenskompetenz ist. „Mitarbeiterwissen" ist nutz- und wertlos ohne Zusammenhang und Verbindung zu dem Unternehmen und deren Produkte, Systeme, Strukturen und Technologien. Die Gewissheit über das Vorhandensein oder die Roherfassung des Wissens einzelner Wissensträger sagt noch lange nichts darüber aus, ob das Wissen auch einen Wert für das Unternehmen hat. Erst die Konvertierung dieses Wissens zu einer spezifischen Lösung oder einem besonderen Produkt, durch eine oder mehrere (multiple) wertschöpfende Aktivitäten auf Struktur- und Systemträger verzahnt mit vorhandenen technologischen Lösungen oder Produkten, erhält das zunächst spezifische Trägerwissen die Kompetenzkörperschaft. Ein Unternehmen muss, um eine „Konvertierung des Wissens in Kompetenz" zu realisieren, alle systemisch-, organisatorisch- und kompetenzrelevanten Voraussetzungen schaffen und etablieren. Zur Kodifizierung, Erfassung und Zuordnung der Subkomponenten und Personell-Kompetenz gehe ich detailliert unter dem gleichnamigen unteren Buchabschnitt in diesem Kapitel ein.

Unternehmenseinheiten mit einem hohen Kompetenzanteil an Technologie- und Verfahrenslösung oder spezifischem Prozess Know, können ihre Kompetenz zu einem separierbaren oder eigenständigen Produkt bzw. einer Lösung entwickeln und intern oder extern vermarkten. Dazu eignet sich das im Unterkapitel „Kodifizierung & Erfassung" beschriebene Vorgehensweise.

„SYN*force* Destination: Globalunternehmen"

Besonders wichtig sind bei einer derartigen Vorgehensweise die internen Regelungen (Rechtevergabe, Verwaltung, interne Fakturierungen und Preismodelle), die den jüngsten Richtlinien der internen Warenlieferungen und Dienstleistungen sowie Funktionsverlagerung im globalen Unternehmensgebilde Rechnung tragen.

Unternehmenspersonelle Kompetenz darstellen und abbilden

Wie bereit zu Beginn dieses Kapitels erläutert, sind Unternehmenskompetenzen bei weitem mehr als die Bündelung der Kompetenz- bzw. Skillprofile einzelner Wissensträger, die Schaffung von „Jobfamilien" oder die angemeldeten Patente und Marken.

Ich habe erläutert, dass die Kompetenzprofile eine der Subkompetenz-Bestandteile der Personell-Komponente sind, aber nicht die ausschließlichen. Spezielles Mitarbeiterwissen kann ein Unternehmen als einzelne Ressource auf dem Markt einkaufen oder im Markt, durch Abwanderung, verlieren. Wie fatal wäre es, wenn es sich mit der Kompetenz des Unternehmens genauso verhielte? Gott sei Dank tut es das nicht. Aufgebautes und in Systeme, Struktur, Technologie- und Produktlösungen verankertes Wissen, aufgebaute Fertigkeiten und Fähigkeiten eines oder mehrerer Träger sind feste Größen eines Unternehmens und bilden seine Personell-Kompetenz. Man könnte auch von einer unternehmenspersonellen Kompetenz sprechen. Diese erlangte Kompetenz kann ein Unternehmen nicht verlieren und es kann nicht abwandern - legal oder gegen den Unternehmenswillen jedenfalls nicht.

Zur besseren Veranschaulichung erscheint an dieser Stelle erforderlich, auf grober Ebene, „eine Faustregel" zur Ermittlung der Unternehmenspersonellen Kompetenz darzustellen:

„SYN*force* Destination: Globalunternehmen"

Employee Personell Competence = Gewichtete Wissensarten, Fähigkeiten und Talente eines Trägers + Erfahrung + Qualifizierungen = Personell-Kompetenz_1 (Systematische Dokumentation + regelmäßige Aktualisierung + Anwendungshäufigkeit / Reproduzierbarkeit = Personell-Kompetenz_2)

Unit Personell Competence = verdichtete und systematisierte Personell-Kompetenz_2 + Unit eigene Technologielösungen & Produktinnovationen + Unit eigene komplementäre Kompetenz = Unit Personell-Kompetenz_1 (Systematisch Darstellung + regelmäßige Aktualisierung + Reproduzierbarkeit + gezielte Weiterentwicklung = Unit Personell-Kompetenz_2);

Corporate Personell Competence = Kompetenz-Clustering und -Gewichtung der Unit Personell-Kompetenzen + übergreifende nicht zugeordnete Technologie- / Produktinnovation + nicht zugeordnete komplementäre Kompetenz = Unternehmenspersonelle Kompetenz.

Insbesondere bei der Erfassung der unternehmenspersonellen Kompetenz sollten das Clustering und die Verdichtung mit besonderer Sorgfalt vollzogen werden und mit dem Ist- und Soll-Portfolio abgeglichen werden. Die ermittelten Gaps werden analysiert und bewertet. Der Performance- bzw. Kompetenzgrad kann anhand der erfassten Unternehmenskompetenzen und deren wertschöpfenden Anwendung ermittelt werden. Von einer Kompetenz kann gesprochen werden, wenn sie erfasst, angewandt, wiederkehrend wertreproduzierend, vervielfältigend und weiterentwickelbar ist. Erpenbeck & Heyse formulieren wie folgt „Kompetenzen werden von Wissen fundiert, durch Werte konstituiert, als Fähigkeiten disponiert, durch Erfahrung konsolidiert, aufgrund von Willen realisiert"[87].

---

[87] Quelle: Erpenbeck & Heyse, 2007

„SYN*force* Destination: Globalunternehmen"

Hybrides Resourcing: Zukunftsinstrument der Personell-Komponente

In den obigen Ausführungen haben wir das Wesen der Personell-Kompetenz-Komponente und eine Groberfassung ihrer Bestandteile behandelt. Das Hybride Resourcing ist ein von mir entwickeltes Instrument rund um die Planung, Beschaffung, den Einsatz und die Handhabung der Personell-Komponente in multinationale Technologieunternehmen. Viele von uns sprechen vom Herzstück des humanen Kapitals.

Wurde in der Vergangenheit das Global Resourcing in In-, On- und Off-Shore untergliedert, welches das Unternehmen hauptsächlich zur Erzielung von Effizienz- bzw. Kapazitätseffekten vollzogen hat, wird in Zukunft die Rede vom Hybriden Resourcing sein, das Unternehmen aus Synergie- bzw. Werteffekten vollziehen wird. Auch hier spielt die Notwendigkeit eine zentrale Rolle, in Synergie- und Skaleneffekte zu denken und das Handeln danach auszurichten. Die Unternehmen werden zukünftig die Personell-Kompetenz weltweit beschaffen, aufbauen und einsetzen müssen, multinationale Projekte multilateral staffen, Funktions- oder Technologie-Teams situativ zusammenstellen und Allianz- oder Third Party-Strukturen gezielt integrieren und besser zu nutzen wissen müssen.

Diese Notwendigkeit macht das Resourcing zunehmend zu einem wichtiger werdenden Instrument, welches das Unternehmen aber global sicher beherrschen muss. Die organisatorischen Grenzen zwischen Linie und Projekt oder die geografischen zwischen Märkten werden fließende sein.

„SYN*force* Destination: Globalunternehmen"

Das Unternehmen wird Ressourcenbeschaffung und -einsatz (Recruiting & Staffing) auf den Prüfstand stellen müssen und zukünftig weltweit:

- nach *strategischen* Gesichtspunkten Teams *situativ* nach höchsten Qualifikationsstandards zur Lösung der konkreten Anforderung staffen und zusammenstellen (sogenannte „High Weighted Teams", „Peers", etc.);

- nach *fachlichen* Gesichtspunkten in *Technologiemärkten* gezielt Trägerfunktionen lokal besetzen und Projekteinsätze zugleich situativ hieraus betreiben;

- nach *kapazitativen* Gesichtspunkten Ressourcen *lokal* rekrutieren und einsetzen, die sich durch eine hohe Verfügbarkeit und erforderliche Qualifikation auszeichnen;

- nach *operationellen* Gesichtspunkten in *Verfahrensmärkten* gezielt nach größtmöglicher Operationalisierungsqualifikation, punktueller Funktionsbesetzung, Projektstaffing oder Teamzusammenstellungen vornehmen.

Diese vier Dimensionen werden das Personal- bzw. Resourcingwesen maßgeblich bestimmen und tragen. Ein produzierendes Unternehmen wird deshalb so schnell wie möglich mit der Identifikation seiner personellen Anforderungen und Bedarfsarten anfangen müssen. Die zentrale Frage der Geschäftsführung wird sein: „Woraus, wann und wo ergibt sich die Notwendigkeit für mich, Personal einzusetzen oder zu beschäftigen?"

„SYN*force* Destination: Globalunternehmen"

Die größten Personalbeschaffungsmaßnahmen eines Unternehmens weltweit folgen noch heute aufgrund einer Neu- bzw. Nachbesetzungs- oder Replacement Maßnahme, ohne eine fundierte Analyse, sondern anhand einer stellenbezogenen Funktionsbeschreibung (job description). Und nach wie vor wird im Zuge von Restrukturierungs- oder Downsizingprojekten primär Personal abgebaut, oftmals ungeachtet der Kompetenz-Verluste. Legt ein Unternehmen der obigen Frage die Dimensionen „fachlich", „kapazitativ", „operationell" und „strategisch" zugrunde, kommt es sicherlich zu einem sehr interessanten Ergebnis über die Notwendigkeit eines aktuellen und planmäßigen Bedarfs sowie der Verteilung und des Einsatzes im Ganzen.

Ziehen wir uns an dieser Stelle ein *Beispiel* heran: Ein produzierendes Unternehmen plant, in den kommenden Jahren in weltweites Wachstum von 10% und ermittelt einen zusätzlichen Personalbedarf von rund 8.000 Mitarbeiter. Das Unternehmen operiert über alle Kontinente und verfügt über Forschungs- und Entwicklungszentren in rund einem Drittel seiner Märkte. Es verfügt über lokale und globalvernetzte Lieferanten bzw. Third Party Strukturen sowie über Fertigungsfabriken in der Hälfte seiner Märkte. Jetzt liegt es am Unternehmen zu überprüfen und entscheiden, ob es Personal dort einstellt und einsetzt, wo sich dieser Bedarf unmittelbar gemeldet bzw. herauskristallisiert hat (kapazitativ und lokal), oder ob es einen Schritt zurückgeht und den Bedarfsplan nach den oben genannten Gesichtspunkten multinational und multilateral (global) untersucht. Eine lokale Vorgehensweise ist auch heute der schnellste Weg. Eine globale Betrachtung und Vorgehensweise ist mühsam und setzt ein tiefes Verständnis über die originäre Unternehmenstätigkeit und seiner Kompetenz voraus - insgesamt sowie in den Regionen und einzelnen Märkten.

„SYN*force* Destination: Globalunternehmen"

Vergessen wir dabei nicht, dass der Kompetenz das Produktportfolio, seine globalen und lokalen Strukturen sowie Systeme und seine Technologiebasis zugrunde liegen. Darüber hinaus setzt es auch Agilität, Mut und Entschlossenheit seitens der Unternehmensführung voraus.

Das SYN*force* „Hybride Resourcing"-Modell bringt diese oben aufgeführten Vorgehensweisen in eine synergetische Beziehung zu einander und zur Unternehmenskompetenz. Grundsätzlich gilt, solange ein Unternehmen eine personelle Ressource einstellt, ist der lokale Bezug immer gegeben. Das heißt, sie wird einer lokalen Unternehmensstruktur zwangsläufig zugewiesen, dort erfasst und betreut. Anders verhält es sich jedoch mit ihrem Einsatzbereich, Leistungsumfang und ihrer Funktion oder Aufgabenerfüllung. Diese haben keinen zwangsläufigen lokalen Bezug, sondern eine funktionale, technologische oder prozessuale Verbindung und lassen sich real-virtuell oder geo-intraktiv[88] erbringen.

Die Intelligenz, die ein Unternehmen entwickelt und über die es verfügt, macht den entscheidenden Unterschied zwischen dem single-source und hybriden Resourcing. Nach diesem Hybriden Resourcing-Modell würde die Geschäftsführung des obigen Beispielunternehmens eine Globalperspektive einnehmen und überprüfen, ob und in welchen Märkten es kapazitativ und lokal Personal aufbauen und in welchen Märkten es durch situative und kompetenzielle real-virtuelle Teamzusammensetzungen oder geo-intraktive Leistungs- und Lösungserbringungen und Aufgabenstellungen realisieren lässt. Sie würde beispielsweise mit dem sensibelsten Bereich oder Prozess beginnen.

---

[88] Real-virtuell: interdisziplinärer und geringfügiger physischer Einsatz der Ressource gepaart mit einem hohen technologischen Einsatz dieser.
Geo-intraktiv: lokal übergreifender und multifunktionaler Einsatz der Ressource gepaart mit einer hohen markt- und interpersonellen Lösungsfähigkeit.

„SYN*force* Destination: Globalunternehmen"

In der Regel eignen sich Bereiche wie der F&E-Prozess oder der Projektstaffing-Prozess für „Blue Print" oder „Grüne Wiese"-Maßnahmen. Insbesondere aufgrund der heutigen Märkte- und Unternehmenssituationen ist es ratsam, über ein Blue Print zu verfügen, bevor ein Unternehmen die Gesamtorganisation auf eine unbekannte „Globalreise" schickt und ganze Strukturen und Prozesse auf den Kopf stellt. Die Gefahren sind zu groß und die Folgen zu verheerend. Über eine Szenarienentwicklung kann jedes Unternehmen eine Überbrückungslösung entwickeln, die leicht in das geplante Soll überführt werden könnte. Setzt das Unternehmen zur Lösung der obigen Anforderung, beispielsweise an dem Know how- und wertintensiven Projektstaffing an und definiert einen sogenannten „Request" als Prozessinitiator, der sich über die globalen Competence Center oder Circles und das Resourcing-Pooling (und/oder einem etwaigen Talent Management, je nachdem wie das Unternehmen bis dahin das Kompetenzverständnis entwickelt und professionalisiert hat) erstreckt, hat es zugleich auch einen zentralen und günstigen Anknüpfungspunkt für nachzuziehende einheitenübergreifende Funktionen und Prozesse gesetzt. Im Projektverlauf kann der Blue Print weiter verfeinert, zergliedert, optimiert und tiefer in die Organisation verankert werden.

Wenn jetzt (irrtümlicherweise) der Gedanke an das „Workforce Management" kommt, denken Sie daran, dass die Zielsetzung und Orientierung an unsere Anforderung und Problemstellung keine kapazitative ist, wie es dem Workforce Management zugrunde liegt und es bestimmt. Dem liegt eine kompetenzielle Zielsetzung und strategische Orientierung zugrunde. Die Kapazität spielt deshalb, im Sinne der Verfügbarkeit der benötigten Ressource, höchstens eine nachrangige Rolle. Der Kreis wird sich dann schließen, wenn der Request-Auslöser die benötigte kompetenzielle Ressource oder Problemlösung in der Organisation gesucht und identifiziert hat, deren Einsatzmöglichkeiten

„SYN*force* Destination: Globalunternehmen"

er als nächstes, beispielsweise mit der jeweiligen Competence Einheit (bei Problemlösung) oder mit der Führungskraft (bei einzelner oder Team-Ressource), überprüfen bzw. verhandeln muss. Ich habe in diesem Fall bewusst nur zwei Quellen definiert, in der Realität werden es mehrere sein. Gelangt der Request-Auslöser bis zu diesem Prozessschritt, ist das Unternehmen recht gut aufgestellt und dieser letzte Schritt lässt sich auch noch gehen oder gestalten.

Aber bis dahin, bis ein Unternehmen seine Kompetenz-Komponenten, personellen Ressourcen und Staffing- sowie Personaleinsatzprozesse global ausgerichtet und so etabliert hat, dass ein Request die globalen Unternehmensstrukturen und Prozesse in einem vertretbaren Zeitraum durchläuft und ein Ergebnis bzw. eine Aussage über das Vorhandensein oder das Fehlen der gesuchten oder gewünschten technologischen Lösung oder einer einzelnen Ressource, etc., liefern kann, ist es ein langer Weg, den nur wenige Unternehmen heute so gehen.

Das Hybride Resourcing bietet dem Unternehmen zudem Aufschluss über eine vorhandene und/oder heraufziehende Ineffizienz. Ermittelt ein Unternehmen in bestimmten Märkten Ineffizienzen, muss es nicht zwangsläufig zu unwillkürlichen „Downsizing"-Maßnahmen greifen, sondern auch hier einen Schritt zurückgehen und das Gesamtkonstrukt der Personell-Kompetenz-Verteilung nach den oben genannten Dimensionen analysieren. Vergegenwärtigen wir uns: Ineffizienzen werden Unternehmen zukünftig in rascheren Zyklen begegnen und beschäftigen. Planen und berechnen die Unternehmensführungen ein Auftreten der Ineffizienz als Expansions- bzw. Wachstumsfolge bereits in einer frühen Phase ein, in der die Bedarfe aus Wachstumsvorhaben sich ergeben, werden sie Szenarien entwickeln und Maßnahmen

„SYN*force* Destination: Globalunternehmen"

einsteuern, um rechtzeitig Ineffizienzen zu begegnen und Kapazitätsanpassungen vorzunehmen.

Instrumente wie Hybrides Resourcing mit Resourcing-Pooling, Third Party- und Arbeitszeitmodelle unterstützen die Flexibilität und vergrößern die Spielräume der Unternehmensführungen. Dazu ist aber wichtig, dass die Unternehmensführung Personalbedarf dort einstellt, wo sich Unternehmensziele mit Unternehmenskompetenzen und Marktanforderungen treffen und decken, und nicht nach kurzfristigen Bedarfsengpässen (lokal).

Das Unternehmen muss sich darüber im Klaren, dass sich sowohl funktionale als auch fachliche und kompetenzielle Aufgabenstellungen und Lösungsanforderungen durch ein Hybrides Resourcing bewältigen lassen, das aus einem gekoppelten lokal und real-virtuellen oder lokal und geo-intraktiven Resourcing entspringt. Nochmals: Natürlich wird die personelle Ressource lokal eingestellt, zugewiesen und betreut. Aber, ihr Einsatz (-Ort), Leistungserbringung und Aufgabenstellung wird real-virtuell oder geo-intraktiv der jeweiligen Unternehmenseinheiten oder Projekte zugewiesen, vergütet und sogar auch von dort weiterentwickelt. Diesem Modell liegen nicht strategische, fachliche, organisatorische und prozessuale, sondern auch interne und externe arbeits-, vergütungs- und steuerrechtliche Aspekte und Gestaltungsgrundlagen zugrunde, die ein Unternehmen übernehmen und implementieren muss. Auch hierbei spielen die jüngsten Regelungen über interne Warenlieferungen, Funktionsverschiebungen bis hin zu Mitarbeiterentsendungen eine wichtige Rolle, aber es gibt sehr gute und tragfähige Lösungen, die das Hybride Resourcing berücksichtigt.

Ziehen wir wieder unser *Beispiel* heran: Das produzierende Unternehmen plant, neue Mitarbeiter in der Fertigung (kapazitativ), in F&E (fachlich), in Sales & After Sales (lokal) einzustellen. Es stellt Bedarfe

„SYN*force* Destination: Globalunternehmen"

in asiatischen, lateinamerikanischen und europäischen Märkten fest. Wir setzen voraus, das Unternehmen hat den oben beschriebenen Kompetenz-Request-Prozess durchlaufen und weiß, dass es zwar in China über eine hohe Anzahl von Fertigungspersonal, Fertigungs-Know how und fortgeschrittene Strukturen und Systeme verfügt, dennoch durch Auftragszunahme zusätzlichen Personalbedarf hat. In Indien und Brasilien stellt es auch Personalbedarf fest, aber anders als in China, verfügt es in diesen Märkten über eine deutlich geringere Mitarbeiterzahl und Know how sowie schwächer ausgeprägter Strukturen und Systeme.

Das Unternehmen weiß zugleich, die verabschiedete Strategie, das abgeleitete Produktportfolio und das Kompetenzmanagement-Modell sehen in Indien und Brasilien Wachstumsmärkte für die kommenden Jahrzehnte vor. Jetzt könnte das Unternehmen in allen Ländern einfach loslegen und Personal einstellen, schließlich will es ja wachsen. Oder es könnte bereits jetzt beginnen, den Personalbeschaffungs- und Einsatzprozess an das Zukunftsmodell auszurichten und vorzunehmen. Das Unternehmen würde sich damit befassen, wo und wie es die Technologie-Kompetenz, Mitarbeiter, Strukturen und Systeme verstärken möchte. Die Fertigungskompetenz in China könnte es durch zusätzliche Personell-Kompetenz verstärken. Es könnte beschließen, in Indien seine IT-System-Kompetenz auf- oder auszubauen, welches es aus China fragmentiert abzieht. Es könnte aber auch beschließen, analog zur strategischen Entscheidung, neue Fertigungsmärkte in aufstrebenden Zukunftsmärkten in Asien zu erschließen, beispielsweise in Indonesien oder Vietnam, etc.

„SYN*force* Destination: Globalunternehmen"

Letztere Entscheidung würde im Sinne des Hybriden Resourcing bedeuten, das Unternehmen stellt nur einen Teil des tatsächlich benötigen Personals in China ein. Den anderen Teil stellt es in dem neuen Markt ein, beispielsweise in Indonesien oder Vietnam, wobei es den Lead zur Markterschließung, Prozessgestaltung und Aufbau dem Kompetenz-Träger-Markt (China) zuweist.

Während in China Entwicklungs- Herstellungs- und Sales sowie After Sales Prozesse weiterlaufen, leitet und verantwortet die chinesische Organisation eine schrittweise Verlagerung der Prozesse, Strukturen und Systeme nach Indonesien oder Vietnam ein. Damit würden sowohl das Recruiting als auch die On-Board-Maßnahmen, Trainings und Prozessetablierung in chinesischer Verantwortung liegen und sowohl von der zentralen Personalgeschäftsleitung (fachlich), von den Competence Groups begleitet (kompetenziell) als auch von der zentralen Geschäftsführung (disziplinär) überwacht und gesteuert werden.

Wir sprechen hier vom Hybriden Resourcing deshalb, weil das Unternehmen in Bezug auf seinen zusätzlichen personellen Fertigungsbedarf lokal und geo-intraktiv zugleich vorgegangen wäre, um die Herausforderungen zu bewältigen. Es würde das Personal in China nicht gleich dem Bedarf nach, lokal einstellen, sondern Prozesse und Personal geo-intraktiv aufsetzen und verlagern. Durch die kompetenzielle Ausrichtung ist das Unternehmen im Stande versetzt, Bedarfe und Engpässe gezielt und entlang der Wertschöpfungskette zu decken bzw. zu lösen. Es würde das Personalrekrutierung und den -Einsatz geo-intraktiv steuern, um sowohl dem wachsenden Bedarf an Fertigungsressourcen als auch dem strategischen Ziel, neue Märkte in Asien zu erschließen, kombiniert beggenen. Von einem Singlesource-Resourcing würde man sprechen, wenn das Unternehmen singulär entweder in China oder in Indonesien (oder in beiden Ländern losgelöst voneinander oder in Querschnitten) Personal einstellen und von

„SYN*force* Destination: Globalunternehmen"

der Zentrale mit Projektteams einen nächsten Standort (Indonesien) erschließen würde. Die Maßnahmen wären losgelöst von Standorterschließung und kapazitativem Aufbau in der Fertigung. Obwohl der Umgang mit F&E sowie Produktentwicklung schwierig und kritisch betrachtet wird, wird das Unternehmen feststellen, dass es nicht umhin kommen wird, das Personal auch in den Technologiemärkten zu rekrutieren, wenn es erfolgreich sein will.

Natürlich kann ein Unternehmen einen Entwickler aus Europa über Mitarbeiterentsendungsmaßnahmen (oder einfacher über Projektstaffing) in Brasilien oder Katar in ein Labor setzen und diesen entwickeln lassen oder andersherum, aber den Erfolg dieser Maßnahme stelle ich in Frage.

Holen wir uns das implizite und explizite Wissen, Fertigkeiten und Fähigkeiten eines Personell-Kompetenz-Trägers ins Bewusstsein, hier die des Entwicklers. Können Sie sich vorstellen, dass ein brasilianischer Entwickler, über dieselben impliziten und expliziten Anteile dieser verfügt wie der deutsche, französische oder englische Kollege? Er wird höchstwahrscheinlich ein anderes Wissens-, Erfahrungs- und Werte-Muster haben als seine europäischen Kollegen, selbst wenn er den gleichen Studiengang und Qualifikationslehrgänge absolviert hat. Derartige Differenzen beherbergen insbesondere auch im F&E-Umfeld für Unternehmen enorme Synergiepotenziale. Unser Beispielunternehmen beabsichtigt, die asiatischen und lateinamerikanischen Märkte strategisch zu erschließen. Es wird nicht umhin kommen, die Produkte nach den „Customer Need & Aspiration" marktkompatibel zu entwickeln und zu vermarkten. Sinnvollerweise wird zumindest Research, Produkt- (weiter) Entwicklung und das Testing jeweils auch in den Märkten durchgeführt werden und im Sinne des Hybriden Re-

„SYN*force* Destination: Globalunternehmen"

sourcing werden anteilige Ressourcen auch in diesem (Technologie-) Markt rekrutiert. Durch eine etablierte Competence Center Organisation, die real-virtuelle Teams nach Technologieschwerpunkt marktübergreifend definiert, ihnen eine systemische, strukturelle und soziale Rahmenordnung bietet, kann die Produkt- (weiter) Entwicklung mit den best geeigneten personellen Ressourcen durchgeführt werden und ist nicht an lokale Bezugsgrößen gebunden oder limitiert, siehe hierzu auch Abschnitt „Reserve Innovation".

Diese Fakten- und Grundlage verschaffen dem Unternehmen Differenzierungsmerkmale und Produkt- / Markenkonturen, die es zukünftig brauchen wird, um global erfolgreich zu operieren.

Tipp: Denken Sie daran, Hybrides Resourcing ist ein „lokal und real-virtuell" oder „lokal und geo-intraktiv" gekoppeltes Resourcing, das sich nach den oben genannten vier Dimensionen feststellen lässt und bedeutet, mindestens eine Paargleichung muss vollständig erfüllt sein.

Gehen Sie die oben grob beschriebene Checkliste in einem der zukünftig wichtigen Marktsegmente durch und gleichen Sie das Ergebnis mit ihrer Resourcingstrategie sowie dem planmäßigen Resourcing ab. Dabei behalten Sie die Frage im Fokus „Gehen wir hybrid oder singlesource vor, mit welchen Vorteilen und Nachteilen?" Ich bin sicher, das Ergebnis wird überraschend sein. Als nächster Schritt eignet sich die Abgleichung der globalen Resourcingstrategie mit den Perspektiven „strategisch", „fachlich", „kapazitativ" und „operationell" der jeweiligen Marktsegmente. Sie können den Prozess aber auch Top-Down, beginnend mit der globalen Resourcingstrategie, beginnen und angeln sich durch bis zum bestimmten Marktsegment. Dabei sind Szenarienbildungen sehr wichtig, die zur Diskussion gestellt und zu Entscheidungen bzw. Alternativen führen werden.

„SYN*force* Destination: Globalunternehmen"

System-Kompetenz-Komponente

Im Wesentlichen betrifft die Systemkompetenz das Vorhandensein einer vollständigen, aktuellen und funktionierenden *Systemlandschaft* mit Anlehnung an die Markt- und Kunden-, Portfolio- und Technologie-, Prozess-, Struktur- und Finanzierungs-Modelle des Unternehmens. Zur Systemlandschaft zählen insbesondere

- *Frameworks und Verfahren,*
- *Hard- und Software,*
- *Maschinen und Werkzeuge,*
- *Rohstoffe und Materialen,*

die alle Prozesse und Aktivitäten eines Unternehmens tragen, verzahnen und befähigen. Dabei spielen neben der Performance auch die Lebensdauer, Kompatibilität, Interaktions- und Innovationsfähigkeit dieser Landschaft eine wesentliche Rolle. Bei den einzelnen Bestandteilen der Systemkomponente handelt es sich größtenteils um bilanzielles Sachanlagevermögen.

Aber nicht nur bilanziell ist sie erfass- und zuordenbar, sondern auch eine prozessuale und organisatorische Zuweisung ist möglich, sogar zwingend erforderlich. Nehmen wir als Beispiel einen Systemlieferanten der Automobilbranche, der eine eigene Softwarelösung sowohl zur Abbildung aller Produkte mit einer Bestelloption als auch zur verbesserten Entwicklung von Konstruktionsplänen beim Kunden webbasiert entwickelt und erfolgreich im Einsatz hat. Das ermöglicht dem Unternehmen, sehr frühzeitig in den Produktentwicklungsprozess des Kunden einzusteigen und diesen maßgeblich mitzubestimmen. Zudem steuert es die eigene Beschaffung und Lieferketten sehr frühzeitig und damit besser als der Wettbewerber.

„SYN*force* Destination: Globalunternehmen"

Diese wird erst durch die Interaktion der Personell-Komponente (die Entwickler), der System-Komponente (Entwicklung, Betrieb und Verfügbarkeit in der bestehenden IT-Landschaft: Hardware, Software, Programme, Materialen, etc.) sowie der Struktur- und Technologie-Komponente entwickel- und anwendbar. In einer nicht verfügbaren oder nicht funktionalen IT-Landschaft hätte weder die Softwarelösung entwickelt, betrieben noch verfügbar gemacht werden können. Ungeachtet des Wissens, der Prozesse, der Team- oder Unternehmensstrukturen, finanziellen Mitteln oder technologischer Grundlage, hätte das Unternehmen keine Softwarelösung entwickeln können, wenn die IT-Landschaft nicht verfügbar, kompatibel und zu ausreichenden Kapazitäten bestehen würde.

Diese Ausführungen sind mehr grundsätzliche und theoretische, weil wir in der Regel in den Unternehmen in mehr als 80 % der Fälle eine IT-Landschaft vorfinden, häufig aber mit unzureichenden Kapazitäten und mit einer unzureichenden Kompatibilität oder Funktionalität. Diese Situation verleitet unser Beispielunternehmen beispielsweise dazu, die Softwarelösung zu entwickeln. Erst in einer späteren Phase (Überführung, Inbetriebnahme- / Run-Phase) stellt es Kapazitäts- und Kompatibilitätsmängel fest, die das Gesamtvorhaben torpedieren können bzw. deren Lösung dem Unternehmen sehr teuer kommt.

Legt das Unternehmen jedoch bereits mit der Strategie- und Portfolio-Entscheidung das Unternehmenskompetenz-Modell als Ganzes fest und leitet es darauffolgend die Anforderungen an die einzelnen Komponenten ab, worunter sich die Systemkomponente subsumiert, kann es von Beginn an Kalkulationen anstellen und Maßnahmen definieren, um Risiken zu reduzieren bzw. eliminieren, die sich auf die Strategieimplementierung restriktiv bis konterkarierend auswirken könnten.

„SYN*force* Destination: Globalunternehmen"

Das würde im konkreten Fall bedeuten, das Unternehmen hätte bereits vor der Softwareentwicklung die Anforderungen an die Systemlandschaft definiert, die als Grundlage der Softwareentwicklung, -Inbetriebnahme sowie deren Wartung und Weiterentwicklung benötigen würde.

Dieses Beispiel lässt sich ebenfalls auf Maschinen, Werkzeuge und andere System-Elemente übertragen, die mehrere und unterschiedliche Arbeitsvorgänge verrichten. Die Erfassung und Bewertung der Systemlandschaft als eine Komponente der Unternehmenskompetenz erfolgt nach dem gleichen Modell und Verfahren, die für die übrigen drei Komponenten gleichermaßen gelten, siehe Buchabschnitt „Erfassung und Kodifizierung". Die physische Bestandsaufnahme einzelner Bestandteile der Systemlandschaft reicht genauso wenig hierfür aus, wie etwa eine Ableitung aus der bilanziellen Datengrundlage.

Die Struktur-Kompetenz-Komponente

Zwar bietet die Struktur-Kompetenz-Komponente auch bilanzpolitisch zunehmend mehr Motive, sich mit ihr im Einzelnen auseinanderzusetzen, aber vor allem ist sie die Grundlage aller Unternehmenstätigkeit, der Dreh- und Angelpunkt des gesamten unternehmerischen Apparats. Der Ansatz des SYN*force*-Unternehmenskompetenz-Modells beinhaltet jedoch auch die Zuordbarkeit der Kompetenz an die bilanziell aktivierungsfähigen immateriellen Vermögenswerte.

„SYN*force* Destination: Globalunternehmen"

Die Struktur-Kompetenz lässt sich nach SYN*force* im Wesentlichen in nachfolgende Sub-Komponenten untergliedern:

- **Aufbau- und Ablauforganisationsstruktur,**
  o Wertschöpfungsprozesse[89],
  o Geschäfts- und Funktionsstrukturen[90];

- **Kapital- und Finanzierungsstruktur,**
  o Kapitalverteilungs- und Kapitalgenerierungsstruktur,
  o Investitions- und Finanzierungsstruktur[91];

- **Markt- und Kundenstrukturen,**
  o Marktverteilungs- und Umsatzgenerierungsstruktur,
  o Kunden-, Partner- und Produktsegmentstruktur;

- **Unternehmenspraktiken- und Richtlinienstruktur**
  o Gesetzlich vorgeschriebene Richtlinien und Praktiken,
  o Intern etablierte und relevante Richtlinien und Praktiken[92];

- **Verfahrens-, Sozial- und Werte-Struktur**
  o Strategische oder differenzierungsrelevante Werte- und Sozial-Strukturelemente[93],
  o Etablierte unternehmensinterne Verfahren zur Sicherstellung der Sozial- und Wertestruktur.

---

[89] Explanations-, Entwicklungs-, Herstellungs-, Fertigungs-, Vertriebs-Phasen über Qualitäts- und Erfolgskontrolle bis After Sales, ob pro Markt oder Global individuell entscheiden.
[90] Matrix, und real-virtueller Competence Center und Governance Modelle.
[91] Eine Untergliederung in Kosten- und Ertragsstruktur ist nicht erforderlich, aber möglich..
[92] Governance Modell und Strukturen in strategischen oder marktspezifischen Issues, etc.
[93] Jede Führungskraft verpflichtet sich zu einem externen Sozialprojekt unter Unternehmensschirm oder einheitliche Personalsozialpolitik über alle Unternehmensmärkte hinweg oder Materialbeschaffung aus kontrolliertem und nachhaltigkeitsorientiertem Anbau, etc.

„SYN*force* Destination: Globalunternehmen"

Das Strukturkapital ist sowohl als Dreh- und Angelpunkt aller Unternehmensaktivitäten genauso verantwortlich und unverzichtbar, wie für die Zusammenführung und Abbildung des immateriellen Vermögens. Wie eingangs bereits ausgeführt, unterscheiden sich die Ansätze und Konzepte der Wirtschaftsprüfungs- und Unternehmensberatungsgesellschaften in der Definition und Gliederung der hier zusammengefassten Komponenten im Sinne ihres immateriellen Werts und Wertbeitrages. Einige unterteilen das immaterielle Vermögen der Subkomponenten nach Technologie-, Vertrags-, Kunden-, Marketingbezogenes- und „Nicht näher spezifiziertes"-Vermögen, so PWC. Andere sehen ihre Ansätze in „Innovation, Human, Customer, Supplier, Investor, Process and Location Capital", so Schmalenbach. Andere Ansätze wiederum gliedern intellektuelles Kapital in „Human-, Beziehungs- und Struktur-Kapital", so die Universität Heidelberg, Controlling und Konzernabschlüsse. Unabhängig davon, welche Gliederung der immateriellen Vermögenswerte Ihr Controlling und Ihre Wirtschaftsprüfung gewählt hat, lässt sich die Zusammenstellung der Komponenten nach dem SYN*force* Unternehmenskompetenz-Modell den gängigen „Intangible Good-Models" zuweisen und übertragen. Jede Sub-Komponente kann weiter untergliedert, siehe obige Beispiele, und in einer Gesamtkonstellation (Cockpit View), je nach Unternehmensinteresse abgebildet, analysiert und bewertet werden.

Legt ein Unternehmen großen Wert auf eine Positionierung als „Innovation Pioneer", sollte es ein Cockpit View aus ein bis maximal drei Subkomponenten der Struktur-, Personell-, Technologie- und Systemkompetenz zusammenstellen und in einer Gesamtbetrachtung gegenüberstellen. Nur die Betrachtung der Entwicklungsprozesse oder die Anzahl der angemeldeten Patente würden weder eine Aussage über den Innovationserfolg noch über die Marktpositionierung oder gar

"SYN*force* Destination: Globalunternehmen"

Wirtschaftlichkeit geben können. Erst durch ein „In-Verhältnis-Setzen" und einer anschließenden Gesamtbewertung, weniger, aber richtiger Subkomponenten, gelangt das Unternehmen zu einer realistischen und brauchbaren Einschätzung über Erfolg, Werthaltig- und Wirtschaftlichkeit ihrer Aktivitäten und organisatorischen Aufstellung.

Alle hier sechs aufgeführten Subkomponenten haben eine „Struktur,"-Perspektive. Das bedeutet, sowohl bei der Erfassung und Kodifizierung als auch bei der Bewertung, Zusammenstellung und Optimierung, wird es darum gehen, die *Struktur der Subkomponenten* zu erfassen und nicht einzelne Elemente oder Prozessschritte. Diese Perspektive und Fokussierung ist wichtig, um eine durchgängig gleiche Fakten- und Detailebene sicherzustellen und damit wesentlichen von unwesentlichen Bestandteilen zu unterscheiden. Aufgrund der „Struktur-," Perspektive können Unternehmen auch für alle sechs Sub-Komponenten Messgrößen und Parameter festlegen, wie beispielsweise die nachfolgenden.

Vier wichtige Messgrößen und Parameter pro Sub-Komponente könn ten sein:

- Interner Wert- und Qualitätsvergleich (jährlich aktuelle Wertmessung bzw. im Zuge des Impairment-Tests),
- Vermarktungsengpässe oder Lieferzeiten aufgrund organisatorischer Zuständigkeiten oder Freigabeprozesse,
- „Zeitachsen"-Trend einer innovativen Lösungsfindung bis Produktvermarktung (Benchmark intern und extern möglich, Zweijahresbetrachtung),
- Interne und externe Benchmark-Vergleiche (sofern vorhanden).

„SYN*force* Destination: Globalunternehmen"

Haben wir über die Systemkompetenz gesagt, dass sie die Gesamtheit aller sachlichen bzw. physischen Werttreiber (Systeme) zur Realisierung der Geschäftätigkeit eines Unternehmens ist, so kann man sagen, die Strukturkomponente die Gesamtheit aller mentalen bzw. funktionalen Werttreiber (Strukturen), welche die sachlichen bzw. physischen Systeme in einem funktionalen Rahmen setzt und die Entwicklung und Herstellung von Produkten oder Technologien sowie Generierung von Umsatz und Gewinn erst ermöglicht, darstellt.

Ermitteln wir ein paar wesentliche Werttreiber der Strukturkompetenz. Werttreiber in der Organisations-, Partner-, Markt- und Kundenstruktur für ein produzierendes Unternehmen könnten sein: Auftragsabwicklung, abgeschlossene Rahmen- und Lieferverträge (kunden- und lieferantenseitig), F&E-Verträge mit Forschungslaboratorien und Universitäten, vorteilhafte Miet- oder Pachtverträge mit Industrieparks (siehe Buchbeispiel Maschinenbau-Park in China), abgeschlossene Miet- oder Leasingverträge, aktive oder exklusive Distributions- oder Händlernetzwerke, Konzessions- und Emissionsrechte, usw. Diese Werttreiber sind nicht nur bilanzpolitisch relevant, sondern entscheidend für den Unternehmenserfolg. Aus einer Vielzahl von Fragestellungen angelt sich das Unternehmen durch und definiert die die Strukturkompetenz-Komponente.

Dabei definiert es die internen und externen Ist- und Soll-Aufbaustrukturen, die Ist- und Soll-Prozesse, die Strukturierungs-, Synchronisations- und Absicherungsfähigkeit (Ist und Soll) in Bezug auf kollektives Wissen, Anwendungs- und Lösungsfähigkeit, interpersonelle Fähigkeit, innovative und technologische Lösungen sowie finanzieller und materieller Ressourcen.

„SYN*force* Destination: Globalunternehmen"

Auszug wesentlicher Inhalte des „Struktur-Kompetenz"-Moduls zur Vorbereitung erster Schritte in Richtung Globalisierung:

- Entwicklung und Implementierung tragfähiger und netzwerkartiger Globalstrukturen als Querschnitt zu den Technologie-, Personell- und System-Kompetenz-Komponenten;
- Aufbau hybrider Arbeitszeitmodelle und -Strukturen (globale Personalbeschaffung, -Einsatz und -Steuerung kombiniert mit einem kompetenz- und leistungsgerechten Vergütungs- und Anreizsystem);
- Blue Print Entwicklung und Projektstart im laufenden Betrieb: Gestaltung und Implementierung eines interaktiven und effizienten „On-Demand"-Delivery-Organisation und -Prozesse für wissens- und personalintensive Unternehmensbereiche (Requests & Suche, Matching & Auswahl, externe und interne Verrechnungs- & Vertragsgestaltung, Entwicklung & Einsatz, Ablösung & Transfer);
- Third Party und Subcontracting Management: Reduktion der Abhängigkeit und Kosten mit Subkontraktoren und Erhöhung der Flexibilität. Adäquate Assignments-, Ablösungs- und "On Board"-Strategien mit entsprechenden Fahrplänen und einen individuellen Know how Transfer in best geeignete Organisationseinheiten weltweit;

"SYN*force* Destination: Globalunternehmen"

Die Technologie-Kompetenz-Komponente
Intellectual Property-, Innovations- & Komplementäre-Komponente

Ich habe davon gesprochen, dass die Unternehmenskompetenz nach meinem bisherigen Verständnis und meinen Erfahrungen aus mindestens vier Komponenten besteht. Die Technologiekompetenz ist eine dieser vier Komponenten, die sich wiederum in die Innovations-, IP- und in die komplementäre Subkomponente aufgliedert.

Unter *IP* fallen im Wesentlichen Patente, Gebrauchs- und Geschmacksmuster, Konzessionen, Lizenzen und sonstige erworbene bzw. erteilte Nutzungsrechte mit einer eigenständigen Ertragsgenerierungsfähigkeit. Aufgrund ihrer besonderen rechtlichen, wirtschaftlichen und wettbewerblichen Stellung bedarf es einer gesonderten Erfassung und Handhabung sowie eines besonderen Einsatzes und einer Sicherung der IP, die nicht jede innovative Lösung oder technologische Errungenschaft genießt. Die besondere Eigenschaft der IP ist die hoch zu priorisierende und geldwertmäßige Errungenschaft, deren Anwend- und Reproduzierbarkeit aufgrund regulativer oder rechtlicher Rahmenbedingungen nur im begrenzten Rahmen möglich ist. Beim Letzteren spricht man auch von der Schattenseite dieser Eigenschaft, die sich in der Kopier- und Reproduzierbarkeit durch Dritte widerspiegelt. Um dem entgegenzuwirken und die IP zu schützen, wurde eine ganze Reihe regulativer und gesetzlicher Grundlagen geschaffen. Diese Regelwerke und Gesetze werden zurzeit auf einer multinationalen Ebene gehoben und sollen zukünftig die IP sozusagen „global" schützen. Europäische wie auch andere Regelwerke und Gesetze setzen eine systematische und vollumfängliche Dokumentationspflicht der innovativen Errungenschaft voraus, bevor ihr Schutz

„SYN*force* Destination: Globalunternehmen"

gewährt werden kann (Patentrechtvorgabe). Ironischerweise erhöhen diese Vorgaben auch die Kopier- und Reproduzierbarkeit durch Dritte und erhöhen damit die Gefahr, dass sie sich auf das Unternehmen erfolglos bis wertvernichtend auswirken kann. Hieraus erwächst die Notwendigkeit eines hohen Schutzes vor externen Zugriffen. Andererseits erwächst aufgrund neuer Märkte und Kundensegmente der Druck auf die Unternehmen, innovative Lösungen und technologische Errungenschaften breit gefächert zu nutzen, neu zu kombinieren und werthaltig zu vermarkten. Beide Anforderungen setzen eine systematisierte und strukturierte Dokumentation mit hohen Risiken voraus, woraus das Dilemma entsteht und der IP eine besondere Behandlung zusteht.

Die *komplementäre Kompetenzkomponente*[94] ist dagegen dadurch gekennzeichnet, dass sie *unternehmensextern generiert* bzw. bezogen wird. Beispiele dafür sind: Kooperationen im Entwicklungsumfeld mit Forschungslaboren oder Universitäten, strategische Allianzen mit Kunden, Partnern oder Lieferanten im neuen Technologie-Umfeld, etc. Darunter können auch gemeinschaftlich entwickelte und angemeldete IPs fallen. Die Besonderheit ist, dass diese zwischen den beteiligten Unternehmen auch innergemeinschaftlich genutzt werden und damit in den meisten Fällen nicht (vollumfänglich) Unternehmenseigentum ist. In vielen Fällen werden die im Rahmen dieser Kooperationen entwickelten Produkte, respektive Lösungen, durch ein Drittunternehmen angemeldet, welches den beteiligten Unternehmen Nutzungsrechte oder Lizenzen erteilt, die das Unternehmen im erlaubten bzw. zugesicherten Umfang und Rahmen nutzen kann.

---

[94] Komplementäre Kompetenz: die unternehmensextern generierte innovative oder technologische Lösung bzw. Produkt, welche nicht (vollumfänglich) Eigentum des Unternehmens ist, aber deren Nutzung dem Unternehmen im Mindestmaß zusteht.

„SYN*force* Destination: Globalunternehmen"

Wir dürfen dabei nicht vergessen, dass in den meisten Fällen eine Nutzung mit hohen Restriktionen und Pflichten versehen wird. *Beispielsweise* sind in einigen Lizenzverträgen Regelungen vorzufinden, die einen anteiligen Gewinn für das Drittunternehmen für diejenigen Produkte vorschreiben, die das beteiligte Unternehmen auf Grundlage der erteilten Lizenzen oder Zertifikate weiterentwickelt hat. Teilweise wird eine Weiterentwicklung sogar gänzlich für bestimmte Produkt- oder Marktsegmente untersagt.

Es ist wichtig zu verstehen, daß die komplementäre Subkomponente in Kooperationen und Partnerschaften *außerhalb* des Unternehmens entsteht, aber dem Unternehmen als reichhaltige *Nutzungsquelle* zur Verfügung steht, wenn sie mit der Struktur-, System- und Personell-Komponente verknüpft wird. Bei der komplementären Komponente müssen die Unternehmen nicht nur den Partnertyp und seine Einbeziehung kategorisieren und steuern, sondern auch die zugrundeliegenden Intentionen, Interessen und Zielsetzungen außerhalb der Kooperation, die nicht immer auf den ersten Blick sichtbar sind. Global betrachtet spielen die Zuletztgenannten eine höhere Rolle als bei einer lokalen Betrachtung. Es kann sich bei der komplementären Subkomponente aber genauso auch um nicht patentierbare bzw. schutzfähige Lösungen handeln, die in einer Kooperation oder beim Drittunternehmen entwickelt werden. Diese Lösungen fließen in vielen Fällen gar nicht erst in die Technologie-Komponente der Unternehmenskompetenz ein, weil die Schnittstellen zu den Struktur-, System- und Personell-Komponenten in der Regel fehlen. Die Folgen können verheerend bis harmlos sein. Das Unternehmen erfährt in diesen Fällen selten oder zu spät, welchen Impact das jeweilige Know how oder die entwickelte Lösung gehabt hätte, hätte man diese im Unternehmen festge-

"SYN*force* Destination: Globalunternehmen"

stellt und verfügbar gemacht. Die Grundlage für eine Nutzung und Übertragung bilden die oben beschriebenen rechtlichen und darüber hinaus die bilanziellen sowie wirtschaftspolitischen Belange rund um die innovative Lösung. Ohne eine breite Nutzungs- und Übertragungsfähigkeit der Lösungen auf das beteiligte Unternehmen sollten derartige Kooperationen allerdings gründlich überdacht werden.

Die *Innovations-Subkomponente* befasst sich im Wesentlichen mit neuartigen oder neu-kombinierten Verfahrens- und Prozesslösungen. Hier unterscheiden wir in Verfahrens- bzw. Prozessinnovationen, die einen eigenständigen und direkt zuordenbaren Charakter sowie (Markt-) Wert haben und den Verfahrens- bzw. Prozessinnovationen mit Unterstützungscharakter ohne einen eigenständig bzw. mit einem eingeschränkt zuordenbaren Wert. Letzterem liegt der Grundgedanke zugrunde, eine Innovation ist ein speziell kombiniertes Verfahren bzw. neuartiger Prozess, durch welches im Ergebnis ein (technologisches oder innovatives) Produkt bzw. Lösung entwickelbar wird. Auch bei dieser Subkomponente haben wir eine sehr enge Beziehung zu der System-, Struktur- und Personell-Komponente. Die Besonderheit der Innovations-Subkomponente liegt darin, daß sie die Grundlage sowohl der IP- als der komplementären Subkomponente ist und zugleich als „Private-Public-Good" dem Unternehmen zusätzlichen Wert generieren kann, insbesondere im erstgenannten Fall.

Die Technologie-Komponente umfasst sowohl die eigenentwickelten als auch die fremd bezogenen Technologie- und/oder Produkt- / Prozess-Innovationen, die einen internen oder externen (Markt-) Wert haben. In einem sehr ausgereiften Unternehmen wird ein hoher Verschmelzungsgrad der Grenzen dieser drei Komponenten sichtbar und

"SYN*force* Destination: Globalunternehmen"

sie gewinnen dadurch nicht nur technologisch, sondern auch bilanziell an Werthaltigkeit und werden zu Werttreibern.

Damit ein Unternehmen von dem Wissen, den Fertigkeiten und Erfahrungen der Mitarbeiter oder Teams, von speziellen oder komplexen Systemlösungen oder von einem komplementären Know how sowie einer technologischen Rezeptur zu einem „immateriellen Gut" und darüber hinaus zu einem werthaltig vermarktbaren Produkt bzw. -Lösung gelangen kann, muss es die vier Komponenten in einer positiven Beziehung zueinander und in direktem Zusammenhang mit dem Unternehmensauftrag und der strategischen Ausrichtung stellen. Fehlt entweder die Beziehung oder dieser Zusammenhang, ist das Wissen, die Lösung oder das System für das Unternehmen von geringem bis keinem Wert, ungeachtet der Anschaffungs- oder Entwicklungskosten. Eine qualitative wie quantitative Ableitung über Technologie-, Struktur- sowie Systemgrundlagen aus dem Kompetenzmanagement-Modell ist wichtig, damit das Unternehmen feststellen kann, welche Wissensträger bzw. Wissensquellen vorhanden und verfügbar sind oder entwickelt bzw. zugekauft werden müssen. Das Ergebnis wird mit dem Resourcing-Modell gematched, siehe Hybrides Resourcing und führt zu einem ausgewogenen Globalunternehmen.

Der Umgang bzw. die Zuordnung der Technologie-Komponente in Unternehmensregionen oder -märkten, welche dem Schutz des geistigen Eigentums nicht oder nur unzureichend Rechnung tragen, macht es den Unternehmen schwer, dieses Gut für die Strukturen, Systeme und Mitarbeiter dieser Märkte verfügbar zu machen. Das ist nachvollziehbar. Aber zwischen „gar nicht" und „ganz frei" gibt es viele Grauzonen und Freiräume zur Gestaltung von „kompetenziell kontrolliertem" Zugang und Weiterentwicklung.

„SYN*force* Destination: Globalunternehmen"

Wir dürfen nicht vergessen, dass die Unternehmen auch in diesen Regionen und Märkten neue innovative Verfahren, neue technologische Lösungen und komplementäres Know how sich aneignen. Leider werden diese oftmals genauso wenig erfasst und berücksichtigt. Ein Lösungsansatz für die Etablierung „kompetenziell kontrollierter" Organisationen wird zunehmend wichtiger. Zu den weiteren Werttreibern zählen beispielsweise, Formeln, Rezepturen, spezielle Data-Warehouse-Systeme oder Steuerungssoftware, spezielle Konstruktions- und Entwicklungsprogramme, Design-, Prototypen und Prozesstechnologien sowie nicht patentierte Anwendungstechnologien, etc.

Ein *Beispiel* zu der Bedeutsamkeit von Verfahrenstechnologien liefert auch die Marke „Pringles„ (Kartoffelchips von Protector & Gamble, seit Anfang 2012 von Kellogg). Das *Pulver*-Beschichtungsverfahren soll zu *dem* Hauptpreistreiber im Verkaufsprozess zwischen P&G und Diamond Foods, respektive Kellogg, gezählt haben. Natürlich spielten die Marktanteile und Markenpositionierung zwei wesentliche Rollen, aber mit dem Kauf versprachen sich wohl Diamond Foods als auch Kellogg, ihre Verfahren und ihre Kompetenz um das zugekaufte Technologieverfahren anzureichern und die Prozess- sowie Produktinnovationen anzukurbeln. Wenn man an dieser Stelle davon ausginge, Kellogg habe vollständig die Technologie- und Personell-Komponente übernommen, würde man auch feststellen, daß nur eine fragmentarische Übernahme der System- und Struktur-Komponente erfolgte. P&G verfügt über eine ausgeklügelte System- und Struktur-Komponentenbeziehung in Bezug auf dieses Verfahren, unter anderem weil dieses für eine Vielzahl anderer Produkte Anwendung findet. Kellogg müsste eine adäquate System- sowie Struktur-Kompetenz und die dazugehörige Komponentenbeziehung erst entwickeln und in die System- und Strukturlandschaft integrieren.

„SYN*force* Destination: Globalunternehmen"

Die Übernahme der Technologie- und Personell-Komponenten unterstützen dabei, sie allein sind aber kein Garant für den Erfolg. Erst in der Angleichung dieser mit den anderen beiden Komponenten kann das Unternehmen eine Gesamtkompetenz, beispielsweise „pulverbeschichtete Ernährungsprodukte", entwickeln und darauf Wachstum planen. Aber eine derartige Investition würde sicherlich kein Fehler sein, sondern sich höchstwahrscheinlich auszahlen.

Abschließend möchte ich in kurzer Form auf die Investitionen in Forschung und Entwicklung (R&D) eingehen, um die Behauptungen und Darstellungen abzurunden, die ich an anderer Stelle mit Branchenbezug erläutere. Ein Bericht der EU-Kommission bestätigt, dass im Zeitraum 2009/2010 die R&D-Investitionsvolumina der Scoreboard[95] Unternehmen weltweit ca. € 402 Mrd., wovon auf Europa rund € 123 Mrd., auf die USA rund € 138 Mrd. und auf Asien € 20 Mrd. fielen. In der EU kommen die Unternehmen auf einen durchschnittlichen R&D-Investitionszuwachs 2010/2012 von rund 2 %[96].

Den größten Anteil tragen dabei die Branchen Pharma und Biotechnologie mit rund € 75 Mrd., gefolgt von Hardware und Equipments mit ca. € 68 Mrd., Automobile und Parts mit ca. € 62 Mrd. sowie Software und Computer mit ca. € 28 Mrd. In China verzeichneten die Unternehmen ein R&D-Investitionszuwachs zwischen 40 % und 50 % in den letzten zwei Jahren, in Indien waren es zwischen 27 % und 33 %. Siehe detaillierte Unternehmensbeispiele unter „Reserve Innovation".

---

[95] In der „Scoreboard List" sind die 1.400 R&D Unternehmen weltweit enthalten, die die intensivsten Innovationen aufweisen.
[96] Quelle: DG Research and Innovation, JRC-IPTS "Innovation Union Competitiveness Report 2011

„SYN*force* Destination: Globalunternehmen"

Berücksichtigt man die Notwendigkeit technologischer Lösungen und technologischen Fortschritts für eine zukunftsträchtige Positionierung europäischer Unternehmen auf dem Weltmarkt und wirft dann den Blick auf die Bilanzen und Zahlenseite der Medaille, stellt man fest, dass die Managementaufgaben der kommenden fünf Jahre in dem „Management der Wert- und Kompetenztreiber" liegen wird.

Wertmessung und Vermarktungsfähigkeit mit bilanziellem Einfluss

Diese vier Komponenten bilden unternehmensübergreifend kodifiziert, vollständig-qualitativ und aktuell erfasst, interaktiv und lösungsorientiert angewandt sowie zielgerichtet weiterentwickelt, die Unternehmenskompetenz. Dabei verfügen einige von ihnen über die Eigenschaft „immaterieller Vermögensgegenstand", nach heutigen bilanziellen Gesichtspunkten, andere noch nicht. Den Kern dieser Eigenschaft bildet die Vermarktungsfähigkeit ihres „Gegenstandes" entweder als sogenannte „Global-Public Good" oder als „Private-Public Good", wobei die Vermarktung intern oder extern sein kann, sofern ein Preis bzw. Wert und die Nachfrage nachvollziehbar ermittelt bzw. verrechnet werden kann und der Eigentümer die Absicht hat, diesen Wert wertschöpfend einzusetzen oder werthaltig zu veräußern.

Als „Private-Public Good" könnte das obige Beispiel der Softwarelösung dienen. Um eine Unterteilung und kompetenzielle wie bilanzielle Zuordnung durchführen zu können, richten wir unsere Seh- und Denkrichtung auf die neue Anforderung, die sich einem Unternehmen stellt oder die es lösen will. Wurde eine entsprechende technologische Lösung und der (Software-) Gegenstand im Unternehmenskompetenz-

„SYN*force* Destination: Globalunternehmen"

modell systematisiert erfasst und verfügbar gemacht, könnte das Unternehmen unter einer „Request"-Auslösung die Anforderungsbeschreibung in den globalen Prozess einsteuern und als Ergebnis würde es Aussagen über die vorhandene Struktur-, Personell-, System- und Technologie-Kompetenz sowie deren Verfügbarkeit und Aktualität erhalten.

In unserem Beispiel wird in der Software der Produktkatalog des Unternehmens abgebildet, dem diejenigen technischen Daten zugeordnet werden, die für die kundenseitige Konstruktion wichtig sind, wie Beschaffenheit, Größe, weitere Spezifika und Produktskizzen. Dabei kann der Kunde, je nach Rechteregelung, in seine Konstruktionsplanung die Konstruktionszeichnungen des Lieferanten schnell und sicher einbeziehen und darin verarbeiten. Der Weg zur interaktiven Produktentwicklung (Lieferant-Kunde) ist geebnet.

Andererseits kann er Vorschläge zur Weiter- oder Neuentwicklung vornehmen. Unabhängig davon, ob diese Software die Eigenschaften einer „immateriellen Sacheinlage" im handelsrechtlichen Sinne erfüllt oder nicht, erfüllt sie in diesem konkreten Beispiel die interne und externe Vermarktungsfähigkeit und ist werttreibend. Werden aber Großteile der System- und Technologiekomponente derzeit (handelsrechtlich) bilanziell wertmäßig erfasst und zuordbar, wie das obige Beispiel zeigt, werden die zwei anderen Kompetenzkomponenten (Personell und Struktur) in der Regel intern generiert, eingesetzt und vereinzelt separierbar oder wertmäßig gestaltet. Sie haben in den seltenen Fällen einen externen Marktwert oder einen abbildbaren und nachvollziehbaren internen Marktwert. Zwar sind Teilbereiche dieser Komponenten durchaus vermarktungsfähig und verfügen über eine Wertbasis, aber in der Regel sind sie dadurch gekennzeichnet, dass sie über eine unternehmenssubjektive große Nutzungsbreite verfügen.

"SYN*force* Destination: Globalunternehmen"

Das heißt, diese Kompetenzkomponenten werden vielfach (horizontal) und in einer Vielzahl von Anforderungen und Lösungssuchen (vertikal) angewandt oder es wird auf sie zurückgegriffen, um in ihrer Zusammenwirkung und in der gegenseitigen Nutzung zu einer Unternehmenskompetenz zu gelangen. Selbst wenn sie im Sinne des aktivierungsfähigen immateriellen Wertes in der Handelsbilanz heute kaum eine Rolle spielen, so sind sie existenziell: Zum einen als solides Traggerüst des Unternehmens selbst sowie dem werttreibenden Charakter und zum anderen als unterstützende Kraft in der Eigenschaftsbildung (immaterieller Wert) der Unternehmenskompetenz und derjenigen Komponente, die die Charakteristika des momentanen „immateriellen Wertes" erfüllen, unabdingbar.

Um das Vorherrschen der Vermarktungsfähigkeit zu überprüfen, ist es zwingend erforderlich, die Kompetenz vollständig und aktualisiert zu erfassen, systematisiert chronologisch zu dokumentieren und holistisch, wie selektiv, abrufbar zu gestalten und im nächsten Schritt einen Markt sowie Preis festzulegen. In der Annahme, dass diese Eigenschaft vorherrscht, ist eine nächste strategische bzw. strategisch-finanzielle Entscheidung der Unternehmensführung, ob diese Kompetenzen ausschließlich intern verfügbar gemacht und intern vermarktet werden oder ob sie (auch) extern vermarktet werden.

Entscheidet sich ein Unternehmen dafür, beispielsweise Lizenzrechte extern zu vergeben, würde man von einer externen Vermarktung sprechen. Würde es zwar einen externen Lizenzpreis ermitteln, aber keine Lizenzierung vollziehen, würde man von einem passiven Marktwert sprechen, den das Unternehmen im Zuge der Impairment-Tests jähr-

„SYN*force* Destination: Globalunternehmen"

lich überprüft. Entscheidet sich ein Unternehmen, eine patentierte oder nicht patentierte, aber wertmäßige, technologische Lösung einer internen Unternehmenseinheit zur Verfügung zu stellen, würde es -nach steuerrechtlicher Überprüfung, Einhaltung interner Richtlinien und Verrechnungsgrundsätze- von einer internen Vermarktung sprechen, den verrechneten Wert zugrunde legen und handelsrechtlich bilanziell abbilden können. Auch können diejenigen Kompetenzen, die unter den Begriff „selbstgeschaffener immaterieller Vermögensgegenstand" fallen, nach der BilMoG Novellierung unter Einhaltung bestimmter Sperrfristen und Ausschüttungsregelungen in der handelsrechtlichen Bilanz aktiviert werden und sich auf den Eigenkapitalanteil erhöhend auswirken (siehe BilMoG Novellierung).

In der nächsten Entwicklungsstufe im Bilanzierungsrecht wird erwartet, dass die Investitionsbereiche „Wissen", „Innovation" und „Entwicklung", durch welche ein selbst geschaffener immaterieller Unternehmensgegenstand nachweislich generiert werden kann, weiter gefasst werden (nach dem IAS-Vorbild). Eine weitere Annäherung an die internationalen Bilanzierungsregelungen tut in einem Land Not, das exportseitig sehr stark ist und über den gesamten Globus „in der Wirtschafts- und Fiskalordnung gleichermaßen dem Rechts- und Kapitalmarktgefüge zuhause ist", wie Deutschland. Andererseits soll dem Gläubigerschutz eine ausreichend geschützte Stellung, dem das HGB im internationalen Vergleich (trotz Schwächen) am besten Rechnung trägt, weiterhin Berücksichtigung finden. Ich sehe aber auch für eine Weiterentwicklung -mit Annäherung an IAS- genug Spielräume, die das Streben nach Gläubigerschutz nicht konterkarieren. Bevor jedoch ein Unternehmen eine Aktivierung des selbst geschaffenen immateriellen Vermögensgegenstandes in Betracht zieht, ist dringend die Konsultierung eines spezialisierten Wirtschaftsprüfers zu empfehlen, weil dieser Bereich, insbesondere für ungeübte Unter-

„SYN*force* Destination: Globalunternehmen"

nehmen mit IAS oder US-GAAP, noch immer viele Unsicherheiten birgt und Voraussetzungen beinhaltet, die spezialisierte Wirtschaftsprüfer unternehmensspezifisch auf Verwertbarkeit und Aktivierungsfähigkeit mit Vor- und Nachteilen durchspielen sowie die damit verbundenen Pflichten und Rechte prüfen und die Unternehmen diesbezüglich beraten sollten.

Kodifizierung und Erfassung der Unternehmenskompetenz

Die Strategie-Operationalisierung beginnt mit dem ersten SYN*force*-Modul, welches das strategische Markt- und Portfoliomanagement „Strategie & Portfolio" betrifft. In diesem Modul geht es um die Schaffung eines Rohgrundgerüsts für das Geschäftsmodell, woraus sich das Kompetenz-Modell entwickeln lässt.

Dieses Gerüst gibt somit den Rahmen für die Modell-Entwicklung und Erfassung der Unternehmenskompetenz im späteren Verlauf vor. Betrachten wir noch einmal im Sinnbild die Kompetenz-Komponenten und beschäftigen uns mit der Frage: „Wie können diese Komponenten gesamthänderisch die Unternehmenskompetenz (Eignung) bilden, die das Unternehmen braucht, um wirtschaftlichen Erfolg zu generieren und gesund zu wachsen?" Ich habe eingangs darauf hingewiesen, dass diese einzelnen Komponenten zunächst jeweils - jede für sich- zu kodifizieren und unternehmensübergreifend (qualitativ / vollumfänglich, aktuell, vollständig) zu identifizieren und abzubilden sind.

Ein jeder, der sich mit der Identifizierung, Kodifizierung und Erfassung von innovativen und technischen Lösungen, implizitem und explizitem Wissen im Unternehmen, Kapazitäten und Strukturen, etc.

„SYN*force* Destination: Globalunternehmen"

befasst hat, weiß, dass in der Identifizierungsphase damit begonnen werden muss, zu identifizieren, welche Größen relevant sind (Sequenzierung), wie sie gewichtet und in welche Beziehung / Wechselwirkung sie zueinander gebracht werden können. Beginnend mit dem Produktportfolio und dem Geschäftsmodell, leiten wir die mittel- und unmittelbaren Anforderungen auf die Unternehmenskompetenz ab. Das verabschiedete Produktportfolio bzw. Geschäftsmodell betrifft bzw. bedingt das zu erfüllende Soll von „Heute und Morgen", durch die das Unternehmen Umsatz und Kapital für Wachstum und Investitionen generieren kann. Deshalb sind diese primär zu betrachten.

Sobald ein Unternehmen entschieden hat, durch bestimmte Produkte, Dienstleistungen und Services Erfolg zu generieren, sowie durch bestimmte Technologien und innovative Lösungen die Repositionierung zu verstärken, und es bestimmte Märkte sowie Kunden definiert hat, um Umsatz zu generieren, hat das Unternehmen auch die heutigen Anforderungen an das Kompetenz-Modell, zumindest implizit, definiert. Entscheidend ist aber eine explizite Ableitung und Verabschiedung von Anforderungen und Zielsetzung. Genau dies ist Inhalt und Zielsetzung des ersten Moduls „Unternehmenskompetenz". Je klarer die Anforderungen und Umfang dieses Rohgerüsts getroffen und in der Zielsetzung eingeflossen sind, desto klarer und zuverlässiger werden die Sollgrößen für das Kompetenz-Modell des Unternehmens sein. Wir brechen diese Anforderungen in der Folge nach Technologie-, Struktur-, System- und Personell-Relevanz herunter und legen die Parameter und Kriterien für diese jeweiligen Komponenten bzw. Größen fest. In einem weiteren Step nehmen wir eine Unterteilung innerhalb dieser Komponenten nach „Vorhandensein", „Verfügbarkeit", „Einsatzfähigkeit" und „Performanz" vor. Jede Komponente muss in der Kodifizierungs- und Erfassungsphase die definierten

„SYN*force* Destination: Globalunternehmen"

Parameter um diese Unterteilung berücksichtigen. Wir können in der Folge (nachdem die Identifizierungs- und Kodifizierungsphase abgeschlossen wurde) beispielsweise ableiten, welche technologische Lösung oder welches spezifische Wissen, welche Systeme zur Entwicklung, Produktion und Vermarktung benötigt und vorausgesetzt werden. Auch können wir definieren, über welchen Qualifikationsgrad eine personelle Ressource im Unternehmen vorhanden, verfüg- und einsetzbar sein muss, damit das Unternehmen die vordefinierten Produkte oder Systeme entwickeln, erzeugen und vermarkten kann, die es letztlich zur Erreichung der gesteckten Ziele führen werden. Und wir können sagen, wo Gefahrenpotenziale dabei liegen könnten.

In der Kodifizierungs- und Erfassungsphase ist die Zielsetzung, die vier Komponenten der Unternehmenskompetenz zu kodifizieren, zu strukturieren und systematisiert dem Grundgerüst-Modell so zuzuweisen, dass eine Zuordnung zu den oben genannten Größen und eine auswertbare Aussage über den aktuellen Stand dieser erzielt werden kann. In der Identifizierungsphase werden die Sollgrößen festgelegt, nach denen sich die Erfassungsphase zu orientieren hat. Die Sollgrößen lassen sich im Zuge einer Ist- und Soll-Portfolio-Analyse gewichtet gewinnen und beispielsweise in Form einer Spinnenmatrix abbilden. Anschließend leiten sich daraus Kompetenzsollgrößen pro Komponente ab, die im nächsten Step nach vorhanden, verfügbar, einsetzbar, performant und werthaltig erfasst werden sollten. In der Erfassungsphase könnte eine nachfolgende Unterteilung durchgeführt werden:

Vorhandensein - physische oder mentale Existenz des Gegenstands bzw. der jeweiligen Kompetenzkomponente

- qualitativ/vollumfänglich
- aktuell
- vollständig

„SYN*force* Destination: Globalunternehmen"

Verfügbarkeit - kapazitatives Vorhandensein, siehe oben

- qualitativ/vollumfänglich
- aktuell
- vollständig

Einsatzfähigkeit - Einsatzort und Grad bzw. Nutzungsbreite, siehe oben

- qualitativ/vollumfänglich
- aktuell
- vollständig

Performanz - Leistungsstärke oder -Geschwindigkeit, siehe oben

- hoch performant
- performant
- unter performant

Werthaltigkeit - interne oder externe Vermarktungsfähigkeit

- quantitativ extern zuordbar
- quantitativ intern zuordbar
- quantitativ indirekt zuordbar

Diese Unterteilung und Bewertung ist für jede der Komponenten unerlässlich, um nicht nur eine quantitative, sondern auch eine qualitative Daten- und Faktenlage zu erhalten, anhand derer brauchbare Analysenergebnisse ermittelt werden können. Erst in der nächsten Schrittfolge lassen sich die einzelnen Komponenten in Beziehung/en zueinander bringen und ihre Wechselwirkung/en bewerten. Wir können sodann sagen, ob und in welcher Beziehung die Personell- oder

„SYN*force* Destination: Globalunternehmen"

die Strukturkomponente zu der System- oder der Technologie-Komponente stehen und welcher dieser unter-, über- oder gleich entwickelt, aktuell verfügbar oder wertmäßig erfassbar ist. Wir können aus der anschließenden Gap-Analyse konkrete Handlungserfordernisse pro Komponente ableiten und ein- bzw. gegensteuern.

Bleiben wir bei dem Beispiel „Softwarelösung" des Systemlieferanten, die es beispielsweise innerhalb der System- und Personell-Komponente zu erfassen gilt. Wenn ein produzierendes Unternehmen als ein strategisches Ziel für wichtige Bestandsmärkte, „Differenzierung durch Customization" und als Messgröße den erzielten Umsatz aus „customized solutions" zum Gesamtumsatz des Unternehmens definiert hat, könnte eine der Maßnahmen die interaktive (Um-) Gestaltung der Wertschöpfungskette sein. Für unsere „Softwarelösung", die eine spezielle Markt- und Kundenlösung zur Erstellung interaktiver Konstruktionsplanungen auf vereinfachter und direkt zugreifbaren Primärdaten mit dem Kunden (webbasiert) ist und sich bereits im Einsatz befindet, würde dies bedeuten, dass sie als Element (der Kompetenzkomponente) im Unternehmen existiert (vorhanden), kapazitativ im benötigten Zeitraum bereitsteht (verfügbar) und im benötigten Zeitraum auch im Einsatz (einsatzfähig) wäre. Damit würde sie eine wichtige Rolle einnehmen. Mit dieser Feststellung und an dieser Stelle angekommen, würden die meisten Kompetenz-Erfassungs-Ansätze aufhören, die Mannschaft wäre zufrieden, denn sie hätte die Medizin gefunden und müsste sie nicht erst entwickeln.

Eine weitere Untergliederung, wie ich oben aufgeführt habe (aktuell, vollständig, performant und werthaltig), würde nicht durchgeführt. Wenn wir aber bei der oberflächlichen Kompetenz-Erfassung aufhören würden, würden wir eine unvollständige und unbrauchbare Daten-

„SYN*force* Destination: Globalunternehmen"

und Faktenlage haben. Nicht nur die qualitative und quantitative Betrachtung wäre mangelhaft, auch hätten wir kaum (Er-) Kenntnis über die Systematisierung und Umfang, Aufbau und Kapazitäten oder etwaiger Weiterentwicklungs- sowie Wertpotenziale dieser.

In diesem Fall hätte es einen geringen bis keinen Wert sowohl für die Umsatzgenerierung als auch für eine Wertmäßigkeit, denn aus dem Existenzfakt allein, können beispielsweise nicht einmal zukünftig anfallende Maintenance-, Anpassungs- oder Weiterentwicklungskosten abgeleitet werden, selbst wenn man davon ausginge, der Kunde bezahlt bereits für die Nutzung dieser, wodurch zusätzlicher Umsatz generiert wird. Auch dient es nicht als Basis für eine Marktpositionierung (formuliertes strategisches Ziel war die Differenzierung).

Weiter würden wir wissen, dass die benötigte Lösung verfügbar -im kapazitativ-physischen Sinne- ist, aber dieser Fakt für sich alleinstehend wäre nicht genug aussagekräftig, weil dieser nichts darüber aussagt, zu welchem Kapazitätsgrad (vollumfänglich, teilweise oder geringfügig) die vorhandene Kompetenzkomponente verfügbar ist und zukünftig verfügbar wäre. Zwar wissen wir im konkreten Beispiel, dass die Softwarelösung im Unternehmen, vorhanden (im Einsatz) ist, wir wissen aber nicht, ob diese den Technologie-/Produkt-und/oder Markt-Erfordernissen (der Zielsetzung) genüge tut und selbst wenn wir dieses ebenfalls bejahen würden, würden wir nicht wissen, ob es diese freien Kapazitäten aktuell hat und zukünftig haben wird.

Darüber hinaus wäre es sinnvoll zu wissen, ob diese Lösung auch für die strategisch wichtigen „customized solutions" eine aktuelle und zukünftige Einsatzfähigkeit besitzt. Wenn die Lösung zwar im Einsatz ist, nicht aber über die definierten Merkmale der zu erbringenden Markt- und Kunden-Lösungen durch das Unternehmen verfügt, dann wäre in der Erfassung zu berücksichtigen, dass die Lösung einsatzfä-

„SYN*force* Destination: Globalunternehmen"

hig, aber nicht aktuell ist, um dem Vorsichtsgebot und Datenqualität Rechnung tragen zu können. Die Argumentationskette könnte an dieser Stelle weiter fortgeführt werden, aber ich denke, die Veranschaulichung der Notwenigkeit ist klar geworden. Erst auf einer tiefer gehenden Erfassungsgrundlage, wie wir weiter oben gesehen haben, könnte das Unternehmen zielerreichungsfördernde Maßnahmen einleiten und nicht entweder zu viel oder an den falschen Stellen investieren.

Der Erfassungs- und Kodifizierungsphase folgt die Auswertungs- und Zuordbarkeitsphase, gefolgt von einer Bereitstellungsphase sowie einer Performance Messung und Controlling Phase des Gesamtprojekts. Diese drei Phasen werde ich in diesem Buch nicht ausführlich behandeln, um den Rahmen des Buchs nicht sprengen und den Fokus nicht verlieren.

„SYN*force* Destination: Globalunternehmen"

Reverse Innovation / Competence Management Solutions

„Viele Unternehmen haben massenweise großartige Ingenieure und kluge Leute, doch am Ende muss es irgendeine Orientierung geben, die alles zusammenhält" Steve Jobs

Steven Paul Jobs war eine umstrittene Persönlichkeit, aber ich behaupte, unumstritten war sein Ruf als ein Innovationsfreak, der besessen von der Idee war, die Technik- und die IT-Welt voranzubringen und zu revolutionieren. Kreativität bedeutete für ihn „connect the dots", ein Zusammenstellen zusammenhängender Dinge. So entstand auch die Idee der „Digitalen Schnittstelle", die den Computer zu mehr als einen festen Arbeitsplatz machen sollte, den Technologieschlüssel für das Leben. Erfüllt Porsche Kindheitsträume, lebt Apple „modern lifestyle". Jobs war nämlich auch ein Unternehmer und er wusste, dass Innovation eine Produktorientierung braucht, selbst in einem Technologieunternehmen, um kein „Feuerwerk wertloser Innovationen", wie wir in der DotCom Blase zu häufig erlebt haben, zu produzieren. Selbst die Shops von Apple wurden „entwickelt": Prototyp, Testphase, Verbesserung.

Apple verkaufte in der letzten Dekade 300 Mio. iPods, allein zwischen Juli 2010 und Juni 2011 waren es 45 Mio.[97] Auch Apple's iTunes kennen die meisten von uns. 20 Mio. Lieder sind im iTunes verfügbar, wovon 16 Mio. Lieder downgeloaded wurden. Großartiges Geschäftsmodell[98], Innovationsführerschaft und unschlagbare Gewinne.

---

[97] Quelle: Interview PC Magazine mit dem Apple-Chef, Tim Cook, im Okt. 2011
[98] Das Geschäftsmodell iTunes, als eines der ersten Unternehmen einzelne Lieder zu günstigen Preisen anzubieten, war bahnbrechend und gab die Richtung vor. Ein Lied kostet zwischen 0,69 und 1,29 €.

"SYN*force* Destination: Globalunternehmen"

Diese Ergebnisse können in einer synergetischen Rahmenordnung entstehen. Dort werden erweiterte oder neue Lösungen, Produkte und Dienstleistungen generiert.

Re-In-Novationen werden in den meisten Globalunternehmen zu einem Großteil durch sich abzeichnende Technologieveränderungen und durch festgestellte Kunden- und Marktaspirationen außerhalb der saturierten Märkte ausgelöst. Rund die Hälfte dieser werden innerhalb unternehmerischer Allianzbildungen entwickelt, getestet und in Produktreife gebracht. Weitere Ausführungen hierzu, siehe „Komplementäre Kompetenz". Das Management der Unternehmen bleibt der Innovationstreiber Nummer 1, gefolgt von F&E-Abteilungen und Kompetenzzentren, wenn man angemeldete Patente innovativer Globalunternehmen mit der strategischen Erklärung zur Unternehmensausrichtung rückblickend vergleicht. Zu vermerken ist an dieser Stelle allerdings, dass eine Produkt-Innovation allein, das Unternehmen nicht zum Erfolg führt. Erst die Integration bzw. Kombination aus technologischen Produkt-, Verfahrens- und Prozess-Verbesserungen (Renovationen) mit den (Er-) Findungen neuer Lösungen, Produkte oder Verfahrensweisen (Innovationen), zur Re-In-Novation, versprechen den Unternehmen Wachstumspotenziale, eine gute Positionierungsgrundlage und sind unabdingbar für die globale Marktpräsenz.

Ein jüngstes *Beispiel* aus einem mittelständischen Produktionsunternehmen liefert die Kirchhoff-Gruppe. Kirchhoff führte Mitte des Jahres 2012 ein globales PLM-System ein, das die weltweiten Kompetenzzentren und Aktivitäten von der ersten Produktidee bis zur Serienreife über mehrere Kontinente über sichere Datenschnittstellen und Zugriffe auf technische Zeichnungen und Dokumente sowie auf Technologielösungsgrundlagen, auf CAD, SAP und unterschiedlichen

„SYN*force* Destination: Globalunternehmen"

Office Programmen ermöglichen und verknüpfen soll[99]. Das Ziel des Projekts ist es, die globale Innovations- und Produktivitätsfähigkeit zu erhöhen, die zu den Erfolgsgrundlagen des Unternehmens zählen. Das Herzstück ist das Verbindungselement dieser beiden Pole, der Produktentstehungs- und -Entwicklungsprozess. Im Zuge dessen wurden die gesamten Prozesse rund um die Innovation, Produktentstehung bis Serienübergang analysiert und optimiert. Dazu zählen auch Kompetenz-, Third Party- bzw. Lieferanten und Kooperationsprozesse.

Ich habe bereits darauf hingewiesen, dass eines der Wert- und Wundthemen unserer Unternehmen das Thema geistiges Eigentum (IP) und seine Schutzfähigkeit bzw.- Bedürftigkeit. Es gibt sehr viele gute Gründe, das schützenswerte Wissen, angemeldete Patente, besondere Lösungsverfahren und auch Markenrechte zu schützen. Das sollten die Unternehmen unbedingt ernst nehmen. Aber, versteht man Innovation als ein Bemühen, um und zugleich als Ergebnis des technologischen Fortschritts, bekommt sie eine Eigenschaft der menschlichen Evolution: Unaufhaltsamkeit. Das bedeutet weder, dass jedes Unternehmen ungeschützt seine IP verbreiten oder verfügbar machen sollte, noch dass es jedem gelingen kann oder wird, die Evolution mit seinen Interessen zu verknüpfen, Positives also zu erzielen. Es soll anregen, sich mit der Schutzbedürftigkeit und Werthaltigkeit auseinanderzusenden und einen Weg zu definieren, wodurch ein Unternehmen sein Fortbestehen ausbaut und sichert, seine Evolution mit ihren Interessen verknüpft. Die Re-In-Novation wird zum Bestandteil der Technologie-Kompetenz und auch für diesen Bestandteil gilt, globale Steuerung.

---

[99] Quelle: Unternehmenseigene Angaben, u. a. veröffentlicht im K>Mobil - Kundenmagazin der Kirchhoff-Gruppe, 2012.

„SYN*force* Destination: Globalunternehmen"

Doch global bedeutet: unterschiedliche Preis-Stabilitäts-Verhaltens-Verhältnisse von Kunden und Märkten sowie unterschiedliche Präferenzen und Restriktionen. Wie wir im Hybriden Resourcing bereits festgestellt haben, beschäftigt ein globales Unternehmen weltweit Mitarbeiter mit verschiedenen Kompetenzen und Fähigkeiten in unterschiedlichen Sprachen, kulturellen und sozialen Gefügen.

Es verfügt über weltweite vernetzte Organisationsstrukturen, über diversifizierte Produktportfolios, modulare Systemlandschaften und Partner- sowie Lieferantenmodelle, um in der Summe der Erfüllung dieser Unterschiede Rechnung zu tragen und Märkte zu gewinnen. Es wird deshalb nicht gelingen, re-in-novative Lösungen aus der Zentrale heraus zu entwickeln oder einzuleiten, Produkte/Produktgruppen oder Dienstleistungen zu entwickeln, die jeden Markt oder alle Kundensegmente gewinnen können. Deshalb müssen Unternehmen heute bereits damit beginnen, Re-In-Novationskapazitäten in den Regionen und Märkten aufzubauen, die sie zu ihren Zukunftsmärkten zählen und aufbauen werden. Die Unternehmen müssen Re-In-Novationsprozesse und -Kapazitäten eng mit den Marktanforderungen und -Verhältnissen, den Rahmenbedingungen und Regularien sowie den Kundenaspirationen und der Finanzkraft abstimmen. Kurzum: Reserve Innovation.

Im Rahmen der Reserve Innovation werden lokale oder Low-Cost- sowie F&E-Kapazitäten zur Entwicklung von Local Content, Umfängen & Adaptionen mit der Nutzung der geo-intraktiven Resourcing Kompetenz realisiert, die über dedizierte Schnittstellen in die globalen F&E-Netzwerke und Competence Center integriert werden. Dadurch werden neben den technologischen Fortschritten auch hohe Lokalisierungsgrade und eine hohe Wertschöpfungsdichte erzielt.

„SYN*force* Destination: Globalunternehmen"

Beispielsweise führt Hyundai in Indien sowohl Designanalysen auf Teile-, Zusammenbau- und Systemebene durch als auch zunehmend das Komplettfahrzeugdesign nach Iteration mit einer Designfreigabe zur Prototypenproduktion. Durch eine Kompetenzfokussierung getragen von spezialisierten lokalen F&E-Zentren, in Indien rund 500 Ingenieure, können Kompetenz- und Entwicklungsfähigkeiten für Module und Systeme verstärkt werden, wodurch auf den Markt angepasste Produkte mit hoher Wertschöpfungstiefe hergestellt werden können, die auch zur Exportförderung aus aufstrebenden Märkten beitragen. Dadurch produziert Hyundai mit einer Lokalisierungstiefe von 80 % und positioniert sich mit sieben Modellen zum drittgrößten Automobilhersteller im Kleinmodell-Segment derzeit in Indien, noch vor VW und hinter TATA und Maruti Suzuki. Hyundai exportiert rund 40 % der in Indien produzierten Fahrzeuge der kleineren Klassen in den westeuropäischen und australischen Raum. Die bisherigen Investitionen belaufen sich in Indien auf rund $ 1 Mrd. mit steigender Tendenz.

Dem Fakt, dass in vielen dieser Regionen und Märkte die rechtliche Basis nicht ausreichend entwickelt ist, um das schützenswerte Know how von unerlaubtem Zugriff oder Nutzung schützen zu können, kann ich entgegen, dass dies zweifelsohne sehr bedauerlich ist. Aber das sollte die Unternehmen nicht davon abhalten, ihre eigenen kreativen Lösungen im Umgang und zur Sicherung ihres schützenswerten Know Hows zu entwickeln und zu etablieren. Hyundai ist nicht das einzige Unternehmen, das vollumfänglich die F&E-Aktivitäten verlagert und Innovation global aufsetzt und steuert. Es gibt eine ganze Reihe von intelligenten Lösungen hierzu, anfangen von hochkarätigen Datenbanken über sequenzielle Nutzungsgrade auf Netzwerkbasis, etc.

„SYN*force* Destination: Globalunternehmen"

Beginnen die Unternehmen damit, das schützenswerte von dem nichtschützenswerten Know how zu unterscheiden und die Kerntechnologien von angrenzenden Randtechnologien beispielsweise zu trennen, so lässt sich damit eine Basis schaffen, auf der die Unternehmen ihr schützenswertes Know how absichern können und nicht verlagern müssen. Andererseits können Unternehmen Rand- und Fremd- Know how gezielter verlagern oder kollaborativ (weiter-) entwickeln. Das Unternehmen gewinnt an beiden Enden. Meine Erfahrung hat aber gezeigt, dass die meisten Unternehmen diese Unterscheidungen sehr oberflächlich bis gar nicht vornehmen, sondern in jeder Entwicklung und jeder technologischen Lösung „schützenswertes Know how" sehen und abzuschotten versuchen. Früher taten sich Unternehmen schwer mit inkrementellen und disruptiven Innovationen umzugehen, weil sie mit einer Innovationsstrategie nicht beide Felder bedienen konnten. Viele haben es versucht und sind gescheitert. Heute und morgen müssen die Unternehmen eine dritte Dimension einplanen „Reserve Innovation", die sowohl im inkrementellen wie in disruptiven Technologien Anwendung findet.

Beispielsweise haben IT-Unternehmen im Jahr 2002/2004 mit der Verlagerung von standardisierbaren Entwicklungsprozessen nach Indien, Malaysia und Brasilien begonnen. Bei diesen Prozessen handelte es sich in der Regel um Prozesse auf keiner geschützten oder schutzfähigen Technologiebasis. Zudem waren die Prozesse dadurch gekennzeichnet, dass sie in den Kernmärkten zu teuer zu erbringen waren. Im Laufe von drei bis vier Jahren entwickelten und verbesserten die Ingenieure dieser Unternehmen ihre Grundlagen und entwickelten neue Systemlösungen auf Basis der standardisierten Prozesse, die in den Kernmärkten wiederum aufgrund ihrer Unbedeutsamkeit vernachlässigt oder unterbewertet wurden. Durch diese Renovation konnten Unternehmen an zwei Stellen gleichzeitig profitieren.

„SYN*force* Destination: Globalunternehmen"

Sie konnten durch die entwickelten Lösungen und Prozesse den lokalen Kunden gewinnen und andererseits konnten sie Teile dieser den Kunden in den Kernmärkten zusätzlich, oftmals unter zusätzlicher Verrechnung, anbieten. Der häufig präsentierte Fakt, dass in Indien, Brasilien und Malaysia einheimische Technologieunternehmen nur aufgrund des Out- oder Global Sourcing westlicher Unternehmen entstanden ist, ist nicht zu Ende gedacht. Diese Evolution ist unaufhaltsam und wäre ohnehin eingetreten. Höchstens können wir behaupten, wir hätten die Zeitachse beschleunigt, wovon wir aber im starken Maß auch profitiert haben.

Atos als einer der größten IT-Dienstleister mit großem Outsourcinganteil, ein europäisches Unternehmen, mit weltweit über 48 Niederlassungen, rund 75.000 Mitarbeiter und einem Umsatz 2011 von 8.5 Mrd. Euro, hat in Indien ein großes Off-Shore und Entwicklungs-Zentrum sehr früh über die letzten sieben Jahre aufgebaut, woraus Atos sowohl für die Abwicklung großer Outsourcingdeals als auch für die Abwicklung spezieller Projekte Know how und Kapazitäten zieht.

Lag noch vor acht Jahren der Branchenschwerpunkt auf Skaleneffekte, ergaben sich im Laufe der Kollaborationen, interner Qualifizierungen, Spezialisierungen und hiesigen Marktentwicklung Potenziale und Ansätze für eine breitere und wertschöpfungsnahe Nutzung und Entwicklung dieser auch adaptierbar oder direkt anwendbar auf andere Märkte. Ergänzend zu dieser anfänglich organisch geprägten Expansion eines europäischen Unternehmens nach Indien, kann man ein umgekehrtes Beispiel von einer anderen Branche und einem anderen Markt nehmen. Der chinesische Autobauer Great Wall, der seit November 2011 in Europa (zuerst in Bulgarien) produziert, entwickelt und von dort aus nach Westeuropa seine neuen Modelle vertreiben wird.

„SYN*force* Destination: Globalunternehmen"

Oder den anderen chinesischen Autobauer SAIC, der mit der Übernahme von MG Rover 2005 in Birmingham (neue) europäische Modelle, wie MG3 Supermini entwickelt und produziert, was nunmehr stark ausgeweitet werden soll. Der Autobauer Zheijang Geely ist gleichermaßen an fünf europäischen Standorten vor Ort aktiv und investiert in Ägypten und Uruguay. In allen genannten Beispielen werden Forschungs- und Entwicklungsprozesse über die Erdkugel nach Markt-, Technologie- und Produktspezifika durchgeführt und mit den Produktions- und Absatzeinheiten lokal wie regional abgestimmt.

Wechseln wir die Branche noch einmal, bleiben aber in China, stellen wir fest, dass einer der größten chinesischen Baumaschinenhersteller, Sany, den deutschen Betonmaschinen- und -Pumpenbauer Putzmeister im Jahr 2011 übernommen hat. Rund 3.000 Mitarbeiter sollen von Deutschland aus das weltweite Geschäft mit Betonpumpen verantworten und die Entwicklungskapazitäten werden ausgeweitet. Dies bedeutet für die Entwicklungsbelegschaft in Deutschland eine Arbeitsplatzgarantie bis 2020 sowie jede Menge Geld in die Kapazitätserweiterung für die Entwicklung und Produktion neuer Produkte, um das (Produkt-) Diversifikationsziel zu erreichen. Das Kern Know how für Betonpumpen soll in Deutschlands Kompetenz-Zentrum bleiben und über Kompetenz-Satelliten sollen in anderen Märkten Forschung und Entwicklung betrieben werden. Zu den jüngsten Branchenberichten zählen unter anderem auch, die ankündigte Übernahme des Spritzgussmaschinherstellers KraussMaffei -aller Voraussicht nach durch einen chinesischen Konkurrenten- und die Übernahmedeals des Betonpumpenherstellers Schwing durch den chinesischen Maschinenbauer XCMG, die einen Tag nach der Übernahme von Putzmeister durch Sany erfolgte sowie der des Gabelstaplerherstellers Kion durch den chinesischen Baumaschinenhersteller

„SYN*force* Destination: Globalunternehmen"

Shandong Heavy Industry. Die Branchen Automobil und Maschinenbau sind beliebte Ziele chinesischer Unternehmen in Deutschland. Europaweit zählen die Branchen Solar, GreenTech und Stahl zu den Targets chinesischer Investoren.

Ein anderes *Beispiel* ist das indische Unternehmen Sonata Software, mit rund 2.800 Mitarbeitern weltweit tätig, konnte es sich mit dem Reisekonzern TUI 2006 auf die Gründung eines gemeinsamen Unternehmens „TUI Infotec" einigen, in das TUI seine IT-Abteilung einbrachte und Gesellschafter von „TUI Infotec" bis heute geblieben ist. Im Jahr 2008 übernahm „TUI Infotec" das spezialisierte französische IT-Unternehmen „Artemis", um den Footprint in der D-A-CH Region und die Itil-basierten Services und Anwendungen für TUI Infotec zu stärken. Leistungsstarke Zentren, die auch Entwicklungsleistungen erbringen, entstanden in Bangalore und auch in anderen Regionen in Europa, die eng verzahnt arbeiten und gemeinsam den Kunden in allen Standorten und Belangen Lösungen bieten können. Das Unternehmen zählt TUI, Telekom und Co. zu seinen Kunden.

Um auch das *Beispiel* eines mittelständischen Unternehmens zu nehmen: die Allgeier Gruppe hat seit drei Jahren das ehemals indisch-amerikanische Technologieunternehmen „Nagarro" nunmehr in den Reihen der Allgeier Gruppe, die High-End-IT-Lösungen erbringen. Obwohl der Mittelstand im Fokus steht, zählen zu ihren Kunden Pfizer, UBS, Mitsubishi, SAP and Lufthansa. Allgeier nutzt Nagarro nicht als Low-Cost- Einheit zur Realisierung von Skaleneffekten, sondern als eine strategische High-End-Footprint und ergänzt damit das Portfolio der speziellen Branchenlösungen und ausbaufähiger Regionen (Synergieperspektive).

Ein ganz ähnliches Beispiel ist das brasilianische IT-Unternehmen „Stefanini IT Solutions". Stefanini machte im Jahr 2011 mit den

„SYN*force* Destination: Globalunternehmen"

12.000 Mitarbeitern rund $ 750 Mio. Umsatz und plant für 2012 die Milliardengrenze zu erreichen. Zu seinen Kunden zählen internationale Großunternehmen der Realindustrie und Banken. Durch die Verknüpfung und Vernetzung beginnend in Brasilien und den USA, Argentinien und Europa, plant Stefanini in den kommenden zwei Jahren in Deutschland die Mitarbeiterzahl auf 500 zu erhöhen, gefolgt von weiteren 500 in Österreich und der Schweiz. Damit beabsichtigt Stefanini, die aktuelle Beschäftigtenzahl in Europa von bislang 1.800 zu verdoppeln.

Die IT-Branche ist eines der Branchen, deren sensitives Know how einer starken Dynamisierung und Disruption unterliegt. Dieses Know how ist aber sowohl von sehr hoher strategischer Wichtigkeit als auch gleichermaßen von einer hohen Umsatzrelevanz durch die Erteilung von Patent-, Lizenz-, Zertifikat- und Nutzungsrechte an Dritte oder Kunden geprägt. Drittens stößt dieses sensitive Know how an die international geltenden Schutzrichtlinien. Die Branche kann sich den Versuch einer (lokalen) Isolierung, Protektionismus oder ein Aufgeben nicht leisten, weshalb die Bemühungen nicht unterlassen werden, die Harmonisierung und Anpassung der unterschiedlichen Rechtslagen und Richtlinien weltweit anzustreben und aktiv voranzutreiben. Man mag die einen oder anderen aktuellen Patent- und Lizenz-Rechtsstreitigkeiten belächeln, aber sie bewirken und fördern, unter anderem auch eine Formung des Schutzes weltweit. Das ist beispielhaft auch für andere Branchen. Wir werden zukünftig auch im industriellen Umfeld derartige Rechtsstreitigkeiten vermehrt erleben.

Der F&E-Anteil dieser Branche in Europa bewegte sich in den vergangenen Jahren zwischen € 26 und € 34 Mrd. In den USA kommen im letzten Jahr die Top 10 ICT Unternehmen gemeinsam auf rund $

„SYN*force* Destination: Globalunternehmen"

50 Mrd. R&D Ausgaben. Der IT-Branchendurchschnitt liegt leicht oberhalb der 7%-Grenze. Apple allerdings ist ein Beispiel dafür, dass nicht nur eine hohe Rentabilität, sondern auch technologische Branchenführerschaft mit einer F&E-Quote von 2,1 %[100] erzielbar ist.

Im industriellen Produktionsumfeld sollen die F&E-Quoten zwischen 3 % (bei starker Produktorientierung) und 6 % (bei ausgeprägter Systemgeschäftsorientierung) liegen. Booz & Company hat eine weltweite Studie der börsennotierten Unternehmen durchgeführt, wonach der F&E-Anteil dieser bei durchschnittlich 3,6 % lag.

Gehen wir etwas tiefer ins Detail und beobachten die traditionellen und globalisierten deutschen Produktionsunternehmen: Schaeffler kommt auf eine F&E-Quote von 5 % (gleich bleibend mit rund 6.000 Mitarbeitern in F&E), Continental kommt auf 4,6 % (geplante Erhöhung auf 6 % mit 18.600 Mitarbeitern in F&E) und Dürr kommt mit erhöhten F&E-Aufwendungen auf 18 % sowie Webasto ebenfalls mit erhöhten Aufwendungen auf 16 %. Festo kommt auf eine F&E-Quote von rund 9 % und Deutz auf 7,7 %. Die Automotive Sparte von Bosch investiert in Forschung und Entwicklung rund € 3 Mrd., die Konzernquote liegt bei 11 %. Nach Unternehmensangaben belaufen sich die F&E-Investitionen für das Prototypen-Equipment in Korea auf eine zweistellige Millionenhöhe. Für die Entwicklung von Batteriezellen sind bis 2013 rund $ 500 Mio. als F&E-Investitionen geplant.

Bekanntermaßen sagen die „bloßen" F&E-Quoten kaum etwas über die Vermarktungs- und Erfolgspotenziale innovativer Lösungen oder Verfahren aus. Um zu einer Einschätzung dieser Größen im inkrementellen Umfeld zu gelangen, sollten die Marktpotenziale und -verteilung im jeweiligen Technologiesegment (sinnvollerweise auch in angrenzenden Randsegmenten) hinzugezogen werden. Bleiben wir

---

[100] Quelle: R&D-Quote 2011 nach Unternehmensbericht von Apple, veröffentlicht bei FORBES.COM, Aug. 2012

„SYN*force* Destination: Globalunternehmen"

hierzu bei unserem letztgenanten Beispiel: Der prognostizierte Weltabsatzmarkt allein für Lithium-Ionen-Batterien wird im Jahr 2015 auf rund $ 9 Mrd. geschätzt, die sich, nach der derzeitigen Verteilung, über 100 Unternehmen teilen dürften. An diesem relativ jungen Markt wollen aber bei weitem mehr Unternehmen partizipieren und ihre Anteile sichern, wodurch die Erschließung und Positionierung zusätzlich erschwert wird.

Unternehmen erkennen, dass ungeachtet ihrer Größe und ihrer globalen Aufstellung, sie derartig umkämpfte Schlüsselsegmente allein nicht erschließen oder behaupten können, weshalb sie auf Partnerschaften / Allianzen sowie auf staatliche Unterstützung setzen und sie aktiv einfordern. Im Zuge der geo-strategischen und technologischen Entwicklung wurde von der Bundesregierung die NPE-Initiative, siehe „Trends und Potenziale", ins Leben gerufen. Andere Länder gründen ähnliche Initiativen. Bosch ist einer der NPE-Mitglieder und arbeitet sowohl in der Arbeitsgruppe Antriebs- als auch Speichertechnologien, wovon das Unternehmen auch von den staatlichen Subventionen und dem in der Kooperation gewonnenen Know how profitiert, wenn es dies sinnvoll einzufangen und einzugliedern weiß.

Betrachtet man die Umsatzgenerierung erfolgreicher Globalunternehmen etwas genauer, stellt man einen stetigen Zuwachs der Umsatzanteile neuer Produkte und Patentlizenzierungen am Gesamtumsatz fest. Ich gehe nach umfassender Auswertung der vorliegenden Daten, Fakten und meiner Erfahrung davon aus, dass der Anteil der im Zeitraum 2012-2015 entwickelten Produkte am Gesamtumsatz über 50 % betragen wird. Bei kleineren und spezialisierten Technologieunternehmen wird der Anteil deutlich über 80 % liegen. Diese Unternehmen zeichnen sich durch eine hohe Investitionsbereitschaft aus, wie beispielsweise Nanofocus, das auf 27,9 % F&E-Anteil am Sales kommt. Über eine sehr hohe Investitionsbereitschaft verfügt auch die Biotechnolo-

"SYN*force* Destination: Globalunternehmen"

giebranche. Die dedizierten Biotech-Unternehmen kommen auf einen durchschnittlichen F&E-Anteil von rund 37 % aus Sales. Mit einem Branchenumsatz in 2011 von € 2.619 Mil. und einem F&E-Investition von € 975 Mio. zählt diese Branche zu denjenigen mit dem höchsten F&E-Investitionsanteil. Den größten Part tragen dabei die Medizinprodukte gefolgt von Dienstleistungen. An letzter Stelle spielt in Europa die Agrarbiotechnologie eine Rolle. In Asien, Afrika und auch Amerika ist das Verhältnis anders.

Nehmen wir das *Klimabeispiel*, das zu einer der wesentlichen Innovationstreiber in diversen Branchen ist bzw. wird. In Brasilien und auch in Mexico bietet das Klima nicht nur Einsatz für Wind- und/oder Wellentechnologien oder Entsalzungs-, Verdunstungs- oder Verhärtungstechnologien, sondern auch für Lacke und Oberflächenbeschichtungsverfahren. Möchte ein Unternehmen in Mexiko oder Brasilien Produkte absetzen oder Produkte produzieren, sollte es den Aspekt der Produktinnovation nicht außen vor lassen, sondern es sollte in den Überlegungen zum festen Bestandteil machen. Nicht nur für die Entwicklung und Herstellung marktspezifischer Lösungen oder Produkte, sondern eine kompetenzorientierte Re-In-Novation aufsetzen und verfolgen.

Nicht nur die geringen Personalkosten und die sehr günstigen Zoll- und Importbedingungen machen Mexico zu einem interessanten Standort, sondern auch Regulierungen, Innovations- und Investitionsumfeld bieten vergleichsweise Gründe. Die Gründe reichen weiter und bringen das Unternehmen unter dem Strich dazu, Re-In-Novations- und Entwicklungsprozesse als Teil der Markterschließungs- oder Markterweiterungsstrategie insgesamt abzubilden, zu strukturieren

„SYN*force* Destination: Globalunternehmen"

und die Entwicklung derjenigen zu verlagern, zu koordinieren und zu steuern, die über keinen oder einen geringen Anteil des schützenswerten Know Hows verfügen. Die Rückkoppelung dieser in die Gesamtorganisation muss ebenfalls IT-basiert unterstützt werden. Im Zuge der Reserve Innovation eignen sich als Orientierungshilfe nachfolgende Ausrichtungen:

Vertikaler Prozessansatz

Verfolgt ein Unternehmen den vertikalen Prozessansatz, wird es den Wertschöpfungsprozess in zeitliche und inhaltliche Sequenzen segmentieren. Zu den inhaltlichen Sequenzen können unter anderem, die Erfassung der Customer Aspiration, Erstellung von Produktspezifikationen, Entwicklung passender technischer Lösungen oder Prototypen oder neue Konstruktions- und Fertigungsschritte gezählt werden. Nach der Erfassung und Sequenzierung können denjenigen Einheiten (Peers, Center oder Cluster) mit der besten kompetenziellen Eignung und dem strategisch-operativen Auftrag die Erfüllung, Weiter- und Neuentwicklung der jeweiligen Sequenz übertragen werden. Auf einer übergreifenden Ebene können der inhaltlichen Sequenzierung die zeitliche Dimension zugewiesen und festgelegt werden. Hierdurch lassen sich Re-In-Novationen globaler gestalten und steuern. Bei Sony gab es sehr lange keine wechselseitigen Beeinflussungen zwischen den einzelnen Produktgruppen (Doppelarbeiten und Redundanzen). Howard Stringer unternahm mit einem Antritt eine tief greifende Restrukturierung und etablierte Schaffs[101], die eine vertikale Integration im Zuge einer synergetischen Rahmenordnung entwickelnden und implementierte. Microsoft wechselte von einer horizontalen auf einer vertikalen

---

[101] Schaffs war eine hochkarätige globale Software Entwickler Gruppe, die real-virtuell im Sinne des Hybriden Resourcing operierten.

"SYN*force* Destination: Globalunternehmen"

Integration. Apple hatte bereits 2006 die vertikale Integration etabliert. Eine vertikale Prozesssegmentierung eignet sich insbesondere für die Dienstleistungs- und ICT- sowie Biotechnologie-Branche.

Horizontaler Prozessansatz

Der horizontale Ansatz eignet sich derzeit insbesondere für das produzierende Gewerbe, dem Technologieprodukte und Lösungen mit unterschiedlichen Marktspezifikationen und breit gefächerte Produktportfolios zugrunde liegen. Nach diesem Ansatz werden einzelne Komponenten parallel in unterschiedlichen Märkten designt, entwickelt, getestet und konstruiert, die der Konzern mittels eigene Schnittstellen die fertig gestellten Komponenten auf global-regionaler Ebene zu Produkten oder Produktsystemen bündelt. Hierzu zählen beispielsweise patentiertes Produktdesign, spezielle Konstruktionsverfahren, geschützte Beschichtungsmaterialien und auch Effizienzwissen, das der jeweilige Unternehmensmarkt als Kompetenz aufgebaut und in einer hohen Reproduzierbarkeit übergreifend anbieten kann.

Beispielsweise zählt zu der Unternehmensstrategie, dass das iPhone weltweit das gleiche Design (Funktionalität, nicht nur Form) hat, deshalb macht für Apple eine horizontale Integration wenig Sinn. Hingegen wird ein Automotive Supplier, ein Komponentenlieferant oder Lackhersteller seine Produkte für den chinesischen, brasilianischen oder indischen Markt anpassen bzw. neu entwickeln müssen, weshalb die horizontale Prozessintegration sinnvoll ist.

Auch die „Asset"-Perspektive der Re-In-Nationen (Aktivierbarkeit als immaterieller Vermögenswert) darf an dieser Stelle nicht fehlen. Wie ich oben ausgeführt habe, sind die Unternehmen durch eine nicht vollumfängliche Aktivierungsmöglichkeit aller F&E-Aktivitäten derzeit sowohl nach HGB als auch nach IAS/IFRS angehalten, einzelne

„SYN*force* Destination: Globalunternehmen"

aktivierungsfähige Investitionen, Aktivitäten und Lösungen separat zu erfassen und abzubilden. Der vertikale Prozessansatz bietet gegenüber dem horizontalen Ansatz eine vereinfachtere Erfassung und Zuordnung. Andererseits, ungeachtet der Ausrichtung, die ein Unternehmen wählt und bei der Reorganisation der Re-In-Novationsprozesse verfolgt, sollte klar sein, dass Re-In-Novation in einer synergetischen Rahmenordnung entsteht und primär der Technologie-Kompetenz zugeordnet wird. Diese Rahmenordnung ist die Grundlage für Werthaltigkeit und unternehmerischen Erfolg. Hingegen verursacht eine desynergetisch Rahmenordnung Komplexität, Wertvernichtung und Misserfolg. Wie eingangs angeführt wurde, liegt der Unterschied zwischen einer de- und synergetischen Rahmenordnung in der strukturierten Zuordnung und engen Verzahnung werttreibender Faktoren, Prozesse und Strukturen untereinander und zu den externen Synergieträgern - Markt, Kunde, Partner, Umwelt.

Um eine synergetische Rahmenordnung zu schaffen, die eine globale Reserve Innovation fördern und tragen kann, muss ein Unternehmen zunächst unterscheiden und entscheiden, ob es sich als Leader im sogenannten „high-end" oder im „low-end"-Umfeld positioniert sehen will. Aus dieser Überlegung und Entscheidung lässt es sich leichter ableiten, ob das Unternehmen schwerpunktmäßig auf inkrementelle oder auf disruptive Technologie-Re-In-Novationen setzen und sich platzieren wird. Diese Unterteilung wird es dann auch in Bezug auf spezifische Marktlösungen vornehmen. Kann es Lösungen und Produkte für finanzschwache oder disruptive Märkte entwickeln und herstellen, von denen auch Produktentwicklungen für höherwertige Produkte tendenziell profitieren könnten? Oder könnten Teillösungen breit gefächert angewendet und entwickelt werden? Die nächste Aufgabenstellung ist, die synergetische Rahmenordnung unter diesem

„SYN*force* Destination: Globalunternehmen"

Positionierungsaspekt zu gestalten. Etwas griffiger formuliert: Inkrementelle Fokussierung würde bedeuten, ein Unternehmen entwickelt, verbessert oder kombiniert Produkte, Prozesse oder Verfahren weiter oder neu.

Disruptive Fokussierung würde bedeuten, ein Unternehmen setzt auf Radikalisierung ganzer Produkt-, Markt- und Verfahrenslösungen oder Prozesse. Neue Gesetze oder Regularien, neue Allianzen (Markt- und Unternehmensallianzen), neue Technologie-Partnerschaften, neue Kunden und Märkte, usw., sind Felder, die disruptive Innovationen begünstigen. Bislang konnte ein Unternehmen, das sich im „high-end"-Segment einstufte, radikale Technologie-Innovationen überproportional zum Markt entwickeln, Zukunftstrends bestimmen und die Marktführerschaft übernehmen. Es lässt sich feststellen, dass die F&E-Anteile von den hier genannten Unternehmen mit zwischen 11 % bis 29 % vom Umsatz höher liegen als die derjenigen im „low-end" oder Commodity-Segment, zwischen 2 % und 6 %.

Die heutigen und zukünftigen Verschiebungen, die unterschiedlichen Regularien und gesetzlichen Vorgaben, subventionierte Technologien und Märkte und die größere Produktvielfalt werden jedoch dazu führen, dass Unternehmen im Zuge ihrer Diversifizierung in beiden Segmenten operieren werden (müssen). Durch die breitere Kundenbasis, die heterogenen Märkte und Partnerstrukturen sowie durch die veränderten Umwelt- sowie Kapitalbedingungen werden Unternehmen auch auf der Technologie- und Produktbasis aufgefordert, adäquate Lösungen zu (er) finden und zu werthaltigen Produkten, -Systemen oder Dienstleistungen zu entwickeln und zu vermarkten. Wie oben beschrieben, sollten entlang der Positionierungszielsetzung die beiden Prozessausrichtungen festgelegt und miteinander kombiniert werden. Es ist zu erwähnen, dass die Prozess- und Verfahrens-re-in-novationen eine tragende Rolle auf dem Weg zum Globalunternehmen spielen

„SYN*force* Destination: Globalunternehmen"

werden. Nachfolgendes Beispiel soll als eine Anregung dienen: Ein Unternehmen der Nahrungsmittelbranche entwickelte über einen neuen Distributionsprozess mit „idealen Partnern" eines ganz neues Vermarktungskonzept ihrer Produkte. Ideale Partner waren Unternehmen, die keine Konkurrenten darstellten, aber deren Produkte sich an gleiche Kunden- oder Marktsegmente richteten und dort abgesetzt wurden. Die ähnlichen Distributionseigenschaften der Produkte und der Kostendruck waren die Initiatoren für eine gebündelte Distribution. Das Unternehmen vereinbarte mit den idealen Partnern Lager- und Distributionskonzepte und zunehmend erstreckten sich diese über ein gemeinsames Produktangebot für spezifische Kundenbedürfnisse. Hierzu zählten *beispielsweise* „Cornflakes-In-Joghurt"- oder „Breadin-Nutella"-Produkte sowie die „Zahn-Reisebox". Eine derartige Prozess-re-in-novation kann mit Unternehmen in den verschiedensten Märkten lokal oder global gestaltet werden, beispielsweise als Ko-Lieferanten oder in Form von Joint Ventures und strategische Allianzen.

Ob und in welchem Umfang ein Unternehmen die Partner, Kunden und Umwelt an dem Re-In-Novationsprozess zu interaktiven oder integralen Größen zulässt oder entwickelt, ist individuell zu entscheiden.

Nicht für jede Branche oder jedes Unternehmen eignen sich openspace oder tiefgreifende interaktive Re-In-Novationsprozesse. Hingegen wird es erforderlich werden, Innovation über die patentierbare oder -fähige Technologielösungen hinausgehend zu betrachten.

Re-In-Novation wird zukünftig vermehrt die prozessualen Schnittmengen etwa zwischen Beschaffung und Entwicklung betreffen, bei denen Drittalternativen erforderlich werden, um den Verschiebungen entgegenwirken zu können. Diese können in gezielten Partnerschaften

„SYN*force* Destination: Globalunternehmen"

ausgebaut oder ausgegliedert werden. Dazu zählen auch Schnittstellenentwicklungen zwischen Research, Testing zu Marketing und Logistik. Auch die Ergebnisse der „PWC 15th Annual Global CEO Survey" bestätigen unsere Annahme, dass der F&E-Anteil europäischer Unternehmen steigen muss und wird. Die befragten CEOs haben den F&E-Innovationskapazitäten mit über 84 % als den veränderungsintensivsten Bereich für die kommenden zwölf Monate angegeben, gefolgt von Investitionen in Technologie mit rund 82 % sowie Strategien zum besseren Talent Management mit 82 % und Organisationsstrukturen mit 72 %. Zuletzt gaben sie an, im Umfeld der Kapital Investitionen Veränderungen zu erwarten, rund 60 %.

Fassen wir zusammen: Kapazitätsausbau im Innovationsumfeld, tragfähige Organisationsstrukturen, verbessertes Wissen und Technologie, sind die Kompetenzkomponenten der Globalunternehmen. Diejenigen Unternehmen, die ihre zukünftige Ausrichtung unter der Kompetenzperspektive gestalten, werden auch im Innovationsumfeld Vorreiterstellung halten.

„SYN*force* Destination: Globalunternehmen"

ME*Ǝ*S-Outsourcing-Modell (Markt Eintritt- und Erweiterungs-Service)

Nicht nur, dass die Marktgröße eine relative und eher unzuverlässige Aussagekraft über etwaige Potenziale eines Unternehmens in diesem Markt hat, sondern sie lässt sich selbst in der Dynamik und Verteilung der heutigen Märkte nur relativ und eher vage ermitteln. In der Regel werden jedoch Parameter wie, das aktuelle und potenzielle Umsatzvolumen, der individuelle Entwicklungstrend und die Unternehmensbeziehung zu anderen bzw. zu den Gesamtmärkten und zu der seiner Partner angesetzt und gemessen. Es werden deshalb nicht nur die Absatzzahlen in bestimmten Kundensegmenten, das aktuelle und tendenzielle Kundenverhalten oder die Kaufkraft ins Visier genommen, sondern es werden auch die größten Sync-Schnittmengen zwischen den Märkten und Produktsegmenten mit den Kompetenzen und Technologien unter Anwendung relevanter Partner- und Lieferantenaspekte festgestellt und einbezogen. Das Unternehmen wägt ab und gewichtet. Am Ende muss es Entscheidungen treffen, welche Märkte, mit welcher Priorisierung und Intensität, über welche Markt-Integrationsstrategie und mit welchem Produktportfolio, es bedienen will. Für ein Unternehmen, das beispielsweise in Brasilien bereits über Produktion- und Absatzmärkte verfügt, ist relativ klar und naheliegend, dass es als nächstes die Ergänzung um und zu weiteren wertschöpfenden Unternehmensprozessen und -Aktivitäten vollziehen wird. Es wird modulare und Querschnittbaukästen-Prozesse und Strukturen bzw. ein Systemgeschäftsmodell[102] etablieren, die auch andere Allianz-Märkte Brasiliens berücksichtigen werden.

---

[102] In der Literatur finden wir dem Systemgeschäftsmodell ähnliche Modelle und Bezeichnungen, etwa „tiefes Leistungsangebot" oder „Vorwärts- und Rückwärtsintegration". Das Systemgeschäftsmodell halte ich persönlich für den erfolgsversprechenden und nachvollziehbarsten Ansatz.

"SYN*force* Destination: Globalunternehmen"

Beispielsweise könnte es nach einem Baukartenprinzip einen After Sales-Service implementieren bzw. ausbauen oder produktionsseitig Entwicklungs-, Testing- oder Konstruktionstätigkeiten anknüpfen, die eventuell eine auf den heimischen Markt maßgeschneiderte und verbesserte Produktweiterentwicklung ermöglichen, durch die es nicht nur höhere Absätze erzielen wird, sondern in dem Allianz-Markt insgesamt wettbewerbsfähiger werden kann. Ein Systemgeschäftsmodell würde bedeuten, das Unternehmen entwickelt, produziert, vertreibt, erhält und erneuert (neudeutsch: repowert) ganze produktübergreifende Lösungen, innerhalb derer es die einzelnen Prozesse und Funktionsweisen geschickt und Gewinn bringend kombiniert. Die Betonung liegt weit über den heutigen (herkömmlichen) Umfang von „Service" hinaus, in die Erneuerungs- und Verbesserungsdienstleistungen und der dazu erforderlichen Produkte.

Mit einem derartigen Modell schafft das Unternehmen einen vorteilhaften Positionierungsrahmen, erzielt Differenzierung und in der Regel auch hohe Margen. Die Systemgeschäftsmodelle können aber nicht für alle Märkte pauschal entwickelt werden, sondern bedürfen einer individuellen Entwicklung und Implementierung nach Markt und Kompetenzanforderungen pro Markt. Eine der hauptsächlichen Risiken und Herausforderungen liegt in der Steigerung der Komplexität. Dem kann ein Unternehmen durch die Schaffung einer synergetischen Rahmenordnung, die beispielsweise unter anderem eine enge Partnerschaft mit einem marktübergreifend operierenden und aufgestellten MEƎS-Provider zum Element hat.

Von einer früheren Fertigungstiefe von rund 30 % sollen Industrieunternehmen in naher Zukunft auf rund 45 % kommen, wobei die hauptsächlichen Motive nicht nur Skaleneffekte, sondern im besonderen Maße in neuen Märkten die Synergieeffekte spielen werden, siehe „MEƎS-Partnerschaftsmodell".

„SYN*force* Destination: Globalunternehmen"

Denken wir dabei an das Beispiel des brasilianischen Konjunkturprogramms, das die Reduktion bis Abschaffung von Abgaben für Kleinhubraum-Fahrzeuge, die in Brasilien entwickelt und produziert werden, vorsieht. Hingegen ist es relativ unklar und ein risikoreiches Unterfangen, wenn es sich um noch nicht erschlossene Märkte handelt, die aber positionierungsstrategisch wichtig werden.

Wenn dem Unternehmen die Risiken jedoch größtenteils unbekannt sind und das „Feeling" für den Markt gänzlich fehlt, bieten sich Großinvestitionen als Markteinstiegsstrategie eher selten an. Das Feeling, das die Unternehmen im Laufe ihrer Globalisierung in Bezug auf Märkte entwickelt haben, bezieht sich auf vorherrschende Marktregulationen und Besonderheiten in Bezug hierauf. Abgerundet wird dieses Feeling durch die Antizipation am wirtschaftspolitischen, (steuer-)rechtlichen und fiskalen System, an die ungeschriebenen Kunden- und Wettbewerbsgesetze „The Way of Doing Business" sowie um die Auswirkungen der Marktverschiebungen, Finanzierungs- und Kapitalmodellen und weiterer Markteintrittsbarrieren. In dieser intransparenten Lage und bei einer „gefühlten" höheren Risikoinkaufnahme ist eine Entscheidung in der Tat nicht einfach, weshalb sie gerne verschoben wird. Die Unternehmen betrachten derartige Märkte und ihre Entwicklungen, bis die geschilderten Verhältnisse sich verändert haben, am besten natürlich positiv.

Doch es gibt andere Unternehmen, die umdenken und ihre „Fühler" auch in diesen Märkten ausstrecken können. Dies tun sie von vornherein professionell, um sowohl Umsatzgenerierung und Marktanteile von Beginn an zu sichern als auch andererseits Imageschäden und eine Fehlpositionierung zu vermeiden. Es bedarf dazu aber einer Umorientierung und anderer Werkzeuge, damit Drittalternativen entstehen und realisierbar werden. „Welche Drittalternativen?", werde ich häufig gefragt.

„SYN*force* Destination: Globalunternehmen"

Ich nehme an dieser Stelle als *Beispiel* die Firma Pepsi. Pepsi hat über viele Jahre mit hohen Investitionen -aber vergeblich- versucht, den indischen Markt zu erschließen. Erst durch eine Kooperation mit indischen Partnern und der Erarbeitung einer gemeinsamen Lösung konnte Pepsi ein Abkommen mit den indischen Behörden abschließen und den Markt mit 730 Mio. Verbrauchern letztlich doch erschließen. In diesem Abkommen verpflichtete sich Pepsi die Exporte der landwirtschaftlichen Erzeugnisse in dem Volumen zu fördern, wie die Einfuhrkosten für das Cola Konzentrat lagen. Zusätzlich sagte der Konzern zu, ländliche Gebiete genauso zu versorgen, wie städtische Ballungszentren und er verpflichtete sich, neue Verfahren zum Verarbeiten und Konservieren von Lebensmitteln und zur Wasseraufbereitung nach Indien zu bringen.

Ein früheres Element, diese Märkte absatzseitig zu bedienen, waren die Handelsvertreter und Vertriebspartnerschaften (Single Service Contractors), die sich aber sehr oft aus verschiedenen Gründen als kontraproduktiv im Sinne des Unternehmens und seiner Interessen herausstellten. An erster Stelle stand der Widerspruch zwischen den Unternehmensinteressen -Profitorientierung über alle Produktgruppen hinweg- und den Interessen des Handelsvertreters -Absatzorientierung für zugeteilte Produktgruppen. Diese Interessen verhielten sich gegenläufig und führten zu Fehlpositionierungen und Imageschäden, als zwei der hauptsächlichen Folgen dieses Konflikts. Ein Unternehmen konnte nur unter einem hohen zeitlichen und finanziellen Aufwand korrektiv einwirken, wenn dies überhaupt gelang. Diese Partnerschaftsformen eignen sich für Märkte, in denen sich ein Unternehmen bereits positioniert hat, die Produkte eher „Commodity Charakter" haben, im „low-end"-Markt liegen oder/und über einen sehr geringen bis keinen Beratungsanteil verfügen, und das Marketing eng mit den Partnern arbeitet. Sind Unternehmens-, Markt und Produktspezifika

„SYN*force* Destination: Globalunternehmen"

anders gelagert, ist diese Option ungeeignet bis kontraproduktiv. Ein MEƎS-Provider kann dagegen die Profitabilität- und die Absatzorientierung vereinen, weil das Geschäftsmodell in der Regel aus der Integration verschiedener modulartiger Produkte und Dienstleistungen (end-to-end Solutions) am Kunden- oder Marktsegment ausgerichtet ist. Die Profitabilität für ihn entsteht in einer intelligenten und vollständigen Markt- bzw. Kundenlösung und nicht primär durch hohe Absatzmengen eines Moduls oder einer Teillösung. Diese Unterscheidung ist wichtig zu verstehen und zu vollziehen.

Neue Märkte, ungeachtet ihrer Größe, sind und bleiben keine einfache Entscheidung. Selbst wenn die Marktvolumina stimmt und die makroökonomischen Risiken relativ geringfügig sind (umfangreiche Abkommen, aktiv angestrebte „Verwestlichung", stabiles BIP-Wachstum, positives und kalkulierbares Konsumverhalten, etc.), sind die produkt- bzw. unternehmensspezifischen Risiken dadurch nicht gestreut bzw. eliminiert. Auch weiß jeder erfahrene Manager um die relative Aussage der Marktanteile in aufstrebenden oder Umbruchmärkten. Er weiß aber umso mehr über die größere Bedeutung und Schlagkraft einer marktspezifischen Unternehmenspositionierung, die mit maßgeschneiderten Lösungen zur Antizipierung, zur zügigen Gewinnung von Marktanteilen in strategischen Feldern bis hin zum Abbau von Eintrittsbarrieren reicht. Diesen Daten und Fakten steht nicht minder die Bedeutsamkeit der Aussagen durch zuverlässige Partner- und Marktquellen über die Positionierung der Wettbewerber, der potenziellen Partner und/oder Schlüsselkunden und Lieferanten sowie Risikosteuerungsmaßnahmen, etc. untergeordnet. Die Frage „Über welche Abwehrstrategien, welche (Hidden) Agenda verfügen Wettbewerber, Partner und Lieferanten? Und welche davon werden sie anwenden können oder wollen? In welchen Phasen meines Einstiegs-

„SYN*force* Destination: Globalunternehmen"

bzw. Expansion? Und wie sieht meine Abwehrstrategie dazu aus?" Dies ist nur ein Beispiel zur Verdeutlichung, dass ein Unternehmen Marktrecherchen oder Standortbewertung und insbesondere die Entscheidungsgrundlage, auf die sich Unternehmensführer stützen werden, anders angehen, aufbereiten und erstellen muss, als es früher der Fall war. Dies gilt für unbekannte und neue Märkte gleichermaßen wie für bereits gänzlich oder teilweise erschlossene Märkte.

Einer der Schlüssel stellt gleichermaßen auch das Problem dar: Es handelt sich um die limitiert verfügbaren personellen, adäquaten und vor allem finanziellen Ressourcen. Wenn ein Unternehmen über unendliche Ressourcen verfügen würde, könnte es die Markterschließung und -Expansion aus eigener finanzieller Kraft und mit eigenem Personal angehen und seine Interessen damit besser schützen. Konzerne verfügen in der Regel über eine bessere Ausstattung als der Mittelstand, aber auch deren Ressourcen sind limitiert, nicht zuletzt durch externe Gegebenheiten, die sie schwer bis nicht beeinflussen können. Marktbeobachtungen zeigen, dass in den entwickelnden und aufstrebenden Märkten, gut ausgebildete und fähige Ressourcen lieber für einheimische Unternehmen arbeiten, andere eine Beschäftigung innerhalb eines ausländischen Konzerns, derzeit zumindest, an hohe Karriereerwartungen knüpfen und als Sprungbrett bewerten. Letzteres ist für die Konzerne und Unternehmen mit einer hohen Fluktuation verbunden, wenn die Karriereerwartungen nicht erfüllt werden. Die Wechselquote liegt unterhalb eins Jahres. Für Unternehmen ist eine derartige Situation untragbar, nicht nur weil es zu kosten- und zeitaufwändig ist und sich die Markterschließung zeitlich verschiebt, sondern insbesondere weil das angeeignete Know how inklusive der Kundenbeziehungen zur Konkurrenz abwandert und die Unternehmensziele nachhaltig unterwandert. An dieser Stelle kann ein Unternehmen durch das

„SYN*force* Destination: Globalunternehmen"

professionelle Competence Management (siehe im Buch weiter vorne vorgestelltes Modell) in Verbindung mit einem durchdachten Outsourcing- und Partnerschaftsmodell einer derartigen Entwicklung entgegen wirken.

ME∃S *„Market Entry and Expansion Services"-Modell von Armida Hemeling*

Als Instrument hierzu eignet sich das ME∃S-Modell, das dem Unternehmen ermöglicht, abgrenzbare Prozesse oder bündelbare Aktivitäten zu Drittunternehmen zu verlagern oder neudeutsch zu „outsourcen".

Beim Outsourcing bieten Drittunternehmen (Provider), die über eine ausgeprägte Marktausrichtung verfügen, produzierenden oder dienstleistenden Unternehmen branchen- bzw. produktspezifische Dienstleistungen an, durch die ein Unternehmen neue Märkte erschließen oder ausbauen kann. Diese Art der Dienstleistung zähle ich zu den Embedded-Services. In der Regel eignen sich dazu Absatzprozesse mit anschließendem After Sales Service oder baukastenartige Beschaffungs- sowie Entwicklungsprozesse zur Herstellung oder Produktion bestimmter Produktsegmente oder Dienstleistungen, die ein Unternehmen zu einem späteren Zeitpunkt gänzlich zu produzieren oder abzusetzen plant. Bei der Beschaffung und Entwicklung kann es sich nicht nur um Rohstoffe oder personelle Ressourcen handeln, sondern auch um Bildung von Partnernetzwerken / Kollaborationen zur Entwicklung und zum Testing besonderer Verfahren bzw. Produkte für zentrale Märkte bis hin zum Aufbau flexibler Lieferanten- und Third Party-Systeme.

„SYN*force* Destination: Globalunternehmen"

Wichtig ist, dass ein MEƎS-Provider nach den jeweiligen Spezialisierungen und sorgfältig von den Unternehmen ausgewählt wird. In der Regel wird ein MEƎS-Provider nicht alle hier geschilderten Dienstleistungen für alle Branchen aus einer Hand anbieten können. Eine Spezialisierung und Fokussierung seinerseits ist wichtig.

„MEƎS"-*Marktpotenzial*

Der Markt für Entry- und Expansion Services für Industrieprodukte ist relativ neu, befindet sich aber im rasanten Wachstum. Aufgrund der jüngsten Strukturverschiebungen haben die WTO und OECD beschlossen, bis Ende 2012 eine weltweite Handelsstatistik auf der Wertschöpfungsbasis entlang bilateraler Input-Output-Tabellen[103] zu entwickeln und zu etablieren. Dadurch sollen Wertschöpfungsprozesse sowohl für die Mitgliedsnationen als auch für ihre Industrien transparenter und bewertbarer gemacht werden, als heute der Fall ist. Andererseits bietet diese Entwicklung Wachstumspotenziale für den MEƎS-Markt.

Heute ist dieser Ansatz im Umfeld Pharma & Kosmetik und Konsumgüter mit Penetrationsraten von 44 % und 16 %[104] verbreiteter als im Industrieumfeld. Ich bin sicher, dass wir in einer nahen Zukunft bereits eine andere Relation feststellen werden. Das MEƎS-Gesamtmarktvolumen lag im Jahr 2011 weltweit bei rund $ 3.100 Mrd. von einem Gesamtkonsum[105] in Höhe von $ 18.200 Mrd. und hatte damit einen Anteil von ca. 17 %[106].

---

[103] Quelle: Press of the WTO, www.oecd.org/trade/value-added
[104] „MES-Studie" von Roland Berger Strategy Consultants, USA, Dez. 2011
[105] Gesamtkonsum errechnet aus: Konsumgüter, Pharma, Industrieprodukte und Spezialchemikalien
[106] ** Quelle: UNCTAD Investment Trends Monitor, Jan. 2012 & WTO Statistics 2012, "Global World Trade"

„SYN*force* Destination: Globalunternehmen"

Mit Hinblick auf die zurückliegenden Entwicklungsraten sowie der sich abzeichnenden Potenziale durch Trendentwicklungen, ist davon auszugehen, dass sich das Volumen im Jahr 2020 auf rund $ 5.900 Mrd. fast verdoppeln wird, wenn die zurückliegende Marktentwicklung und die zugrunde gelegten Prognosen zutreffen. Allein in ASEAN-China wird ein Volumen von rund $ 990 Mrd. für 2015 erwartet. Die MEƎS-Wachstumsrate zwischen 2005 und 2010 lag bei rund 11 %, allerdings wird sie zwischen 2013 bis 2015 aufgrund der beschriebenen Trendentwicklungen und allianzstaatlichen Subventionen deutlich oberhalb der 15%-Grenze liegen. In Japan allein ergeben sich zusätzlich hierzu rund $ 220 Mrd. Marktpotenzial mit einer zurückliegenden MEƎS-Wachstumsrate im gleichen Zeitraum von rund 2 %. Nordamerika und Europa als fortgeschrittene Wirtschaftsmächte kommen auf ein Volumen von $ 1.900 in 2015 mit einer zurückliegenden MEƎS-Wachstumsrate im gleichen Zeitraum von 2,6 und 5 %. Afrika, Mittlerer Osten und Süd Amerika kommen zusammengenommen auf ein Volumen von rund $ 750 Mrd. mit einer zurückliegenden MEƎS-Wachstumsrate im gleichen Zeitraum von 10 bis 12 %[107]. Vom Gesamtkonsum Industrieprodukte weltweit im Jahr 2010 war der Anteil durch Markteintritts- und Expansions-Services abgesetztes Volumen prozentual bei 8 % und im chemischen Umfeld lag dieser bei 10 %, hingegen im Pharma-Umfeld bei 44 % und im Konsumgüterumfeld bei 16 %.

Ich bin davon überzeugt, dass die *Growth Driver* und *Trends* in dem verbesserten Zugang zu Produkten, in der hohen Verfügbarkeit dieser gepaart mit der steigenden Kaufkraft der Mittelschicht entwickelter und aufstrebender Wirtschaften, in den kommenden fünf Jahren so-

---

[107] Quelle: Euromonitor, Espicom Business Intelligence, Global Industry Analysts, SRI, UnctadSTAAT, Roland Berger

„SYN*force* Destination: Globalunternehmen"

wohl im pharmazeutischen und chemischen als auch im industriellen Umfeld liegen werden, wodurch eine verhältnismäßig schnellere Entwicklung als in der Vergangenheit eintreten wird, gefolgt von einem leichten Rückgang, aufgrund sich abzeichnender Divergenzen.

Werfen wir einen Blick darauf, in welche Märkte MEƷS-Dienstleistungen hohe Ausstrahlkraft haben, stellen wir fest, dass in Europa ein hoher MEƷS-Anteil im Umfeld Chemikalien, Konsumgüter und Industrieprodukte vorherrscht. In den USA dagegen dominieren Pharma und Chemikalien. In Asien dominieren eindeutig die Industrieprodukte, Chemikalien und Konsumgüter. Ein ähnliches Bild wie in Asien finden wir auch in Afrika und im Nahen Osten.

Wo liegen die Hauptursachen für Konsumwachstum und* MEƷS *Marktwachstum?

1. In dem verbesserten Zugriff auf Produkte und Dienstleistungen in entwickelnden und aufstrebenden Märkten, gefördert durch jüngste Allianz- und Bilateral-Abkommen,

2. In der steigenden Anzahl verfügbarer Produkte und Dienstleistungen in entwickelnden und aufstrebenden Märkten durch wirtschaftlichen Aufschwung und stabilisierend wirkende Reformen,

3. In der aufsteigenden Kaufkraft der Mittelschicht, der verbesserten Lebensverhältnisse in den einheimischen Märkten und der daraus resultierenden steigenden Ansprüche,

„SYN*force* Destination: Globalunternehmen"

4. In den geschaffenen Freiräumen und Entwicklungspotenzialen durch Technologiefortschritte und Strukturverschiebungen im Weltmarkt,

5. An dem sich verbessernden und freundlicheren globalen Wirtschafts-, Sozial-, Rechts- und Politikklima - obwohl es uns momentan schwer fällt, dies so zu sehen. Dennoch ist es Fakt, wenn wir zurückblicken und versuchen, emotionsneutral zu bewerten.

Während diese Hauptursachen das Konsumverhalten, die Geschäfts- und Handelsgrundlagen sowie das Wachstum insgesamt antreiben, wirken sie sich auf die hiesigen Unternehmensakteure als externe Einflussfaktoren sehr unterschiedlich aus. Bislang spiegeln sich die veränderten „Patterns of Doing Business and Trade" des globalen Marktes, trotz der Fortschritte, noch unzureichend in die wirtschaftsrechtlichen und steuerlichen Regelwerke sowie in die kapital- und ressourcenkritischen Regulierungen und Infrastruktur wieder.

Ob diese Fakten eine positive oder negative Einflussnahme ausüben, hängt von der jeweiligen Unternehmenspositionierung (inklusive der Wahl ihrer Partner sowie Netzwerke) und der Unternehmensfähigkeit im Umgang mit einer steigenden Komplexität, mit einem steigenden Kosten- und Wettbewerbsdruck und im Umgang mit Struktur- und Marktverschiebungen ab. Kombiniert bedeuten diese Fakten vor allem eines: neue Denk-, Bewertungs- und Vorgehensweisen der Unternehmen und ihrer Führungsteams.

"SYN*force* Destination: Globalunternehmen"

Absatzmarktspezifika im ME∃S Modell

Während beim Konsumgütermarkt die höheren Anforderungen für die Unternehmen beim Markteintritt in Logistik, Marketing und Service liegen, gefolgt von Vertrieb, Distribution und Research-Analysen, liegen die Anforderungen im Pharmaumfeld auf Distribution, Logistik und Sales höher als für Service und Marketing.

Der Industriegütermarkt setzt schwerpunktmäßig hohe Anforderungen an Service, Logistik und Marketing, gefolgt von Sales, Distribution und Research Analysen. Diese unterschiedlichen Spezifikationen erfordern von den Providern unterschiedliche Modelle und setzen verschiedene Kompetenzmodelle voraus.

Wenn man bedenkt, dass der Markt für Industriegüter im Jahr 2010 weltweit bei rund $ 3.500 Mrd. lag, wovon der ME∃S-Anteil ca. $ 300 Mio. betrug, vergleichsweise dazu der Pharma-Markt ein Volumen im gleichen Jahr von $ 1.100 Mrd. verzeichnete und der ME∃S-Anteil ca. $ 550 Mio. betrug, können wir die Annahme besser nachvollziehen, dass sich dem Industriegütermarkt, sowohl durch ein Aufholen als auch durch das Marktwachstum an sich Potenziale bieten werden. Im Jahr 2012 wird sich der hier genannte Markt aller Voraussicht nach auf ca. $ 5.100 Mrd. belaufen, was einem Plus gegenüber 2010 von 45 % bedeuten würde.

Die Pharma-Branche zählt zu den Vorreiterbranchen der Globalisierung und sie ist damit ein guter Indikator für den Stand der Globalisierung und anderer Branchen. Diese Stellung konnte sie aufgrund des hohen Bedarfs, der großen und kalkulierenden Produktnachfrage weltweit über Jahrzehnte hinweg erreichen. Sie stand in der Regel vor offenen Markttüren, die deshalb dennoch nicht einfach zu erschließen und zu bedienen waren. Aufgrund dieser Stellung und der Beschaf-

„SYN*force* Destination: Globalunternehmen"

fenheit ihrer Produkte konnte sie früher als andere Industrien verschiedene Wege gehen, ausprobieren und anpassen.

In den aufstrebenden Marktwirtschaften finden diejenigen Unternehmen große Potenziale vor, die mit einer kompletten mittel- und langfristigen (ganzheitlichen) Marktstrategie sich dem Markt vorstellen und über lokale Kollaborationsnetzwerke, anders auch „capillary networks" genannt, einsteigen.

Das bedeutet, die Unternehmen, die sowohl (Forschung als auch) Entwicklung und Herstellung sowie den Vertrieb und After Sales Service von vornherein in ihrer Strategie berücksichtigen, ohne die Notwendigkeit zu verspüren oder die Ambition zu haben, sofort mit allen Prozessen gleichzeitig einzusteigen, werden sich erfolgreich positionieren und Märkte erschließen können. Für die Marktvorbereitung und Positionierung ist es unerlässlich, dass ein Unternehmen mittel- und langfristig plant, sich als solches dem Markt vorstellt und sukzessive, step-by-step, in die Realisierung einsteigt.

Jede Branche hat ihre Spezifika in jedem Markt, deshalb ist es umso wichtiger, dass Unternehmen eine Gesamtbetrachtung von den Möglichkeiten und Restriktionen der Märkte haben und sich nicht falsch positionieren, verzetteln oder zu spät einsteigen. Ich habe in dem vorherigen Kapitel erwähnt, dass ein Markt wie Brasilien, sich schwieriger als „reiner" Absatzmarkt aufgrund der gültigen Einfuhrbestimmungen, Verzollung und des Steuersystems gestaltet.

Ein chemisches Unternehmen, das *beispielsweise* Lacke herstellt, wird dagegen einen interessanteren brasilianischen Markt vorfinden, wenn es in seine Markteinstiegsstrategie auch die Forschung, Entwicklung und das Testing von beispielsweise spezieller Oberflächenbeschichtung zum besseren Schutz der Autolacke vor aggressivem Meeressalz

„SYN*force* Destination: Globalunternehmen"

einbezieht. Das besondere politische und wirtschaftliche Klima bietet, wie bereits unter Allianzmärkten ausführlicher dargestellt, Unternehmen durch Subventionen und vergünstigte Kredite für derartige Prozesse, akzeptable Verfahrensvorschriften beim Testing und Entwickeln, gefolgt von dazu passenden besten klimatischen Bedingungen. Und aus der Mercosur-Allianz entstehen lukrative Erweiterungsmärkte, die ein Unternehmen aus dem Markt heraus erschließen, bedienen und entwickeln sollte.

Würde ein Unternehmen, womöglich im Alleingang mit dem Vertrieb von fertigen Lacken (Importware) in diesem Markt einsteigen wollen, wäre dies mit hohen Eintrittskosten, hohen Barrieren, starkem Wettbewerb und langwierigen Bemühungen verbunden, bis das Unternehmen vermutlich irgendwann erfahren oder lernen würde, F & E sowie Testing und Herstellung nachzuziehen, um sich im Markt als Lieferant oder Produzent und Dienstleister zu etablieren.

Natürlich dürfen wir nicht vergessen, dass an Unternehmen der chemischen Industrie ganz besondere Anforderungen gestellt werden, aber ihnen bieten sich auch große Chancen in den entwickelnden und aufstrebenden Marktwirtschaften. Sie benötigen besondere Genehmigungen und Zulassungen, Zertifizierungen, müssen eine ganze Reihe von Sicherheits- und Verfahrensvorschriften einhalten, brauchen Freiräume im Rahmen ihrer Forschung und Entwicklung sowie beim Testing und benötigen ganz spezielle und aufwändige Logistik- sowie Distributionslösungen mit einem spezialisierten Service für die Beratung ihrer Kunden. „Good Governance" und ein straffes Compliance dürfen ebenfalls nicht fehlen. Genau hierfür eignen sich spezialisierte MEƎS-Unternehmen: sie kennen die Märkte, verfügen über Produkt- und Prozess-Know how, Service-Qualität und einer ausgeprägte Markterschließungskompetenz, um dem Unternehmen die bestmögliche Lösung anzubieten und für das Unternehmen zu realisieren.

„SYN*force* Destination: Globalunternehmen"

Das ME∃S Partnerschaftsmodell

Market-Entry und Expansions-Outsourcingdienstleitungen werden zu den wachstumsstarken Industrien in den kommenden Jahrzehnten zählen, weil der Bedarf, auch im Engineering- und Service-Umfeld, größer sein wird und durch eine stärker wachsende, aber verteilte,

Kaufkraft in aufstrebenden Marktwirtschaften gepusht werden wird. Deshalb bietet das ME∃S-Partnerschaftsmodell einem Unternehmen ein flexibles Instrument mit zwei Zielrichtungen: Einerseits für den Markteintritt in neuen Markt- oder Kundensegmenten bis zur Entwicklung, Testing und Launch neuer Produkte in neuen oder Bestandsmärkten (Synergieeffekte). Andererseits wird es in saturierten Märkten interessante Skaleneffekte bieten, die ein Unternehmen in Eigenregie der Prozessdurchführung nicht realisieren könnte. Anstatt eines isolierten Auftrages zum Markteintritt des Expansionsvorhabens und zum Abbau von Ressentiments oder Risikostreuung sowie für höhere Umsatzzahlen oder bereiterer Marktabdeckung bietet es sich an, gezielt in der gesamten Wertschöpfungskette die Hinzuziehung eines ME∃S-Partners als priorisierte Option zu prüfen.

Auf dem Weg zum Globalunternehmen müssen Unternehmen Excellence in den Service Levels auf „Markt-zu-Markt"-Ebene erreichen. Auch hierbei können ME∃S-Provider helfen, wenn sie über lokal und global ausgewogene Geschäftsmodelle wie „cross-industry with innovation/technology focus" oder „industry-focus with wide product range orientation" verfügen und für den Kunden realisieren können. Dadurch werden sie sehr gut sowohl im Zuge des weiteren Wachstums als auch bei der darauffolgenden Konsolidierung der Weltmärkte positioniert sein. Sie werden sich deshalb als unerlässliche Partner von produzierenden Unternehmen positionieren, weil sie am effektivsten

"SYN*force* Destination: Globalunternehmen"

die Produkt- und Marktsynergien nutzen können, die ihnen etwa die Verknüpfung von „large scale"-Operationen mit einer klaren Industrie- oder Produkt- bzw. Technologie-Ausrichtung bieten werden. Damit können sie Markteintrittsbarrieren und Ressentiments in den ersten Steps abbauen und eine hohe Marktdurchdringung und Sicherung von Marktanteilen erzielen. Begleitet ein MEƎS-Partner ein Unternehmen in einem Markt- oder Kundensegment von Anfang an, kann er zu einer wichtigen Wissens- und Informationsquelle des Unternehmens werden und sollte in dem interaktiven Innovations- und Entwicklungsprozess eingebunden werden. Durch diese oberflächliche Schilderung dürfte aber bereits klar geworden sein, dass der MEƎS-Provider zu einem interaktiv agierenden und Mehrwert generierenden Partner eines Unternehmens in der gesamten Wertschöpfungskette werden kann und sollte.

MEƎS wird sich an die Spitze der Outsourcing Industrie entwickeln und genauso wie ein großes oder mittleres Unternehmen heute ganze IT-Prozesse inklusive der Assets und Organisationsstrukturen oder einzelne Tätigkeiten, Lohn- und Gehaltsabrechnung, Versand, etc., über bestimmte Zeiträume oder ganz, ausgliedert, genauso wird ein Unternehmen ganze oder teilweise Prozesse der Markterschließung und -Expansion auslagern, die insbesondere im Engineering-Umfeld durch eine hohe personelle und beziehungs- sowie beratungsintensive Arbeit gekennzeichnet ist. Die Spezialisierung seines beratenden, vertreibenden oder rekrutierenden bzw. entwicklungsnahen Personals sind für MEƎS-Unternehmen ein Muss und für ihre Kunden ein geeignetes Prüfung- und Auswahlkriterium. Ein Unternehmen sollte in disruptiven oder nichtstrategischen Märkten nicht von Beginn an seine Ressourcen und Kapazitäten mit der Rekrutierung und dem Einsatz von hoch qualifiziertem Personal binden, sondern Markteintritt und -

"SYN*force* Destination: Globalunternehmen"

Erschließung entweder über eine klare Zeitachse oder ganz an einen qualifizierten MEƎS-Provider verlagern. In einem späteren Stadium, wenn das Unternehmen und die Märkte gereift sind, kann ein Unternehmen den Prozess integrieren und gegebenenfalls das betreuende Personal des MEƎS Providers mit der Prozessübernahme ebenfalls in seine Organisation integrieren. Es übernimmt in der Regel eingearbeitetes, qualifiziertes und entwickeltes Personal. Andererseits, wenn ein Unternehmen sich der oberen Hälfte der S-Phase annähert, kann es Marktbearbeitungsprozesse verlagern und sich auf eine Repositionierung in neuen Produkt- oder Marktsegmenten konzentrieren, ohne sich zu verzetteln. Der MEƎS-Partner kann seinerseits diesen Prozess und/oder übernommene Organisationsstrukturen in sein Produktportfolio integrieren und effizienter nutzen.

Eine andere Option, die sozialpolitisch weniger beliebt ist, aber in dem einen oder anderen Fall erforderlich werden könnte, ist eine sozialverträgliche Ausgliederung einer Organisationsstruktur mit der Option, diese nach vereinbartem Zeitrahmen wieder einzugliedern. Die Dienstleistung wird für die vereinbarte Zeit für den Kunden extern erbracht. Derartige Konstellationen ergeben sich insbesondere in den Märkten, in denen Unternehmen gezwungen sind, eine Repositionierung aufgrund externen Drucks, Trend- und Marktverschiebungen oder anhand verbesserter oder neuer Technologieprodukte vorzunehmen. In der Regel liegt einer derartigen Situation ein vorangegangener Imageverlust, gescheiterte Allianzen oder neue aggressive Wettbewerberstrategie in dem betroffenen Produkt- oder Marktsegment zugrunde. Es handelt sich demnach nicht um einen „Normalfall" im Zuge der Markterschließung oder -Expansion. Bevor ein Unternehmen in einer Nacht- und Nebelaktion unter hohen Verlusten Einschnitte verbuchen muss, ein Produkt ganz vom Markt nimmt oder sich sogar ganz aus einem Marktsegment zurückzieht, empfiehlt sich die Option

„SYN*force* Destination: Globalunternehmen"

einer gemeinsamen Lösungserarbeitung mit dem MEƎS-Provider. Ein erfahrener MEƎS-Provider bietet einem Unternehmen eine hohe Kompetenz, Zuverlässigkeit und Unterstützung bei der Durchführung derjenigen Prozesse, die sich für die Unternehmen, ob aus Fokussierungs- oder Flexibilisierungsgründen (oder ganz anderen Gründen), nicht in Eigenregie oder durch eigenen Aufwand profitabel realisieren lassen. Denken wir dabei an Registrierungs-, Zulassungs- oder Zertifizierungsverfahren bis hin zu besonderen Verfahrensanforderungen bei der Produktentwicklung über Herstellung, Distribution sowie Logistik und Vermarktung sowohl im Pharma- als auch im Technologie- und Produktionsumfeld. Ein MEƎS-Provider muss bei der Realisierung dieser Anforderungen und Verfahren kompetent und zuverlässig unterstützen und damit den Unternehmen Freiräume zu schaffen, sich auf seine Kompetenzen zu konzentrieren und diese weiter zu entwickeln.

MEƎS unterscheidet sich vom klassischen Outsourcing Instrument, denn das klassische Modell hat die Verlagerung derjenigen Prozesse im Fokus, die aus der Kombination: kostenintensiv, nicht strategisch, aber standardisiert, zu ausgründbaren Prozessen werden und damit Skaleneffekte primär im Mittelpunkt haben. Die vorherrschenden Outsourcing-Disziplinen sind an erster Stelle nach wie vor ITO (gesamte IT Infrastruktur inkl. Service, Wartung und Weiterentwicklung IT-gestützter Funktionen und Assets); das BPO (Business Prozesse, wie Maintenance, Facility und Gehaltsabrechnung, Post und Versand bis hin zu Lager und Logistik sowie Personalbeschaffung) und das KPO (Knowledge Prozesse wie Research, Analysen und kritische oder aufwändige klinische bis technologische Lösungsfindung und Testing). Zudem hat sich das „klassische" Outsourcing Modell in den letzten zehn Jahren deutlich verändert. Die Kunden legen heute in den Out-

„SYN*force* Destination: Globalunternehmen"

sourcingverträgen zunehmend Innovationsanteile und fortschrittliche Technologien sowie Service-Erweiterungen fest. Originär waren es aber die Skaleneffekte, die Unternehmen primär dazu motiviert und bewegt haben, Prozesse auszugründen und den Outsourcing-Unternehmen als „value proposition" gedient haben. Die Hauptmotive für IT-Outsourcing waren: eine geringe strategische Bedeutung, eine hohe Standardisierung und eine Kostenintensität in den Prozessen und Assets, die als Support- und Funktionsprozesse an Generalunternehmen ausgelagert wurden. Hauptmotive für Knowledge Prozess-Outsourcing waren: eine hohe strategische Bedeutung, wenig bis kein Know how verfügbar und Funktionsfokussierung. Bei Markt-Eintritts- und Expansion-Outsourcing ist die strategische Bedeutung und die Kunden- und Marktorientierung gleichfalls hoch, dadurch wird etwa die Kostenintensität nachrangiger betrachtet.

Das „value proposition" eines MEƎS-Providers ist deshalb eine ausgewogene Profitabilitäts- und Absatzorientierung beim flächendeckenden und verbesserten Marktzugang. Ungleich dem klassischen Outsourcing also, bietet der MEƎS-Provider primär eine Front-end-Funktionalität, die seine besondere Stellung begründet, ihn als Know how-, Ressourcen- und Revenue-Quelle zu betrachten und zu bewerten. Die ausgliederungsfähigen MEƎS-Prozesse sollten deshalb aus einer anderen Perspektive betrachtet und entschieden werden. Ausgliederungsfähige MEƎS-Prozesse sind risikoreich, aufwandsintensiv, langfristig-strategisch und marktspezifisch. Beispielsweise kennzeichnen sich Industrieanwendungen und -Produkte (Industrieprodukte), durch vergleichsweise lange Lebenszyklen mit einem hohen Customization- und Serviceanteil (After Sales). Beim Letztgenannten können Unternehmen zusätzlich nicht weniger Umsatz als mit der „reinen" Produktvermarktung erzielen, jedoch tun sich die meisten von ihnen

„SYN*force* Destination: Globalunternehmen"

schwer, diesen Prozess profitbringend zu etablieren. Denn nicht nur die Produktherstellung, sondern auch die Verpackung, Distribution, Vermarktung und Maintenance setzen hohe Qualifikations- und Beratungsfähigkeiten sowie ausreichend verfügbare Kapazitäten voraus. Die Unternehmen werden bei Markterschließungen in aufstrebenden Marktwirtschaften diese Anforderungen vor Augen und deshalb primär die Synergieeffekte im Fokus haben.

Ein Unternehmen sollte sich deshalb bei der Prozessspezifikation im Klaren darüber sein, ob es Skalen- oder Synergieeffekte zu erzielen beabsichtigt. Die Spezifikationen und Ausschreibungsverfahren nach geeigneten MEƎS-Dienstleistern werden unterschiedlich ausfallen und verlaufen. Es ist klar, dass ein Unternehmen beides haben will, aber eine Priorisierung und Fokussierung ist unerlässlich, wenn ein Unternehmen einen zuverlässigen und erfahrenen Partner gewinnen will, der die Interessen des Kunden bestmöglich vertritt und schützt. Eine Fokussierung auf Synergieeffekte eignet sich für Prozesse, die eine hohe Konzentration und Interaktion mit dem Kunden erfordern. In der Regel sind die personell-, qualifikations- und beratungsintensiven Tätigkeiten, die auf System- oder Produkteigenschaften begründet sind. Eine Fokussierung auf Skaleneffekte eignet sich für Prozesse, die eine breit gefächerte Marktdurchdringung erfordern, bei der der Endkunde keinen oder wenig Beratung und Service erwartet. Für Technologieprodukte im B2C Umfeld eignet sich eine Skalenfokussierung, wenn überhaupt für die späte zweite und dritte Markterschließungsphase mit standardisiertem After Sales-Prozess. Für Technologieprodukte im B2B- oder B2P-Umfeld eignet sich eine Skalenfokussierung in der Regel nur nachrangig, weil der Anteil beratender, qualifizierender und begleitender Arbeit an der Umsatzgenerierung sehr hoch ist.

"SYN*force* Destination: Globalunternehmen"

Die Unternehmen sollten sich entweder direkt oder über einen MEƎS-Provider sehr genau damit auseinandersetzen, wie sie den Markt anvisieren und erschließen wollen. Mit Hilfe von ausgefeilten integrierten Services eines MEƎS-Providers kann ein Unternehmen demnach nicht nur in einen Markt einsteigen oder expandieren, sondern zusätzlich in Form hoher Synergieeffekte sowie mit der interaktiven Einbindung seiner Kompetenz in die eigenen Prozesse profitieren. Insbesondere die Weiterentwicklung und Veränderungen in den Managementdenkweisen und Unternehmensmodellen der letzten Jahrzehnte verändern auch die Grundlage und den Umgang mit „Make or Buy"-Entscheidungen.

Wie wir in der Retrospektive gesehen haben, galt noch vor wenigen Jahren, dass sich die Unternehmen konsolidieren und sich auf die Kernkompetenzen konzentrieren müssen. Als Folge wurde „der Rest" verkauft oder ausgegründet, Unternehmen fokussierten sich auf Kernmärkte und strafften das Portfolio. Wir haben ebenfalls in der Retrospektive festgestellt, dass sich im zurückliegenden Jahrzehnt wesentliche Rahmenbedingungen verändert haben. Es sind ganz neue Märkte, neue Technologien und neue Industriezweige entstanden, die die Produktportfolios und Unternehmensmodelle verändern werden. Aufstrebende Märkte verändern das Leben und das Verhalten der Konsumenten bzw. Kunden weltweit, was zu weiteren Strukturverschiebungen führen wird. Diese Situation erfordert ein Umdenken und eine Neuorientierung, neue Modelle, weshalb die Unternehmen (auf-)gefordert sind, einerseits sich darauf zu fokussieren, was sie selbst am effektivsten/profitabel durchführen können, von dem, was sie zukünftig zu ihren Kompetenzen zählen werden und andererseits dieses mit den Partnern zusammentun, die zu ihnen passen. Den Rest können und sollen die Unternehmen nach wie vor verkaufen oder veräußern.

„SYN*force* Destination: Globalunternehmen"

Obwohl noch heute einige Stimmen noch immer hohe Effizienz in den Partnerprozessen höher gewichten und propagieren, gewichte ich die „Richtigkeit" (Effektivität) für den Markteinstieg in einer Zeitachse von drei bis fünf Jahren höher, weil die Unternehmen im Zuge einer Markterschließung sich orientieren, positionieren und stabilisieren sollten, bevor sie die Prozesse und Aktivitäten kosteneffizienter erbringen. Eine Konsolidierung bzw. Standardisierung kann dann greifen, wenn eine relativ stabile Marktpositionierung gelungen ist, andernfalls gefährdet das Unternehmen seine Positionierung, erleidet zumindest einen Imageschaden und Umsatzverluste. Genau für diese Abwägung und Aufbereitung eignen MEƎS-Partner und begleiten Unternehmen in allen Lebenszyklen ihrer Produkte und Dienstleistungen in dedizierten Märkten. Unternehmen sollten vor der Entscheidung, einen neuen Markt eigenständig oder mit Hilfe eines MEƎS-Providers zu erschließen, eine Marktexpansion in bestehende Märkte zu verabschieden oder eine Marktkonsolidierung vorzunehmen ein paar wichtige Grundfragen geklärt haben.

Wie ich eingangs sagte, hängt die Entscheidung, ob ein Unternehmen outsourct, Partnerschaften eingeht oder in Eigenregie und -Verantwortung in einen Markt einsteigt und diesen erschließt, von verschiedenen Faktoren ab, die sehr gründlich „diligently" eruiert und geprüft werden müssen. Nachfolgende Steps helfen bei einer Orientierung:

- Schätzt ein Unternehmen das Marktpotenzial und die Marktrisiken gleichermaßen hoch ein und verfügt über knappe finanzielle und personelle Ressourcen, empfiehlt sich das Konsultieren und Einschalten eines MEƎS-Providers zur „value proposition".

„SYN*force* Destination: Globalunternehmen"

Andere Formen, wie Zukauf eines einheimischen Unternehmens oder Aufbau eines Standorts, sind keine geeigneten Maßnahmen. Joint Ventures oder Franchises eignen sich zwar besser, bergen aber höhere Aufwände und Risiken als eine zuverlässige MEƎS-Providerlösung.

- Schätzt ein Unternehmen dagegen das Marktpotenzial hoch, die Marktrisiken aber gering ein und verfügt über ausreichende Ressourcen, kann es in Eigenregie einen Markt sukzessive aufbauen und in einem Mix (organisch-anorganisch) wachsen und sich stabilisieren.

- Schätzt ein Unternehmen dagegen das Marktpotenzial hoch, kann es die Marktrisiken aber nicht einschätzen und verfügt über keine ausreichenden Ressourcen, kann es absatzseitig entweder durch Handelsvertretungen oder gesamtbetrachtend durch MEƎS Outsourcing in Märkte einsteigen und diese bedienen.

- Kann ein Unternehmen das Marktpotenzial und die Risiken nur geringfügig bewerten, aber es verfügt über ausreichende Ressourcen und bewertet hingegen den Handlungsdruck, „etwa den Anschluss nicht zu verpassen" als sehr hoch, sollte es die Möglichkeiten von MEƎS-Outsourcing, bis hin zu Franchise- und/oder Joint Venture-Modellen aktiv suchen und prüfen.

Wobei auch diese Aufzählung nur ganz grobe Denkrichtungen aufzeigen kann, denn was ein Unternehmen unter „Marktpotenzial" und „Marktrisiken" einstuft, hängt nicht im geringen Maß von seinen Spe-

„SYN*force* Destination: Globalunternehmen"

zifika, Positionierungsstrategie, von seinen Produkten und Marktsegmenten ab. Deshalb sollte die Achse „Marktpotenzial" und „Marktrisiko" pro Prozess bzw. Produkt und Markt gut durchdacht werden, damit ein Unternehmen zu brauchbaren Ergebnissen und Entscheidungen kommen kann. In den meisten Fällen werden die Unternehmen über alle Märkte hinweg allen vier Optionen begegnen, in Erwägung ziehen und gegeneinander abwägen und bewerten.

Ich bin sicher, dass von drei Entscheidungen eine auf MEƎS-Outsourcing fallen wird. Die Überlegungen und Kriterien zu den ersten drei Optionen führe ich hier nicht weiter aus, sondern konzentriere mich auf Letzteres. In diesem Denkzustand hilft eine Auflistung weniger -aber- wichtiger Auswahlkriterien für die Hinzuziehung eines MEƎS-Providers weiter.

Diese Auswahlkriterien sind zugleich wichtige Partnerschaftsfaktoren zwischen einem MEƎS-Provider und dem Unternehmen:

✓ Nachweisliche und tiefgreifende Marktkenntnis und -Erfahrung;

✓ Kenntnis wichtiger Marktmechanismen, Restriktionen und Potenziale;

✓ Integriertes und modulares Geschäftsmodell „integrated approach" als End-to-End Lösung für spezifische Markt- und Kunden-„Probleme" mit Schnittstellen zu eigenen Produkten und Dienstleistungen (ob cross- oder single-industry-Fokus, entscheidet sich nach Vorhaben des Unternehmens);

„SYN*force* Destination: Globalunternehmen"

- ✓ Verfügbarkeit einer qualifizierten und zuverlässigen Organisation und compliancekonformer Positionierung (Verträge und Kundenbeziehungen nachweislich und geprüft verfügbar);

- ✓ Kombination von strategischem Input zur Erarbeitung von Entscheidungsgrundlagen für den Kunden und operativer konsequenter Umsetzung als Provider des Unternehmens,

- ✓ Verfügbarkeit und Kapazitätserweiterungspotenziale einer kompletten Market Entry- und Expansions-Plattform;

- ✓ Eine breite Range von Allianzen, Kollaborationen oder „capillary networks" zur bestmöglichen Wahrung und Vertretung der Unternehmensinteressen und Anforderungen „a fully fledged local value chain" (Legal, Commercial, Public, Custom, Logistics, Distribution & Co.),

- ✓ Transparente und langfristige Partnerschaftsbeziehungen zu bestehenden Kunden (Referenzen einholen).

Dennoch gilt als Faustregel für die Vorbereitung, Auswahl und Start einer Partnerschaft ein Zeitrahmen von eineinhalb Jahren.

"SYN*force* Destination: Globalunternehmen"

Einige Branchenbeispiele:

Automotive Supplier Industry

Ein weltweit agierender Automotive Supplier im Umfeld Wälz- und Kugellagern hatte 2011 das Ziel eines zehnprozentigen Wachstums weltweit. Bis zu 8.000 neue Mitarbeiter plante das Unternehmen weltweit einzustellen, mit Asien als einen der Schwerpunkte.

Darüber hinaus plante das Unternehmen weltweit eine höhere Flexibilität im gesamten Supply Chain zu erreichen, bei einer ausgeglichenen Kosten- und Organisationsstruktur. Das Unternehmen hat im Gegensatz zu vielen Wettbewerbern bereits globale Strukturen etabliert, sich als Globalunternehmen gegenüber ihren OEMs etabliert, ohne in Abhängigkeit zu stehen. Diese Positionierung ermöglichte es dem Unternehmen, ihre Zielsetzung zu realisieren. Forschungs- und Entwicklungsprojekte, die in China und Indien beispielsweise durchgeführt wurden, wurden enger miteinander verzahnt, neue Standorte kamen aus den Allianz-Märkten ergänzend hinzu. Das Beschaffungs- und Lieferanten Management für Rohstoffe, Materialen und Personal wurde auf ein Third Party Modell aufgegleist und die gesamten Wertschöpfungsketten wurden daraufhin überprüft, modularisiert und optimiert. Die Teams zum letzteren Projekt wurden kompetenziell, geografisch- und abteilungsübergreifend zusammengestellt. Dieses Team arbeitete auf einer kompetenzorientierten Grundlage real-virtuell (Hybrides Resourcing) mit Kompetenzträger aus diversen Unternehmenseinheiten sowie mit den Kunden, Lieferanten und Partnern vor Ort und aus den Allianz-Märkten. Dieser Supplier ist beim Kunden bereits in dem Produktentwicklungsprozess auch für diejenigen Produkte eingebunden, die nach marktspezifischen Anforderungen (Customer Aspiration) entwickelt, hergestellt und vertrieben wer-

"SYN*force* Destination: Globalunternehmen"

den. Ganze Beschaffungsprozesse wurden mit Lieferanten neu aufgesetzt und bündelbare Aktivitäten gezielt ausgelagert. Durch diese integrative und interaktive Arbeitsweise kann der Supplier interne Entwicklungsprozesse effizienter durchführen, die Beschaffung frühzeitig anweisen und die rechtzeitige Herstellung sowie Lieferung besser und profitabler steuern als sein Wettbewerber, der nach Erhalt eines Lastenhefts mit der Entwicklung, Beschaffung und Herstellung beginnen kann. Wäre dieses Unternehmen nur ihren OEMs gefolgt und keinen eigenständigen Marktaufbau und -Ausbau primär im Fokus gehabt, hätte es durch ein Abhängigkeitsverhältnis, wie viele Wettbewerber erfahren, ihre Möglichkeiten limitiert, die Risiken nicht gestreut und es hätte weder diese Positionierung erreichen noch die aktuellen Marktpotenziale erschließen können.

Glashersteller

Ein großes und europäisches Glasunternehmen erkannte 2008/2009, dass die bisherige Organisationsform für die Zukunft weniger tragfähig sein wird. Der Vorstand begann, die Strukturen zu verschlanken, den jeweiligen Marken und Märkten mehr Verantwortung zu übertragen und lediglich wenige strategisch wichtige Zentralfunktionen in der Zentrale zu bündeln. Die neuen technologischen Trends in den Renewables stellten für die Markenorganisationen der Flachglasherstellung hohe Anforderungen und forderten von diesem eine höhere Konzentration auf die Produktinnovationen bzw. Produktneuentwicklung sowie die Konsiderierung von Gesamtsystemlösungen als Zukunftsmodell für bestimmte Märkte und Kundensegmenten. Hingegen hatten sie geringeren Impact auf andere Marken, etwa Verpackungsglas. Letzteres wurde vielmehr durch die alternativen Verpackungsmateria-

„SYN*force* Destination: Globalunternehmen"

lien und den veränderten Anforderungen an Produktqualität, Design und Marketing seitens der Kunden und der Märkte unter Druck gesetzt. Zwar ist das Unternehmen als „Glass Manufacturing Company" positioniert, und die Marken profitieren von dieser starken und breit gefächerten Positionierung, aber die Kunden- und Marktsegmente sowie die produkt-, prozess- und technologische Anforderungen unterscheiden sich sehr deutlich voneinander und erhöhen die Komplexität der Gesamtsteuerung und -Entwicklung. Selbst bei der Marke „Glasverpackung" gibt es unterschiedliche Anforderungen, ob es sich um Verpackungsprodukte für Spirituosen, für pharmazeutische, chemische Erzeugnisse oder Nahrungsmittelverpackungen handelt. Aber andererseits sind an den Export, Verpackung, Logistik und Zollabwicklung relativ ähnliche Anforderungen gestellt, denn „Glas" verfügt über besondere Charakteristika, die ungeachtet ihrer Produktform bestehen, wie die hohe Zerbrechlichkeit gute Logistiklösung erfordert oder die ähnlichen rechtlichen und steuerlichen Anforderungen den administrativen und Verfahrensaufwand durch ähnliche Zollklassifizierung und Zollsätze erlauben gemeinsame Exportunterlagen bzw. rechtfertigen deren Ausgliederung, ermöglichen. Mitte 2010 wurde ein groß angelegtes Pilot-Projekt „Critical Business Transformation Program" in England unter anderem mit einem Outsourcingpartner mit dem Ziel aufgesetzt,

Optimierungsbereiche und Sync-Schnittstellen zu identifizieren und ein Blue Print für zukünftig kritische Prozesse zu entwerfen. Anhand der Ergebnisse wurden Entscheidungen für Outsourcing- und Transformationsvorhaben getroffen. Zusätzlichen zu den letzten Prozessschritten, lassen sich auch vorgelagerte Teilprozesse bündeln und gegebenenfalls sogar auch ausgründen, wie beispielsweise Research, Forschung und Entwicklung oder Testing verbesserter Herstellungsverfahren bis hin zur Erfindung neuer Lösungen und Technologien -

"SYN*force* Destination: Globalunternehmen"

beispielsweise zur Verbesserung von Glaseigenschaften (Qualität, Farbe, Gewicht, Nutzungsvielfalt, etc.). Beschaffungsseitig (Rohstoffe, Materialen und Personal) lassen sich ebenfalls erhebliche Potenziale als Sync-Schnittstellen feststellen. Das Unternehmen treibt die Markenpositionierung voran und bündelt ähnliche Aktivitäten und Funktionen über alle Märkte und Marken hinweg entweder zentral oder verlagert diese teilweise an Outsourcingpartner. Das Unternehmen verfügt beispielsweise in der Ukraine über einen Verpackungsglashersteller, der fragmentierte Prozessschritte auch für die Marken „Hochleistungswerkstoffe", „Flachglas" und „Baustoffe" auftragsgemäß durchgeführt und zusammenarbeitet. Dadurch können verfügbare Kapazitäten besser ausgeschöpft werden und alle Marken profitabler arbeiten. Zwar kämpft auch diese Branche gegen die gestiegenen Roh- und Energiekosten, die Volatilität der Märkte, und gegen die aufkommende Konkurrenz, aber durch die intelligente Kombination von Produkten und Dienstleistung untermauert mit schlanken, schlagfertigen und kompetenzorientierten Strukturen über alle Märkte hinweg, kann das Unternehmen kurzfristige saisonale, klimatische oder strukturelle Schwankungen in dem einen Markt durch die anderen Märkte verlagern oder abfedern. Das Unternehmen macht gesamtbetrachtend die strategische Aufstellung der Produkte mit hohem Mehrwert verantwortlich für das überproportionale Wachstum gegenüber ihren globalen Unternehmensmärkten.

Semiconductor Supplier Industry

Ein Semiconductor Supplier hatte vor vielen Jahren neue Marktpotenziale durch seine Bestandskunden in den Kernländern entdeckt, die ihre Aktivitäten in Asien verstärkten, eine Herstellungs-

„SYN*force* Destination: Globalunternehmen"

Vertriebsorganisation in China, Indien und Taiwan aufbauten. Die Idee war, ihnen zu folgen und von ihrer Nähe in allen Märkten zu profitieren. Die anfänglich durchgeführten Analysen und erfolgte Entscheidung erwiesen sich strategisch-langfristig zwar als richtig, doch die erwarteten Kostenvorteile im Herstellungsprozess und der gewünschte Umsatz durch die direkte Bedienung ihrer Kunden vor Ort wurden nicht erzielt. Die jüngsten Analysen ergaben, dass die Standorte profitabel sind, und die Gründe in dem Aufeinandertreffen mehrerer Faktoren liegen, wie beispielsweise, den gestiegenen und weiter steigenden Herstellungskosten, über die höheren und höher werdenden Kundenansprüchen, die mit höherem Service und Beratungsaufwendungen verbunden sind, bis hin zu mageren Margen, die aufgrund des Wettbewerbs- und Preisdrucks erzielt werden. Durch die damit geschaffene Abhängigkeit zu Kunden, die ihrerseits aber gezwungen wurden, neue Allianzen und Lieferanten hinzuziehen, entstanden Fundamentrisse und Gefahrenpotenziale. Im Zuge der gestiegenen Komplexität im Unternehmen funktionierten wichtige Schnittstellen zu anderen Märkten und Organisationseinheiten nicht, weshalb innerbetriebliche Lieferungen und Entscheidungsprozesse länger dauerten. In diesem Dilemma erkannte das Unternehmen, dass es eine Neubetrachtung und -Bewertung ihrer Märkte durchführen musste. Die Strukturen schlanker und interaktiver gestaltet werden müssen und die spezifischen Marktlösungen mussten einer breiteren Kundenmasse mit einer größeren Fokussierung auf den Beratungs- und After Sales Prozess. Zur Realisierung des letzteren Vorhabens suchte das Unternehmen gezielt nach cross-industry Partnern mit einer möglichst breiten geografischen Aufstellung. Diesem übergab das Unternehmen den Vertriebs- und After Sales Prozess. Diese Lösung brachte eine breitere und profitable Kundenbasis, höhere Umsatzzahlen und größere Marktanteile mit sich. Der Outsourcingpartner verfügte bereits über

"SYN*force* Destination: Globalunternehmen"

eine breite Kundenbasis aufgrund der modularen Produktsysteme als Gesamtlösungen für die Branche, in welche die übernommenen Produkte des Semiconductor Suppliers sich wertgenerierend ergänzten. Das Unternehmen ging dazu über, weitere marktspezifische Produktanpassungen vorzunehmen und die Produktentwicklungs- und Herstellungsprozesse global auszurichten gefolgt von einer Optimierung der weltweiten Organisationsstrukturen.

Environmental Solutions - Spezifische Marktlösungen durch gebündelte Kompetenzen

Zum Markenzeichen und Positionierungsstrategie eines Herstellers hochwertiger Umweltsysteme (high-end market) zählte vor wenigen Jahren noch die Produktion in Deutschland bzw. in Europa. Durch die sperrigen und schweren Produktsysteme waren die Logistiklösungen sehr teuer, weshalb es dem Unternehmen kaum möglich war, einen preislich vertretbaren Rahmen zu halten und es konnte außerhalb eines bestimmten Radars liegende Märkte schwer erschließen. Der nächste, logische, Schritt war die Produktion in den USA, Russland und Asien. Die Märkte zogen an und die Produktlösungen wurden zu hohen Preisen, aber innerhalb vertretbarer Rahmen, angenommen.

Heute geht es dem Unternehmen darum, die Wirtschaftlichkeit in allen Märkten zu steigern und dem erhöhten Konkurrenzdruck, der sich zumeist auf preislicher Seite und dem „Way of Business" stattfindet, mit tragfähigen Lösungen zu begegnen. Aus diesem Grund hat das Unternehmen beschlossen, die Produkte zu Systemlösungen mit einem hohen Service- und After Sales-Anteil am Markt anzubieten, den Embedded-Anteil zu erhöhen. Zudem modularisiert das Unternehmen die Herstellungsprozesse durch eine gezielte Verlagerung von fragmen-

„SYN*force* Destination: Globalunternehmen"

tierten Prozessschritten, wie beispielsweise die Schweiß- und Verzinkungsprozesse. Freigewordene Kapazitäten nutzt das Unternehmen, um sich zukünftig als Problemlösungspartner für Märkte, Gemeinden und Unternehmen (bis hin zu Regierungen) in Bezug auf ihre Umweltprobleme zu positionieren. Aber ihre neuen Produktsysteme decken auch „nur" einen Teil des Problems ab, weshalb die nächste Entscheidung es war, die Gesamtproblemlösungen mit ausgewählten Partnern in „Collaboration Networks" abzudecken, die zu diesem Unternehmen passen. Diese Ausrichtung erfordert eine Überprüfung aller bisheriger Prozesse und deren Fragmentierung bzw. Optimierung und Neuausrichtung. Prozessteile wurden verlagert, neue Schnittstellen sorgfältig justiert.

Partnerschaftsmodelle eröffnen insbesondere in der Entwicklung, aber auch im Vertrieb, nebst dem klassischen Outsourcing, große Möglichkeiten, sich stärker in Weltmärkten zu verankern und Großprojekte realisieren zu können, insbesondere als Mittelständler von großer Bedeutung.

Textil & Retail

Ein exklusives Markenunternehmen für Damenbekleidung hat aufgrund des hohen handwerklichen Anteils in den letzten Veredelungsstufen der Kleidungsstücke entschieden, den Konfektionierungsprozess weiter zu untergliedern und auf mehrere Outsourcingpartner zu verteilen. Dem Unternehmen war, der Fakt eines höheren Aufwands (finanziell wie organisatorisch) bewusst, doch die strategische Positionierung begründet sich auf „modisch hochwertige Handwerksware". Das ist ein Versprechen an die Kundschaft. Und die Differenzierung, gleichzeitig die Entscheidungsbegründung, lautet: „Unsere

„SYN*force* Destination: Globalunternehmen"

Kunden sind in jedem Markt bereit, einen höheren Preis zu bezahlen und zu Not auf die Kleidungsstücke länger zu warten, wenn sie wissen, dass an jedem Schuh und an jedem Kleidungsstück, von uns handwerklich gearbeitet wurde. Sie werden unsere Ware nicht kaufen, wenn wir unser Versprechen nicht halten". Und tatsächlich sind an fast jedem Kleidungsstück oder Schuh die letzten Handgriffe auch sprichwörtliche Handgriffe mit hohen Qualitätsstandards. Hieraus ergibt sich notwendigerweise hoher Bedarf an personellen Kräften. Dieses Unternehmen entschied aus diesen Gründen, den letzten Veredelungsschritt „Handgriff" nicht dem für die Linie verantwortlichen Maschinenfabrikanten zu überlassen, sondern zog Partner hinzu, die diesen Prozess übernahmen und verantworteten, und sodann an das Qualitätsmanagement übergaben. Diese Partner wurden über einen zeitlichen Rahmen von zwei bis drei Jahren intensiv vom Unternehmen direkt und mit den vorgeschalteten Fabrikanten geschult, begleitet und supportet, bis der Prozess etabliert war. Die Prozess- und Schnittstellen ergeben sich aus der strategischen Ausrichtung und den Besonderheiten der Produkte eines Unternehmens, deshalb kann es keine Standardregeln, sondern immer nur individuelle Outsourcinglösungen geben.

Ein anderes Unternehmen, ein Retailer im Textilumfeld „Casual Apparel", beschloss, schlanker zu werden und sich auf seine Kernkompetenzen zu fokussieren: Design, Marketing und Verkauf von modischer Kleidung. Es lagerte alle „non-core"-Aktivitäten an Outsourcingpartner aus, unter Verantwortungsübernahme für den gesamten Wertschöpfungsprozess. Diese Entscheidung bedeutet für das Produktionsteam, sie steuern, koordinieren und leiten die Fabriken (Outsourcingpartner) an und bei Bedarf schulen oder unterstützen sie sie.

„SYN*force* Destination: Globalunternehmen"

Das Logistikteam steuert, koordiniert und leitet die Supply Chain-Partners an. Das IT-Team übernimmt dieselben Aufgaben gegenüber den IT-Partnern und erledigt selbst nur wichtige Aufgaben. Diese Entscheidung versetzt den kostenorientierten Retailer in die Lage, Wichtigem von Unwichtigem zu unterscheiden, kosteneffizient zu arbeiten, sich global zu platzieren und Wettbewerbsvorteile durch eine schnellere und kostengünstige Lieferung zu sichern. Anders als das erste Beispiel steht für dieses Unternehmen Kosteneffizienz und Schnelligkeit (Lieferzeiten) im Vordergrund.

Food, Nutrition & Beverage

Für diese Branche sind in der Regel weltweite Beschaffungs-, Herstellungs- und Distributionsnetzwerke und eine globale Prozesssteuerung keine Neu- oder Besonderheiten. Besondere Handlungsnotwendigkeiten ergeben sich für die Unternehmen deshalb heute aus den steigenden Ansprüchen an „high-quality food" der Konsumenten weltweit und andererseits aus teurer und knapper werdenden Primärressourcen / Agrarprodukten und den Verschiebungen der Einkommensverhältnisse zum Konsumverhalten. Die Produktportfolios diversifizieren und die Komplexität steigt mit der Anzahl der Produktvarianten sowie dem Profitabilitätsanspruch in weltweiten Märkten. Preiswerte Nahrung, die weniger Schadstoffe, aber größere Bestandteile an biologischer Herkunft der Primärstoffe beinhaltet und eine schonende Zubereitung mit verschiedenen Geschmacksrichtungen aufweist, macht es für die Branche erforderlich, über Outsourcinglösungen nachzudenken, die Unternehmen hierbei unterstützen können. Dabei ist eine langfristige Ausrichtung außerordentlich wichtig, denn in der Regel steckt in jedem verlagerten Prozess, Know how und (Marken-) Unter-

„SYN*force* Destination: Globalunternehmen"

nehmensidentität. Eines der neuartigen Modelle ist das eines namhaften Konzerns, das an die Erfüllung von markt- und konsumentenspezifischen Ansprüchen und Anforderungen anknüpft und an lokalmodulare Beschaffung, Herstellung und Distribution setzt.

Pharma & Cosmetics - Integrated Supply Chains

Unternehmen aus aufstrebenden Wirtschaftsnationen, wie China und auch kleinere Länder in Süd-Ost- und Ost Europa haben sich als wichtige Lieferanten von Primärdrogen (pharmaceutical ingredients supplier) für die Pharmabranche weltweit etabliert und entwickeln daraus zunehmen nicht nur eigenes Selbstbewusstsein und Produktportfolio, sondern ganz neue Märkte. Insbesondere im homöopathischen Umfeld gibt es massivere Bewegungen und größer werdende Märkte. Die Biotechnologie-Branche mit ihren Errungenschaften und Erosionen sowie die angekündigten „Bio Diversity"-Regierungsprogramme weltweit, wirken auf die Unternehmen und fordern sie zusätzlich heraus. Früher haben die Lieferanten in der Regel mit wenigen Pharmaherstellern Lieferverträge über die Abnahme von bestimmten Medizinalpflanzen abgeschlossen. In den letzten Jahren haben sich die Lieferanten zunehmend durch die obengenannten „Bio Technology"-Fortschritte und „Bio Diversity"-Subventionen mit der Verarbeitung der Medizinalpflanzen zu Primärdrogen in flüssiger oder Pulverform befasst und damit breitere und größere Anwendungsgebiete für ihre „Pflanzen" erschlossen. Auf der anderen Seite ringen die Hersteller homöopathischer Arznei durch die klimatischen Veränderungen und Naturkatastrophen um pflanzliche Roh- und Primärstoffe. Aus diesen Gründen heraus gehen einige Unternehmen dazu über, ihre bisherigen Lieferanten näher an sich zu binden und ihnen auch die Herstellung von Pri-

„SYN*force* Destination: Globalunternehmen"

märdrogen zu übertragen, anstatt der Beschaffung von Heilpflanzen nach zu gehen, die sie bisher selbst zu Primärdrogen verarbeitet haben. Eine andere Problematik ergibt sich aus den verschärften Regularien, Zulassungs-, Logistik- und Distributionsbestimmungen, die weltweit angehoben wurden und damit für einen höheren Aufwand weltweit bei den Unternehmen sorgen. Wenn es eine Branche gibt, der die Kundenzahl und Absatzmärkte nie auszugehen scheinen, befinden sich die Pharma- und Chemieindustrie sicher auf den vordersten Plätzen. Auch der Preisdruck bleibt trotz zunehmender Konkurrenz und Richtlinien überschaubar. Aber auch hier werden wir sicherlich noch jede Menge Bewegung im nächsten Jahrzehnt verspüren, wenn wir eine Angleichung weltweit vorantreiben.

„SYN*force* Destination: Globalunternehmen"

Schlusswort

Das Ziel, Globalunternehmen, ist sowohl das Resultat als auch einer der Schlüsselfaktoren zur einzigartigen Positionierung bzw. Differenzierung innovationsorientierter Unternehmen. Eine globale, tragfähige und zukunftsweisende Wertschöpfung umspannt strukturierte und integrierte Entwicklungs-, Produktions-, Lieferungs-, Marketing-, Absatz- und After Sales Service-Prozesse, die im Rahmen eines Kompetenzmodells entwickelt und gesteuert werden, das wiederum entlang einer Wert- und Innovationsorientierung entwickelt und implementiert wird. Ein Unternehmen denkt in diesem Fall in Parametern einer Differenzierung durch Vorsprung und kompetenzielle Überlegenheit, sowohl im Eigen- als auch im Kundeninteresse. Dazu werden Entwicklung, Herstellung und Absatz hochwertiger Produkte bzw. -Systeme mit einem individualisierten und mehrwertorientieren Service, der um Erhaltungs- und Erneuerungsaktivitäten erweitert ist, verknüpft.

Paradigmen wie: Geografische, unternehmensinterne Hierarchie- oder Produktgrenzen werden in eine synergetische Rahmenordnung verwandelt und finden Anklang zu den oben genannten Parametern. Ich möchte nicht falsch verstanden werden, natürlich benötigen Unternehmen einen Ordnungsrahmen (bspw. Entscheidungs-, Anweisungs-, Berichts- und Kontrollwege), der sich in Hierarchiestrukturen widerspiegelt, jedoch sollte sich dieser an der größtmöglichen Wertgenerierung orientieren und nicht etwa am aktuellen Sitz der Unternehmenszentrale. Wir mögen bei dem Satz: „Wir kommen von der Zentrale und sagen Ihnen, wie es läuft", schmunzeln, aber tatsächlich begegnet mir der Satz noch in „internationalen" Unternehmen. Ein ausgeprägter hierarchischer Ordnungsrahmen zählt zu den größten Bremskräften im Zuge der Globalisierung und Wachstumsvorhaben. Jedes Unterneh-

„SYN*force* Destination: Globalunternehmen"

men muss individuell prüfen, welchen Ordnungsrahmen es im Zuge seines Wachstums definieren und leben will.
Auch eine überdimensionierte Standardisierung und Konsolidierung führen innovationsorientierte Unternehmen dazu, dass sie wichtige Technologie- und Markttrends verpassen und den Anschluss verlieren. Heute geht es mehr darum, eine Positionierung im Zuge der Neuordnung und Verschiebungen sowie die richtige Reihenfolge bzw. die richtige Taktung der Aktivitäten und Funktionen zu vollziehen. Dadurch wird auch eine wichtige und richtige Grundlage für die nächste Welle (die Operationalisierung) gelegt, damit diese ohne Restrukturierungserfordernisse verlaufen kann.

Zweifelsohne waren die Internationalisierungstreiber in den meisten Fertigungsmärkten: Kosten, Kosten und in Absatzmärkten: Umsatz, Umsatz und in einigen Beschaffungsmärkten: sichere und günstige Rohstoff- und Material-Kontingente. Der Fokus lag auf dem Wettbewerber und den Wettbewerbsvorteilen in überwiegend einheimischen und Kernmärkten, nicht auf dem Wettbewerber in den jungen und aufstrebenden Beschaffungs-, Herstellungs- und Absatzmärkten. Im Zuge der Globalisierung werden frühere oder aktuelle Herstellungsmärkte nicht nur zu Beschaffungs- und Absatzmärkten weiterentwickelt, sondern sie bilden Unternehmensmärkte über ganze Produkt Lifecylces. Manche sagen dazu „zu trügerischen Märkten" und meinen im Wesentlichen den deutlich stärkeren Wettbewerb und die größeren Barrieren, die aufgrund der Stagnation der einheimischen Märkte den Druck auf Verlagerungen zu erhöhen scheinen. Am Ende dieses Buchs dürfte klar geworden sein, dass ich in der entstandenen Wechselseitigkeit und Inpflichtnahme größere Chancen als Risiken sehe.

„SYN*force* Destination: Globalunternehmen"

Eine neue Technologiewelle hat eingesetzt und verursacht zusätzliche Struktur- und Marktverschiebungen weltweit. Die Kundensegmente diversifizieren und stellen erhöhte Ansprüche an Unternehmen. Die Unternehmen haben sich gewandelt. Der Wettbewerb ist emanzipiert.

Die Treiber der Globalunternehmen und zukünftiger Märkte heißen: Innovationsvorsprung in strategischen Märkten (Research, Innovation, Entwicklung), Profitabilität über den gesamten Lifecycle (Beschaffung, Produktion, Vertrieb und After Sales Service) und kompetenzielle Überlegenheit in Branchen und Systemlösungen über alle Unternehmensmärkte hinweg. Kurzum, es geht um eine global optimierte Wertschöpfungskette. Europäische Unternehmen haben durchaus die Möglichkeit, am Produktmodell marktspezifische Änderungen bzw. Anpassungen vorzunehmen und ihre wettbewerbliche Stellung damit weiter auszubauen.

Die im Buch genannten Trendentwicklungen können als externe Treibkräfte der Globalisierung betrachtet werden, die allerdings erst dann zu Wachstumstreiber der jeweiligen Unternehmen werden können, wenn sie mit den unternehmensinternen Faktoren und Standpunkt Übereinstimmung finden, die in der Regel stark variieren. Beispielsweise fragen sich Konzerne eher, ob sie die kritische Marktdurchdringung und Größe erreicht haben und/oder wie eine maßvolle Risikostreuung aussehen könnte, die sie zu einer Marktstrategieanpassung oder zu einem Umdenken in Bezug auf neue Märkte verleiten. Mittelständler fragen sich eher, ob sie die Kapazitäten und Kompetenzen haben, in Märkte einzusteigen und Marktanteile zu erobern, die sie zu externen Optionen und alternativen Handlungsweisen führen. Ich bin zuversichtlich, dass sich beide Seiten die drei nachfolgenden Fragen

„SYN*force* Destination: Globalunternehmen"

stellen werden: „Wie sieht das jeweilige Unternehmensmodell der Zukunft aus? Wie ist das richtige Verhältnis zwischen Leistungstiefe und Diversifizierung zu finden und zu halten? Welche Funktionen und Aktivitäten bedürfen einer konsequenteren Steuerung, Ver- bzw. Auslagerung und einer stärkeren Überwachung?"

Wofür und wie Sie sich auch immer entscheiden werden, aus meiner Sicht ist es primär wichtig, die Märkte global, regional und dann erst lokal zu betrachten und zu analysieren. Selbst die als „sichere Goldgruben" genannten Trendentwicklungen können sich zu „Fallgruben" entpuppen, wenn die unternehmensinternen Faktoren und der eigene Marktstandpunkt keine Übereinstimmung mit den potenziellen externen Treibkräften finden. Eine akribische und konsequente Verfolgung dieser Felder ist unabdingbar, aber global betrachtet, schwieriger geworden. Im Zuge der Definierung einer synergetischen Rahmenordnung, innerhalb derer Sie Ihre globalen Aktivitäten einleiten und steuern werden, werden Sie auch eine erste Reflexion der Richtigkeit Ihrer angestoßenen Ausrichtung bekommen und Ihre Aktivitäten an Werthaltigkeit gewinnen.

Ich hoffe, ich konnte Ihnen ein paar interessante Anregungen und Impulse geben und freue mich auf Ihr Feedback, Fragen und Hinweise.

Armida Hemeling

„SYN*force* Destination: Globalunternehmen"

Literatur und Quellenhinweise

Alphabetische Aufzählung der Literatur und Quellennachweise:

- "A Decade of NEPAD: Deepening Private Sector and Civil Society Ownership and Partnership" by Economic Commission for Africa;

- "A survey of hiring and firing trends in key employment markets around the world." by Antal Group, Edition 11/2012;

- APEC „Trade Monitoring Report" Sep 2012;

- "Age of Turbulences" by Alan Greenspan, 2011;

- "BCG Study - Made Manufacturing in America, Again" by Boston Consulting Group, Aug. 2011;

- "Built to Last: Successful Habits of Visionary Companies" Jim Collins & Jerry Porras, Stanford University;

- "Can a company last forever?" Interview by Prof. Richard Foster from Yale University on BBC, Jan. 2012;

- „CEOs sehen Technologie als wichtigsten externen Faktor" von IBM beim Automobil Forum, Mai 2012;

- „Centuries of Success" von William T. O´Hara, Emeritius of Bryal College Rhode Island, Nov. 2003;

„SYN*force* Destination: Globalunternehmen"

- "Credit Ratings and Impact on Corporate Financing" by Jens Plantagie, SP (Standard & Poors), 2012;

- "Die ältesten Firmen Deutschlands" von „Handelsblatt", Ausgabe Apr. 2011;

- „Die Umsetzung der HGB-Modernisierung" aus „Der Betrieb", Ausgabe 5/2009;

- „Entwicklung PKW-Markt 2011-2020 und Segmentsplit 2011 BIC Länder" von Marcus Berret, Roland Berger Strategy Consultants, Mai 2012;

- European Commission "Investment and Performance in R&D", 2011;

- "Freiwillige Berichterstattung über immaterielle Werte" aus "Der Betrieb" Mrz. 2003;

- "G-20 ECONOMIC OUTLOOK: ANALYSIS AND PERSPECTIVES 1" by IMF, Oct. 2011;

- "Global Economic Prospects 2012" by World Bank, June 2012;

- "Globalisierung Gestalten" Konzept der Bundesregierung 2012;

- „Global R&D Funding 2012" by R&D Magazine Business Media;

- "Goldman Sachs, Rohstoff-Kompass" Ausgabe August 2012;

„SYN*force* Destination: Globalunternehmen"

- „Handling different market requirements together" von Jean-Marc Gales, CLEPA, Mai 2012;

- "HSBC Emerging Market Index Report" Q. 3, 2012;

- „Human Capital strategisch einsetzen", Peter Meyer-Ferreira, 2009;

- "Internationaler Know how Schutz", 2. Auflage Wurzer und Kaiser 2011;

- "List of oldest companies" by Wikipedia Jul. 2012;

- "Merger & Acquistions", Christoph H. Seibt, 2008;

- "Merger & Acquisitions Management", Bernd W. Wirtz, 2006;

- „M&A in Deutschland und Europa - Marktüberblick und aktuelle Entwicklungen bei den Deal Points" CMS Hasche Siegle, Sep. 2011;

- "Märkte machen mobil - zur deutschen Automobilindustrie 2012" von Klaus Bräuning, VDA, Mai 2012;

- NEPAD Secretariat Business Plan, December 2010, Strategic New Directions;

- "On China" by Henry Kissinger, 2011;

- „Patentstatistik 2011" veröffentlicht von DPMA (Deutsches Patentamt) 2011;

„SYN*force* Destination: Globalunternehmen"

- „Patentlizenz und Know how Vertrag" 6. Auflage von Bartenbach;

- "Reales BIP Wachstum: IHS Prognose" von Johannes Lapré, IHS Global, Mai 2012;

- „Report to APEC Economic Leaders", APEC Minister Summit 2012 in Russia;

- „SAM Clean Technology Study 2011" by SAM Private Equity USA;

- "Strategy Maps - Balanced Scorecards" by Robert S. Kaplan / David P. Norton 1996;

- „Studie Business Innovation " Lünendonk, 2011/2012;

- "Systemisches Talent Management", Svea Steinweg, 2009;

- "The Growth Map" von Jim O´Neill, Goldman Sachs, 2011;

- "The Innovator´s Dilemma" by Clayton M. Christensen, 1997;

- The Meaning of „Europe 2020 – European Energy Policy & Danube Strategy" for the Czech and Romanian Republic, by Lukáš Hlavatý, Unit of International Energy Relations Ministry of Industry;

- "The world´s oldest economies – the business of survival" by "The Economist", Edition 04/2004;

„SYN*force* Destination: Globalunternehmen"

- Trade, Prague, Czech Republic and by Viorel Ardelenau, Romanian Republic, Nov. 2011;

- "US GAAP Section 197" by Laura C. Nash of the Office of Associate Chief Counsel;

- "WEF GCR Report 2008/2009" by World Economic Forum;

- "WEF GCR Report 2009/2010" by World Economic Forum;

- "WEF GCR Report 2010/2011" by World Economic Forum;

- "WEF GCR Report 2011/2012" by World Economic Forum;

- "Who can drive the recovery?" by "BBC Business News", July 2012;